からだの病いとこころの痛み

苦しみをめぐる精神分析的アプローチ

村井雅美
Masami MURAI

木立の文庫

からだの病いとこころの痛み
刊行に宛てて

東中園　聡

（西岡病院 副院長）

　本書は、感動を禁じ得ない稀有な心理臨床の真実を綴る書です。

　著者の臨床がまちがいなく本物である証は、まず、出会うクライエントの方々の"原初的心痛"を看て取り わが身に引き受けようとする姿勢が出発点になっていること、にあります。続いて、そこに湧き出でる愛しみたいという切なる願い、にあります。そして何より、この「痛みあるところに応えずにはいられない」という対人援助職のまさに原点を生きる臨床であること、にあります。自分の理論や技量に合うクライエントを選択する姿勢とは異なるのです。

　この意味において、本書は、精神分析療的臨床の実践者に限らず、日々こころを痛め、願いを新たにしつつ、こころを尽くしておられるあらゆる職種の対人援助職の同志の皆さまに、ぜひ御一読いただきたいと願います。こころの深みから再起する"温かい志"を体験いただけると確信します。特に、著者の実践の場のひとつである「子どもの臨床」に携わる皆さまは、思わぬ視野の開けに至るこころの友を見出されることと思います。さらに、心理臨床、たとえば公認心理師としての責を負って、手つかずの痛みだらけの医療現場に赴く皆さまにとっては、必読の装備品であることでしょう。

　著者がその「痛みに応える」願いを実践する方策として習得に勤めたのが、対象関係論を中心にした精神分析的臨床であり、そ

れは、膨大な先行研究を我が身に引き寄せようとする地道な努力の日々として描かれています。また、哲学者である故中村雄二郎先生の《関係の相互性》の知見から、引き受けた「原初的心痛」の所以の全体をも抱こうとする慈愛が貫かれています。

　だからこそ、身体的困難を人生の条件とする方々、好転のすべを想像し得ないような家族の問題を抱える方々、薬物療法の効果が及ばない精神病部分に人生を支配されている方々といった、いずれも従来の精神分析的臨床では未踏の領域にも、著者は「捨てない、逃げない、諦めない」で居つづけています。この覚悟を決めた臨床のなかには、「レヴェリー」「コンテイニング」「破局体験からの開け」、そしてこの過程によってのみ開明される不変物が描かれています。それらは、松木邦裕先生をはじめとする多くの先生方に学ばれた精進の結晶です。この意味では、本書は精神分析的臨床の第一線の実践報告です。

　私は著者を初学の頃から知るひとりです。著者の精進に関わった助言者の一人であると思ってきました。けれども、本書を手にし、読み進めると、こころに熱い想いが湧き出でて止まりません。実践の地は別であっても、「痛みに応え、人生の道行きを支える志」を共有する同志が居る、ひとりではないという、日々の臨床に臨む勇気を戴くことができます。医療・福祉・教育・心理など対人援助の現場にこころを尽くす志を抱くすべての皆さまに、本書を推薦いたします。

　末筆となりますが、故中村雄二郎先生も、さぞやお喜びのこととお察し申し上げます。

まえがき

　本書の始まりは、筆者の目に焼き付いているある情景に遡る。それは大学生のときに出会った、どちらも生まれつき全盲の女子大学生ふたりのことである。

　ひとりは友人に囲まれ、皆彼女が抱える不自由に手を差しのべていた。そして彼女は、そうした援助に必要以上に甘んじることなく、大学生活を自分らしく生き生きと過ごしていた。目が見えないという動かしがたい現実も、他者との関わりの豊かさのなかで、それほど大きな不幸にはなっていないようだった。

　もうひとりはいつも孤独で、誰も彼女の抱える困難には手を差しのべず、その苦渋に満ちた表情からは、大学生活を楽しんでいるようにはとても見えなかった。目が見えないことだけでなく、彼女の不幸を増幅しているものがあるようだった。

　ある精神科社会復帰施設でも、統合失調症という同じ診断名をもつ患者ふたりに、スタッフは非常に異なった接し方をしていた。ひとりに対しては皆"何とか関わりたい"という気持を自然にこころに抱き、必要な支援を進んでしていた。抱える病いからくる困難は現実としてあったが、ここでも病いは抱えあぐねる程の不幸にはなっていないように見えた。もうひとりには、"できれば関わりたくない"という気持がスタッフのなかにあるのが透けて見え、必要最低限の支援しか為されていなかった。彼の疾病に付加されたものが、その不幸を増大させているようだった。

　そこに現れている違いは何なのだろう。ある人の疾病の周辺に存在するこの違いは何なのだろうか。

　そして、臨床心理士として勤務していた総合病院の新生児集中治療室や小児科病棟から退院していった子どもたちのあいだ

にも、同じような違いがあるように思われた。とても小さく生まれて保育器に入らねばならなかったこと、障害や奇形を負ったこと。兄弟姉妹が亡くなったこと、母親が突然入院したこと。両親が離婚したこと。乳児院や施設で暮らさねばならないこと。病気を患ったことや事故に遭ったことなどの運命の他に、ある子どもたちには、その困難を増幅していると感じられるものがあり、生きていくうえで「とてつもない不幸 *misery*」〔Freud & Breuer, 1895〕を背負っているように見えた。

> とてつもない不幸

なぜ、そのような事態が起こるのだろう。その不幸を増幅させていると考えられるものに対して、私たちができることはないのだろうか。疾病そのものの治療に加えて、医療現場においてできることはないのだろうか。その増幅され生きづらさにつながっているものを、後に少しでも改善することはできないのだろうか。懸命に生きようとしている子どもたちと出会うなかで、大学生のときに感じた疑問が私のこころに再び舞い戻ってきた。

> 増幅され生きづらさにつながっているものを、後に少しでも改善することはできないのだろうか。

∽

イギリスの小児科医で精神分析家のウィニコット〔Donald W. Winnicott, 1988〕は、亡くなる直前まで改訂を重ねた学生向けの講義ノート『人間の本性』という本のなかで、以下のように記述している。

……知能の基盤は脳の質にある。しかしながら、知能は、身体疾患によって脳が変形されたり歪曲されない限り、高いか低いかによってしか表現されない。発達的には知能そのものが病気になることはないが、病的なこころによって歪められることはある。それに対して、こころはそれ自体が病気となりうる。すなわち、機能の基盤として健康な脳があるとしても、情緒発達の失敗によって歪められることがあるということである。知的能力が依拠する脳の部分は、進化の過程で後に発達するということもあって、こころが依拠する部分よりずっと変化しやすい。……〔中略〕……すべての場合で、こころの健康と不健康を評価する必要があるだろう。ある極端な例では、知能指数が80だが身体が健全で、情緒発達も健康な子どもが、本当に価値のある面白い人物となり、性格もよくて頼り甲斐のある人物となって、よい配偶者となり親となることができる場合さえある。ま

> こころの健康と不健康

たもう一方の極端な例として、例外的な知能（IQ140以上）をもった子どもが、十分な才能と価値をもつように見えながら、情緒発達が障害された結果、ひどく病的となり、精神病的破綻をきたしやすく、性格も信頼できないものとなって、最終的に自分の家庭を持つような市民には到底なれそうもない、ということも起こりえる。〔訳書pp.9-10〕*1

　ここでウィニコットは、人間の機能の基盤は脳、あるいは脳も含めた身体にありながら、その発現はこころに大きく依拠しているということを述べている。持てる機能の可能性を十二分に発揮することができるのか、障害することになるのかは、その個人のこころの健康度にかかっているというのである。

身体機能

　さらにウィニコットが知能指数が80の子どもについて言及していることに注目したい。彼が特に示唆しているのは、身体機能の基盤に仮に生まれつき不利な条件（ここでは知能指数が平均値より若干低いこと）があったとしても、情緒発達が健康であれば幸せで豊かな人生を送ることができるということである。

　同じことが、人生の途上で遭遇する幾多の困難についても言えるのではないだろうか。身体機能の基盤が揺らぎ、不利な条件を抱え込む出来事は、多岐にわたる。交通事故や天災、人災に遭う人がいる。精神科社会復帰施設で出会った人びとのように、人生の途中で疾病や障害を負ってしまう場合もある。そういった、さまざまな不幸な出来事に見舞われ、身体の機能が損なわれたときにも、人生の道行を支えるもの〔東中園，2008〕とはいったい何なのだろうか。困難や不幸に見舞われつつも、それらを抱え、その事象を自らの成長のための軸として〔Garland, 1998/2007〕、その命の営みを最大限に開花させる糧として、変容させる基盤となるものとはいったい何なのであろうか。

困難や不幸に見舞われつつも、それらを抱え、その事象を自らの成長のための軸として

　それが、本書を通して私が明らかにしたいことである。

∞

　精神分析を創始したフロイト〔Freud & Breuer, 1895〕は、『ヒステリー研究』のなかで、精神分析治療の意義について次のように述べている。

まえがき　v

私が、カタルシス療法は助けになる、あるいは改善をもたらすと患者たちに約束すると、彼らから次のような反論をよく聞かされることになった。「おや、私の病気はきっと私の境遇や出来事とかかわりがあると先生ご自身がおっしゃったじゃありませんか。先生はこれらをどうすることもできません。だとすれば、いったいどうやって私を助けてくださるおつもりですか。」これに対して、私はこう答えることができた。──「間違いなく、私より運命の方が容易にあなたの病気を取り除くことができるでしょう。けれども、あなたのヒステリーのみじめさをありふれた不幸に変えてしまえるなら、ずっと多くのことが得られるとあなたは得心されるでしょう。そして神経系を回復させれば、ありふれた不幸に対して、あなたはずっとたくみに立ち向かうことができるようになるのです。〔p.305: 筆者英語版訳〕[*3]

　遭遇した不幸な出来事が、より複雑に増幅されて「こんがらがった不幸」〔松木, 2011〕となるのではなく、「ありふれた不幸 common unhappiness」〔Freud & Breuer, 1895〕となり、さらには自らの成長のための軸となる〔Garland, 1998/2007〕ために、人間に必要なものとは何か。特に身体の機能に直接影響する疾病は、程度の差はあれ、誰もが遭遇し体験する人生の出来事である。生後間もなくから疾病に苦しむ乳児。成人しても、複数の疾病を抱えながら生きる人びと。

　老年期に差し掛かれば疾病に罹患する割合は飛躍的に上昇する。世界一の長命国である日本においては[*4]、人は疾病に罹る確率が高くなっている。加えて医療技術の進歩は、かつては死に至ったような病いを抱えて生きることを可能にした。現代社会に生きる人は、ますます疾病とともにどう生きていくか、そして疾病を抱える人とどう向き合っていくのかを考える必要に迫られている。

　私たちが「こころの専門家」として、とくに医療の現場で働く際に、疾病の身体的治療のみならず、病いとともに生きる人のこころを考えることは、非常に緊迫した近年の問題である。疾病の体験を基に人生を豊かに生きていくには何が必要なのかを考えることは時代の要請である。

本書では、そもそもの人生の始まりにおいて、疾病が対象との《関係の相互性》[*5]に及ぼす影響について、先行研究を踏まえ、自身の心理臨床経験を省み、探究することを試みる。

　人のこころは、全人生を通して、対象との《関係の相互性》に依拠している。その関係の相互性への影響を深く知ることを通してはじめて、疾病を抱える人とその家族のこころを支援することができる。身体に対して為される「科学的根拠に基づく医療」を終えた後も、疾病の関係の相互性への影響は、その人のこころに深く残存する。

　本人が、そしてその家族が、疾病を携えて生きていくことの援助となるよう、特にそういう運命を背負わざるを得ない小さな子どもたちの行く末に、少しでも希望を与えることができるよう、本書が貢献できることを願っている。

＊1：館直彦訳を筆者が一部改変した。館の訳ではpsycheは"精神"と訳されている。本論では"こころ"と訳した。個人の"こころ"、すなわち内的世界のみならず、個人の"こころ"と他者の"こころ"の「関係の相互性」に疾病がもたらす影響を論じたいからである。四次元的（通常空間の三次元に時間の一次元を加えたもの）ニュアンスを含めるために"こころ"と訳した。

＊2：おそらくGarland〔1998/2007〕は、この「軸」という表現を用いるときにKlein〔1946〕が述べた、内的な〈良い対象〉の取り入れからなる"自我の中心点"を念頭においている。Garlandによれば、トラウマを経験した人は、人生の始まりからそれを軸として自我が組織化してきた〈良い対象〉の喪失を経験する。すなわちトラウマは、自我の核に深刻な損傷を与える。したがって、その出来事からなる損傷自体を、自我に取り戻しコンテイン*contain*すること、すなわち自分のなかに抱え持つことができるようになることが「軸」となって、人は再び成長できるようになるということを示唆している、と筆者は考えている。

＊3：訳出にあたり、人文書院版〔懸田・小此木訳, 1974〕と岩波書店版〔芝訳, 2008〕を参照した。

＊4：平成28年の男性の平均寿命は80.98年、女性の平均寿命は87.14年とされる〔厚生労働省, 2017a〕。
＊5：「関係の相互性」とは、哲学者中村雄二郎〔1992〕が著書『臨床の知とは何か』で用いた言葉である。本論文のkey wordsのひとつであるため、前半CHAPTER 1で更に詳しく定義する。

目次

からだの病いとこころの痛み　刊行に宛てて（東中園聡）……… i
まえがき ……… iii

introduction 　現代社会で見失われたもの ……………………………………… 3

三つの視点　　関係とは？ 相互性とは？

CHAPTER 1　臨床の知 ……………………………… 22

その人らしく生きていくために ……… 18
三つの視点そして ……… 18
精神分析のまなざし ……… 27
生きていくために欠かせないもの ……… 41

CHAPTER 2　病むということ ……………………………… 45

病むこと　ともに生きること ……… 46
子どものこころ　大人のこころ ……… 47
つらいことの再演 ……… 56
内なる対話をともに ……… 66

CHAPTER 3　病むことへの関わり ……………………………… 77

周産期・乳幼児期の病い ……… 78
周産期・乳幼児医療とこころ ……… 84
新たな視点の導入 ……… 93

四つの出会い　　病むこととは？ 生きることとは？

CHAPTER 1　阻まれた「つながり」そして孤独 ──── 101
　　名づけられなかった声 ──── 103
　　心象の住み家 ──── 113

CHAPTER 2　分断された「つながり」そして怯え ──── 121
　　絶たれた声 ──── 125
　　透明な壁で分かたれて ──── 130

CHAPTER 3　傷つきと「つながり」のほころび ──── 143
　　出てこない声 ──── 149
　　母親のナルシシズム ──── 157

CHAPTER 4　病いと「つながり」の解体 ──── 165
　　寄る辺ない声 ──── 168
　　母親のまなざしに宿る病い ──── 177

conclusion　身体の傷とこころの臨床 ──── 191

文　献 ──── 213
雪 - 寄草 ── 幸福の追求、あるいは不幸（松木邦裕） ──── 221
あとがき ──── 229

からだの病いとこころの痛み

苦しみをめぐる精神分析的アプローチ

本書は、京都大学に提出し受理された〔2018年〕博士論文「最早期の疾病と《関係の相互性》に関する心理臨床学研究 ── 精神分析的アプローチからの理解」を大幅に書き改め、書籍としてまとめ直したものである。〈あとがき〉にも記したが、元論文の執筆にあたっては、恩師、諸先輩そして友人たちの助力を賜った。ここに重ねてお礼を申し上げたい。また、本書の刊行は、クライエントそしてご家族皆様のご理解があって成った。この場をお借りしてこころからの感謝の意を表したい。

＊　＊　＊

本書は心理臨床の専門書として世に問われるが、そのエッセンスを抽出し、著者自身の"こころの情景"もふんだんに添えながら人間ドキュメンタリーとして描いた書籍が、同時期に公刊される。『もの想うこころ ── 生きづらさと共感　四つの物語』〔木立の文庫、2019年〕。── 本書とは違った角度から"四つの出会い"に光があてられることで、新たな気づきがもたらされることを祈る。

※　そうしたことから、本書の後半【四つの出会い】では、本文の傍らにReference註〔グレー地〕として、当該箇所の記述が同胞本『もの想うこころ』ではどのように描かれているか、の一端が案内されている。Key Word註〔ゴシック体〕／Key Phrase註〔明朝体〕とあわせ、ご参照いただきたい。

introduction

現代社会で見失われたもの

── そこではなにが起こっているのか

　医療の発展によって、以前であれば生命に関わった疾病も治療可能になり、生存率を上げることができるようになった。周産期・乳児医療の現場も例外ではない。そして、低出生体重児や早産児の増加がみられる最近の我が国において、その生命予後[*1]の改善[*2]はめざましい。

　一方で、生後すぐから長期入院する子どもが増加している現状は〔田村, 2015〕、疾病を抱えて生きる子どもたちの増加を明白に示している。人が遭遇する出来事のなかでも、周産期・新生児医療の現場において目の当たりにする不幸な出来事は、関わるすべての人びとに緊張と衝撃を与える。その特殊性は、母胎と胎児という一体であるが別個のいのちを持つ二人の危機的状況を同時に判断し、救命・処置しなければならないということからくるものである。

　疾病という出来事がまさに分離されていない、分離の準備ができていない二人に降りかかり、それぞれがいのちを繋ぐことや、個体としての身体機能を回復することに、当人たちや医療従事者たちは苦闘する。しかし、その現場の緊急性と特殊性の実態は、なかなか一般の人びとの目には触れない。そして結果だけが、治癒率や生存率の改善として表に現れてくる。

> 疾病という出来事がまさに分離されていない〜二人に降りかかり

∞

　心理療法は、人のこころを援助する方法である。それはセラピストとクライエント（＝患者）の関係を基盤にして為される。特に精神分析的心理療法は、フロイト〔Freud, S.〕が創始した精神分析理論に基づいている。人のこころの意識だけではなく無意識をも想定し、苦悩する人びとのこころを理解しようとする営みである。

> 精神分析的心理療法

　人びとのこころや身体に起きること、すなわち意識水準で起きる感情や行動や思考、あるいは夢や症状や連想は、すべて無意識的な力動から起こってくると考える。誰しも、自分ではそ

うと気づかぬ振る舞いは存在する。あるいは、他者の目には明らかであるのに、当の本人は気づいていないこともある。また、"わかってはいるけれど、やめられない"とか"そうしたほうが良いのはわかっているものの、なぜかできない"などと日常的に考えることも多い。意識的に頭で考えることと、実際の言動や感情が異なるのは、無意識の為せるわざである。

精神分析的心理療法では、無意識の現れをその人のこころにある内的世界の現れとして理解する。日常に苦難が生じているのは、その人の内的世界のありようが大きく関わっているためである。したがって、外界のひとつである「セラピストとの関わり」のなかで、表に現れていなかったそのありようを検討し、その人のこころ全体の変容を模索するのである。

具体的には、クライエントとセラピストの二人が相対する設定を含む「治療構造」と「治療関係」そのものに、無意識的過程が転移されて立ち現れる。人のこころの内的世界は、幼少期の重要な他者（主に養育者である母親）との《関係の相互性》によって形づくられ、活発にその後も影響を及ぼし続けている。そして、人生のなかで起こるさまざまな実際の出来事を、その人がどのように体験するかを決定づけるのである。

精神分析的心理療法で出会うクライエントが抱える"不幸な出来事"は、その人にとって非常に特異な体験となっている。そのきわめて独特な体験そのものをセラピストは、治療構造に守られた《関係の相互性》のなかで理解しようとし、言わばその増強され、増幅され、クライエントを苦しめている部分を解毒し、クライエントがより抱えやすい形の不幸として保持できるように支援しようとする〔Bion, 1962b〕。

医療に救われたいのちは、表に現れた治癒率や生命予後の改善といった数の変化だけに終わるものではない。そこには、病いを抱える患者当人はもちろんのこと、家族や医療従事者さえも気づかない、しかし非常に重要なものが見過ごされている。それは疾病が、身体だけでなく患者や家族のこころに及ぼす影響の大きさである。疾病が患者のこころの核心部分[*3]とも言えるところに衝撃をもたらしているにも関わらず、そのことは見過ご

されたまま、放置されている。そして、その核心部分とは、患者と良い対象との《関係の相互性》である。そこに疾病は、多大な「損傷」を与え、変容を生じさせ、人生における不幸を増大させている。クライエントが幼ければ幼い程、その影響は甚大となる。

では、最早期の疾病に影響された対象との《関係の相互性》は、どのように考査できるのか。

∞

それは次の二つの方向性に集約される。

第一の方向性は、主に乳幼児の疾病が与える《関係の相互性》への衝撃と影響について考査することである。そして第二の方向性は、養育者の疾病が与える関係の相互性への衝撃と影響について考査することである。この二つの方向性を精査することによって、人生最早期の疾病が、内的および外的な対象との関係の相互性に及ぼす影響の大きさと、その影響が子どものこころに内在化され、その後の人生の"生きづらさ"につながっていく危険性について考察を深められるのではないかと考える。

> 生きづらさ

したがって本書では、心理臨床学的視点に立ち、現代社会において、とかく見過ごされがちな《関係の相互性》のありようが人びとの人生を支えるうえでいかに重要であるかを探究する。疾病による「こんがらがった不幸」〔松木, 2011〕、すなわち疾病という不幸のみならず、さらに惨めさや生きづらさを抱えながら人生を歩んでいる人びととの治療経過を記述し、対象との良い関係の相互性が人のこころのなかで再び息を吹き返し、その人生を支えるものとなるためには何が必要なのかを考えていく。

> こんがらがった不幸

> 関係の相互性が人のこころのなかで再び息を吹き返し、その人生を支えるものとなる

現代社会において見失われているものの縮図が医療現場には存在する。「生命現象」と《関係の相互性》と中村〔1992〕は指摘した。乳幼児医療の現場で垣間見えるもののなかから、そのひずみをいくつか描き出してみる。

疾病によって影響を被っているにも関わらず、気づかぬうちに見失われ、手当てされないままになった対象との《関係の相

互性》が、後に人のこころの病理につながる危険性を示す。場合によっては、心的退避[*4]や防衛的誇張[*5]を形成して、社会においての根本的な生きづらさを生涯に渡って抱えることになる。そのような、人の内的世界に根強く残存し作用し続ける対象との関係の相互性のありように、私たちが目を向けることは重要である。

私たちが、精神分析的理解を用いてこころを響かせ、クライエントの生きづらさにつながっているものへの理解を形成すること、すなわち、かつて得られなかった対象との《関係の相互性》を育むこと、あるいは傷ついた内的対象 damaged object を修復すること〔Rey, 1988; 1994〕、その機能不全に介入することが、その人の人生をその人自らが支えることにつながり、そこに臨床心理士をはじめとする「こころの臨床家」[*6]〔松木, 2015〕としての仕事が存在することを示す。

> こころを響かせ、クライエントの生きづらさにつながっているものへの理解を〜

── 病いの苦しみと関係の相互性

本書の目的は、人生の最早期に起きる疾病がクライエント（＝患者）と対象との《関係の相互性》に及ぼす影響について考察することにある。周産期・乳幼児医療のなかで、私たちは彼や彼女たちの人生の始まりに出会う。その後に続く人生に多大な影響を及ぼすと考えられる、見失われた、あるいは機能不全に陥った関係の相互性についての、臨床実践研究が目的である。

そのうえで、疾病とともに生きる人びとに対して、臨床心理士がなし得る仕事とはどのようなものかについて、精神分析的アプローチから考察する。

本書は前半【三つの視点：関係とは? 相互性とは?】と後半【四つの出会い：病むこととは? 生きることとは?】に分かれる。

前半【三つの視点】の CHAPTER 1 では〈臨床の知〉と題して、近代科学による知見や技術を人間の営みの中心に据える現代社会において、見失われているもの、忘れ去られ、ないがしろにされているもの、しかし、人間が人間らしく生きていくうえで極めて重要であると考えられるものは何かということを、大きくふたつの観点から浮き彫りにする。

　ひとつの観点は、人間を探究する他領域の見地から最近の動向を探ること。もうひとつは、クライン派やポスト・クライン派精神分析の理論的発展を概観すること。これらによって、見失われたものが対象との《関係の相互性》であることを明確にし、本書のキーワードである関係の相互性の定義とその概念を深めていく。

　そのうえで、人のこころにおける対象との《関係の相互性》を捉えるには、多面的・重層的・多義的理解が必要であり、その具体的方法論として精神分析における転移・逆転移概念を用いる意義を記述する。特にポスト・クライン派精神分析に軸足を置いた精神分析的心理療法における治療構造と、そこに現れるクライエントとセラピストのあいだの治療関係にこそ、クライエントが無意識に内在する対象との《関係の相互性》が全体状況〔Klein, 1952a; Joseph, 1985〕として露わになることを記述し、仮説を述べる。

　CHAPTER 2〈病むということ〉では、人生で遭遇する不幸な出来事のなかでも、とりわけ最早期の疾病が対象との《関係の相互性》に及ぼす衝撃と影響について文献的に考察する。

　最早期の疾病は人生に多大な影響を及ぼし続ける。にもかかわらず、心理臨床学ではあまり取り上げられてこなかった。この章では、文献中の先天性奇形〔Winnicott, 1971b〕、重度重複障害〔Sinason, 1992/2010〕、脳性麻痺〔Ogden, 1974〕をそれぞれに患う患者たちの精神分析的心理療法例を用いて、最早期に生じた疾病が、クライエントとクライエントの最も重要な他者（主に養育者である母親）との《関係の相互性》に及ぼす影響を読み解く。

　その影響はクライエントのこころに内在化され、人生を通じ

人間が人間らしく生きていくうえで極めて重要であると考えられるもの

多面的・重層的・多義的理解
転移・逆転移概念

て作用し続けていた。そしてセラピストとのあいだの転移・逆転移関係において、疾病に影響された《関係の相互性》が再演・実演される状況と、セラピストとのあいだでまさにその対象との関係の相互性が扱われ、クライエントのこころに理解が届けられ、その"生きづらさ"が緩和される様子を考察する。

> セラピストが自身のこころを用いて

　セラピストが自身のこころを用いて《関係の相互性》を理解することが、治療に役立ち、クライエントの"生きづらさ"の軽減に寄与することを強調し、CHAPTER 1で呈示した仮説を深めていく。

　CHAPTER 3は〈病むことへの関わり〉と題して、医療の発展により救命され、疾病を抱えて人生を歩む子どもたちのこころに対して、実際の医療現場ではどのようにケアされているのかを概説する。

　近年では、全出生数の実に9.6%を低出生体重児が占め〔厚生労働省, 2015; 田村, 2015〕、年々その割合が増加し、生まれてから長期に入院せざるをえない子どもたちも増えている。まず、周産期・乳幼児期の疾病とその慢性化について、日本小児科学会〔水口, 2016〕による報告を基にその実態をまとめる。

　次に、疾病が子どもの人生に及ぼす影響を、現行の医療がどのように支援しているかを文献的に整理する。そのために、医療現場における心理臨床的支援の現状を、主要専門雑誌の報告例から考察する。最後に、現行の医療のなかに補うべき最も重要な支援とは何かを、改めて浮き彫りにし筆者の考えを述べる。

> 現行の医療のなかに補うべき最も重要な支援とは何か

∞

　後半【四つの出会い】のCHAPTER 1〈阻まれた「つながり」そして孤独〉：CHAPTER 2〈分断された「つながり」そして怯え〉では、筆者が実際に関わった子どもの臨床素材を、提示する。低出生体重児で生まれ保育器に入っていた幼児の事例と先天性股関節脱臼を患ったことのある思春期事例である。

　二人とも、最早期に被った疾病が、養育者との《関係の相互性》に影響し、そのために後にさまざまに困難を抱えたと考え

られる。それぞれの疾病に影響された対象との《関係の相互性》のありようがどのように、転移の収集に回を重ねた面接の後に、セラピストの逆転移として鮮やかに浮かび上がってきたかを記述する。そして、その理解と解釈が転機となって治療が進展したことを描写する。

　治療状況において展開したセラピストとクライエントの《関係の相互性》を理解するうえでは、最早期の疾病が関係の相互性に及ぼした影響について考えることが重要であった。クライエントの疾病という実際の"不幸な出来事"がセラピストのこころのなかに情景として結晶化することについて、本書の前半【三つの視点】で生成した仮説とともに検証し考察する。

> セラピストのこころのなかに情景として結晶化する

　CHAPTER 3は〈傷つきと「つながり」のほころび〉として、養育者が疾病をもつ場合の対象との《関係の相互性》への影響について、筆者が担当した成人の事例との精神分析的心理療法過程を提示する。

　本章は、てんかんのある母親の事例である。乳幼児期に発症したてんかんが、いかにこのクライエントと養育者との《関係の相互性》に影響を及ぼし、養育環境の不備と病いを増幅させることになっていたかを、そして、そのことが今度は患者自身の子どもとの関係の相互性に影響を与えていることを、治療過程を振り返りつつ考察する。

　CHAPTER 4では〈病いと「つながり」の解体〉として、二例目を提示する。

　クライエント自身に身体疾患はなかったが、精神病を患う母親に育てられた。身体疾患だけでなく、養育者が精神疾患を患っている際の子どもへの発育や人格形成に及ぼす影響は計り知れない。《関係の相互性》、すなわち投影同一化と取り入れ同一化は対を成して、最早期の対象関係に最も重要な影響を及ぼすとクライン〔Klein, M.〕は考えていた。さらに、内的な良い対象の取り入れは「自我の中心点」としてはたらき、自我の形成を助けると述べた〔Klein, 1946〕。そのような良い対象との《関係の相互性》に恵まれなかった子どもたちのことを考える。

> 関係の相互性に恵まれなかった子どもたち

すなわち、身体の疾病のみならず、精神の疾病によっても、対象との《関係の相互性》は大きく影響を受け、子どものこころの発達を左右することを描写し、早期の介入の必要性を示す。

∽

　conclusion〈身体の傷とこころの臨床〉では、本書における考察を総括する。そして、「最早期の疾病」と「関係の相互性」という二つの事象について再考し、これまで同時には省みられてこなかったこの二つの事象に着目し、クライエントを支援していく必要を訴える。

　手当されなければ、疾病に影響された対象との《関係の相互性》によって、身体の不幸に、さらにこころの不幸を重ねることになる。それならば、身体への医学的治療と同時に、疾病を抱えることで生じる関係の相互性への影響を、早期に吟味し、介入することが必要である。疾病をもつ人が二重の不幸を負い、生きづらさを増幅した人生を送らないために、臨床心理士などの私たち「こころの臨床家」〔松木, 2015〕はどのように人びとを支援することができるのか。

　治療空間のなかでセラピストは、精神分析的アプローチからの理解を用い、「疾病による早期外傷場面の実演 actualization を生きること」「子どもの疾病によって形成された母親のナルシシズム narcissism へ早期に介入」する。そこから、疾病を負う子どもだけでなく、養育者とのあいだでも「セラピストのこころという住み家（コンテイナー container／コンテインド contained）が形成されること」の重要性が浮かび上がる。

　さらにこの章では、セラピストのこころのなかの能動性として「原始的痛みに触れ続けること」と「愛しむこと」というありようを吟味する。

　疾病によって仮に最早期に《関係の相互性》が損なわれても、セラピストとの関係の相互性のなかで、セラピストによってクライエントが愛しまれることを体験し、「決して元には戻らない損傷を認識すること」からくる"こころの痛み"をコンテイン

（欄外）
生きづらさを増幅した人生を送らないために

セラピストのこころという住み家
コンテイナー／コンテインド

*contain*される体験によって、結果として、疾病による"苦痛な自身の存在"を、クライエント自身がこころに受け入れ、生きていく素地を生み出すことになるのではないかと結論づける。

　今後も、疾病と《関係の相互性》についての研究を多方面から深めていく必要がある。

　疾病を抱える親をもつ子どもたちの苦しさについて、疾病を抱える兄弟姉妹をもつ同胞のこころや人格に及ぼす影響について、あるいは、思春期・成人期・老年期に疾病を負い、そのことが家族間の《関係の相互性》に及ぼす影響など、深めるべき課題は多岐にわたる。人生のいつの時点でも起こり得る疾病とその関係の相互性への影響について、今後も精緻な研究が必要であり、特に最早期の疾病が《関係の相互性》に及ぼす影響に着目し介入することの重要性は、世代を超えてその影響が生じることを考えれば、強調しすぎることはないのではなかろうか。

> 人生のいつの時点でも起こり得る疾病

---

*1：全出生数中の低出生体重児の割合は、厚生労働省の「健やか親子21」第一次計画〔平成13-26年〕で悪化した指標のひとつである〔厚生労働省，2015〕。低出生体重児の増加要因については、前半CHAPTER 3の註3〔p.80〕でとりあげる。

*2：乳児死亡の件数は1,916人。乳児死亡率（出生千対）は1.9である。世界でも有数の低率国と報告されている〔厚生労働省，2017b〕。

*3：Klein〔1946〕の言う「自我の中心点」、Garland〔1998/2007〕の言う「軸」となるものを指す。

*4：精神分析のポスト・クライン派であるJohn Steiner〔1993〕が提唱した言葉。妄想分裂ポジションと抑うつポジションの双方の不安と苦痛を防御するために、患者が分析家との接触からある状態に退避すること。「避難所」「収容所」「聖域」「天国」など空間的に体験される。そこでは、不安や苦痛から逃れられる代わりに、心的発達は深刻に阻害され、治療は膠着状態に陥る。病理構造体 *pathological organization* とも呼ばれる。

＊5：Valerie Sinason〔1992〕によって提唱された言葉。主に知的障害をもつ患者達が、社会に適応するために形成する二次障害 *secondary handicap* を指して用いられる。opportunist handicap とも呼ばれる〔Sinason, 1986〕。自己の可能性が開花することを阻み、社会に受け入れられる存在として自ら限界を設定してしまう有りようを指す。Valerie Sinason は London の精神分析家、心理療法家。Tavistock Clinic に長く所属した。Sinason の考え方については、後半 CHAPTER 3 で詳述する。p.74 の註 9 も参照のこと。

＊6：こころの臨床家 ── 「困難を抱える、あるいはこころを病む患者にかかわる精神科医・心療内科医、小児科医、ひとりの人として患者に接する看護師、パーソナルな問題や課題を抱えたこころにかかわる心理職、その人の生活環境を調整し支えるソーシャルワーカー、アクティビティを通して支援する作業療法士、さまざまな支援福祉施設で働く援助職、ケアワーカー、教師、家裁調査官等の職業でのこころへのかかわりに意欲的な人たちを指す」〔松木, 2015, p.iii-iv〕。

＊7：ポスト・クライン派精神分析における再演 *enactment* と実演 *actualization* の相違については前半 CHAPTER 2 で解説する。

三つの視点

関係とは? 相互性とは?

CHAPTER 1
臨床の知

── その人らしく生きていくために

　現代日本では医療技術が進み、かつてなら生命が失われたような疾病を負っても、人は生きることが可能になった。しかし、「人が病いを抱えて生きていくこと」の真の意味あいや、疾病が人びとのこころや生活に与える影響については、ごく最近まで医療現場ではあまり意識されてこなかった。
　なかでも生まれて間もない頃の病いとなると、それを抱えながら生きていく道のりは長い。救命や延命されることが、必ずしも人の幸福を約束するものではないことは明らかである。人生の最早期の疾病が人のこころに及ぼす影響を考えることは、病いとともに人がどう生きていくかということにつながる重要な問題である。それは「病いを抱えない人と病いを抱える人が、共にどう生きていくのか」という問題でもある。

　本章では、私たちが私たちらしく生きていくために欠かせない"こころの基盤"について考える。なぜならそれは、現代社会のなかではさして気にもされず、したがって見失われ、ないがしろにされ、機能不全に陥っている〔中村, 1992〕と思われるからである。

> 私たちが私たちらしく生きていくために欠かせないこころの基盤

　そこでまずは、人間存在を探究する領域の学問の動向を探り、科学的手法では捉えきれない《関係の相互性》がこれらの領域においても重要視されていることを示そう。次に、心理臨床実践において関係の相互性はどのように検討されうるのか、ということについて述べる。

── 三つの視点そして

　《関係の相互性》[*1]とは、哲学者の中村雄二郎がその著書『臨床の知とは何か』〔1992〕のなかで用いた言葉である。現代社会において見失われているものとして、「生命現象」とともに挙げた。

近代科学

　それはすなわち、近代科学によってもたらされた知識や技術に支えられて生活を営んでいる私たちが、そうとは気づかないうちに見失ってしまった、現実や、人間の経験のことを指す。科学は、事象のある側面を選び取り、整え、分析し、その因果関係を一義的に捉えようとする。しかし現実は複雑で、多義的で、深層的で、相互関係のなかにある。中村は、近代科学によって無視され排除されてしまった人間の営みの多義性を捉えて《関係の相互性》と表現した。

　ところが不思議なことに『心理学辞典』〔中島ほか, 1999〕にも、『心理臨床大事典』〔氏原ほか, 1992/2004〕にも、『精神分析事典』〔小此木, 2002〕にも「関係（性）」という項目・定義は記載されていない。日常的に人びとがどこか大切に思い、また頻繁に使用する言葉でありながら、定義するには難しい概念であり、実態が捉えどころのない、あいまいなものなのであろう。

哲学が根本から考えると

　哲学というのは、人間にとって重要な問題を根本原理から考える学問である。

科学の発展の影に追いやられたもの

科学的見方の彼方に見失われたもの

　上述の中村雄二郎〔1992〕は、現代社会において、科学の発展の影に追いやられたもの、人びとが慣れ親しんだ科学的見方の彼方に見失われたものがあることに気づき、それらを探究しようとした哲学者の一人である。その見失われたものを、中村は《関係の相互性》と名づけた。彼はその見失われたものに、どう接近しようと試みたのか。

　科学は、客観的に物事を捉え、論理的・普遍的に考えることを求める。それは誰が試みても同じような結果を得られるという点で、説得力がある。そして、ある程度の期間、持続性をもって真理であると認識されるものである。しかし、例えば天動説と地動説の例にみられるように、ある時代には真理であると信じられているものが、次の時代にはそうではないことが発見される場合がある。

　科学はそういう意味で、実際には歴史のなかにあり、人びとにある程度共有されているモノの見方にしか過ぎない。すなわち、時代を超えて真実を示しているとは言い難い。そこには「観

察する側」と「観察される側」が生じ、そのあいだに横たわる冷ややかな断絶とともに、そこに本来含まれる多様な相互作用が見失われてしまう危険性を孕む、と中村は言うのである。

　人間は自然からの脅威を恐れ、自然を支配しコントロールしようとする（例えば川をコンクリートで整備する）が、そのため閾値を超えた水量は氾濫し、最近日本でも多く見られるように、災害となって人間に返ってくる。人間と自然の関係も、人間どうしの関係も、一方的にこちらから働きかけ、その結果を予測したつもりでも、相手から想定外の反応が返ってくることは稀ではない。にもかかわらず、そういった予想を超えた反応が起きるかもしれないという考えを、人は往々にして無視している。否認している。「ある働きかけをすれば、必然的にさまざまな反応があり、相互作用が生じる」——そういったあいだに存在する《関係の相互性》を捉える"知"を、中村は求めたのである。

　　同じようなことは医療の現場でも見られる。
　例えば、ある小学校低学年の女児はごく幼いときから欠神発作を患っていて、発作を止める薬を処方されていた。少女は、場面緘黙児として筆者に紹介されてきたが、その原因が、彼女の疾病と服薬している薬にあるとは、医療従事者の誰も、また彼女の家族の誰も想像だにしていなかった。彼女は、てんかん発作があることを他言しないようにと親から固く口止めされていた。口を開いてしゃべれば、薬のにおいが他児や他者に伝わり、病気を持っていることがばれてしまう、と非常に怖れていたのだった。

　発作が起こり、病因を突き止めるために脳波を検査し、欠神発作の所見を認める。そして抗てんかん薬を発作抑制のために処方する。ここでは、脳波を「観察する側」が医師であり「観察される側」が少女である。観察されたものは発作である。その発作を消失させようと薬が処方される。そのような科学的観察に基づく一連の医療行為の必要性以外に、誰がこのような彼女の想定外の反応を、そして他者とのあいだに生じた彼女の日々の苦しみを、想像しただろうか？　彼女と対象とのあいだに存在するこの独特な《関係の相互性》の問題は、誰からも見失わ

　断絶

　相互作用

　相手から想定外の反応が返ってくることは稀ではない

　あいだ

　誰がこのような彼女の想定外の反応を想像しただろうか？

れていたのである。

　中村〔1992〕が、そういった対象との《関係の相互性》を理解するために提唱したのは、〈コスモロジー〉〈シンボリズム〉〈パフォーマンス〉と名づけられた三つの要素を含む"臨床の知"という方法論である。中村は、事象のある側面を選び取り、データを蓄積し、分析することによって因果関係を捉えようとする"科学の知"に代わるものとして、臨床の知を提唱した。

　それは、人間が関係する出来事を包み込む場所と空間の有意味性や質をあらわす〈コスモロジー〉、一つひとつのモノがもっている意味の多面性・多義性をあらわす〈シンボリズム〉、人間が行為・行動を起こすときに発生するさまざまな相手との相互作用をあらわす〈パフォーマンス〉から為る。このどれもが、生きている人間が対象と関わりをもつ際に生じるものであり、表層の現実の背後に隠れている多義的意味を浮き彫りにし、考える方法である。そこに生まれる個別のドラマを考えようとする。

　それは例えば、面接室にある一見なんということもないソファベッドと向かいに座るセラピストに対して、ある人が思い浮かべる情景であったりする。その人は時空を超えて、病床のベッドにかつて横たわっていた大切な人の横に座り共に過ごした情景と情緒を想い浮かべる。あるいは、先述した場面緘黙の少女にとっては、面接室に共にいるセラピストに薬のにおいを感じさせないようにと面接時間中、何ヵ月ものあいだ、一度も口を開かない。そういった、個人がもつ、こころの内側にある体験の象徴的意味を考えること、そして言語の象徴的機能を用いてそのことについて考えることが、人が生きていくうえで大切であると中村は指摘した。

　つまりこの方法は、事象が起こる個々の場所や空間を、有機的な意味ある宇宙とみなし、多義的かつ深層的に、個人が相手や環境からの働きかけをどのように能動的に内に受け入れ行動するか、という相互交流のなかで事象を捉える方法である。近代科学の考え方に囚われるのではなく、人間本来の《生命現象》や《関係の相互性》に目を向ける必要がある。そのことが、生きていくうえでの人間の基盤となり、人間本来のあり方を回復

する営みであると中村は提言したのである。

社会学が構図をながめると

オーギュスト・コントに始まる社会学は、これまで自然科学の方法をモデルとし、観察できる事象のなかにある法則を見出すことをその目的としていた。現実の社会における事象を数値化し統計処理し、因果関係を明らかにして、その客観性を重視した。

しかし近年、そういった実証主義のなかで人間と社会を理解しようとするのではなく、異なった方法論を模索する動きが出てきた。科学や技術によってもたらされた現代社会の諸相が、原発事故や、自然破壊、環境汚染、テロリズム、人間関係からの孤立など、過酷で危険に満ちた「リスク社会」〔Beck, 1986〕に陥ってきたためである。

> リスク社会

例えば「シンボリック相互作用論」の名づけ親であるブルーマー〔Blumer, H.G., 1969〕は、あまりにも標準化されていないと当時排除されていた人間の経験世界に着目した〔船津・宝月, 1995〕。個々の人間はものごとに意味づけをして、それに基づいて行為するものであり、その意味づけは、その個人と相手との社会的相互作用過程において生成される。そして、そうした意味づけは、ものごとに対処する際にその個人のなかで解釈され、その解釈に基づいて自己の行為を形成する。個人が生活している世界は、独自の意味を付与された世界であって現実の世界とは区別する必要があり、人間と人間が作り出す社会は、活動的・流動的な相互作用から成り立っている。ブルーマーはその現象を、個人固有のシンボルによって捉えようとした。

> 社会的相互作用

ものごとに対する個人の意味づけが、社会との相互作用によって生成され、その個人の行為を形成することは、次のような母親の例にもみられる。

流産を繰り返した後に極低出生体重児を出産し、しばらくしてその子どもに自閉傾向と精神発達遅滞があると医師に診断を告げられた、その母親は、自分の子どもに"障害"があるとは決して認めなかった。「一家に二人も障害をもった人はいらな

> ものごとに対する個人の意味づけが、社会との相互作用によって生成され〜

い」と彼女はセラピストに言って、彼女の兄が重度重複障害にて生後すぐから施設で暮らし、両親以外の誰も彼を訪ねないことを語った。彼女にとって"障害"という言葉は、兄のように施設に預けられ、社会から閉ざされて生きることを意味していた。"障害"という言葉に、彼女独自に付与されていたのは、社会から隔絶された場所に生きることであり、自分の子どもが"障害"をもちつつ社会と関係を保ちながら生きていくことは彼女には考えられなかったのである。

ギデンス〔Giddens, A., 1993〕もまた「人間の社会的活動と相互主観性に関心をよせる」はずの社会学が実際は、人間の活動の中核となる自己意識をほとんど評価せず、当てにならないものとして邪魔もの扱いしてきたことを指摘した。そして「理解とは、それ自体が社会における人間生活の存在論的条件に他ならない」〔p.48〕として、自己を理解することと他者を理解することは不可分に相互の関係にあるとした。

> 理解すること
>
> 自己のおこなう事柄を理解することは、他者のおこなう事柄を理解することを通してのみ～

自己のおこなう事柄を理解することは、他者のおこなう事柄を理解することを通してのみ可能であり、また他者のおこなう事柄を理解することは、自己のおこなう事柄を理解することによってのみ可能となる。そして、自己や他者を理解できるようになるということは、言葉によって記述することで可能となる。つまり、人間の社会行動を理解するためには、言葉による解釈が必要であると述べた。

船津はブルーマーやギデンスらの考えを受けて、次のように述べている――「人間の理解において、自然科学的、機械論的見方によって意味、主観、意識などの内的世界を無視することは、人間の特質を見ないことになり、人間行為と人間社会の理解が不十分なままに止まることになる。人間行為と人間社会を十分に理解するためには、人々の意味、主観、意識の果たす役割を重視し、人間の内的世界の解明が行われなければならない」〔船津ほか, 2014, p.6〕。すなわち、人間の意味・内的世界は、他者との関係において、つまり社会性をもって形成されるものであり、その形成の過程を解明することの重要性を説いた。

> 社会性

そして、「内省 reflexivity」することによって、意味・内的世界が変容すること、すなわち内的な相互作用によっても自分自身のなかに変容が起こり、それが他者や社会との関係にも変化をもたらし、その変化がまた個人に返ってゆくという相互作用のなかで、新たなものを生み出し、今日の「リスク社会」を乗り越えることができることを示唆した。

> 内省

　田中〔1996〕もまた、現代日本社会のあり方を憂えていた。それは、「わたくしたちが直視しなければならないのは、高度情報化、消費社会化、管理化の下での現代日本の社会諸関係が、その『豊かさ』の外観の背後に、どうしようもなく無機質化し、没意味化し、非人間化した社会関係の地平を広く伸張し、日々に増殖しつつあるという客観的事実である」〔p.3〕という言葉に表れている。そして、「個人と社会」の問題を従来の因果論的に捉えるのではなく、「関係」主義の視点から社会学を捉え直そうとした。

　すなわち、自然界の階層性のなかに、生きる主体としての「個人」があり、その「個人」が集団や社会のなかで"関係のアンサンブル"〔田中, 1996〕を幾重にも奏でながら相互に影響しあう。しかしながら、現代の日本社会は、各々の「個人」の人間的自然、生命が吹き込まれぬくもりとあたたかみのある関係が失われていて、chiasm（交差して再結合されること〔筆者〕）されていない。したがって、身体感覚を伴った《生命》と環境世界との関わり合いの再構築が必要であるというのである。そして対象関係 relation libidinales delatio の広がりに留目することが重要であると論じた。

> 人間的自然、生命が吹き込まれぬくもりとあたたかみのある関係

> 対象関係

　つまり社会学者たちは、相互の関わり合い、すなわち《関係の相互性》のなかで人が人を理解し、その理解を言葉にすることで、社会のなかの人間が生きていくことを捉えられると考えている。人間が集まることによって、集団や社会ができるが、人がそのなかで生きていくために最も重視しなければならないのは、個人の内的世界と他者の内的世界、そしてその《関係の相互性》である。そのような考えに基づいて、実証主義だけに留

まらず、個人の内的世界と環境世界の相互関係という、以前は排除されていた現象に視点が移ってきていると言える。

比較行動学が霊長類を観察すると

第二次世界大戦後の日本における比較行動学、特に霊長類の研究は、主に野生のニホンザルのコミュニケーションに焦点を当ててきた。その社会の成り立ちと文化的行動を解明することによって、人間の社会的・文化的起源やあり方を探究することに生かそうとした〔山極, 2009〕。

例えば南〔1977〕はリーサスザルを用いて、生後初期の段階から、母や同種の個体との接触が遮断された場合に、子ザルにどのような影響があるかを調べた。そして、特に母ザルと隔離された子ザルには、指しゃぶり行動、体を抱く行動、体ゆすり行動などの常同行為と呼ばれる異常な行動の反復がみられること、その常同行動の行動型は、母親との隔離が子の成長時期のいつであったかによることを示唆した。さらに母ザルの不在による身体接触の欠如が、子ザルの成長、成熟に密接な関連のあることを示し、人間のこころの理解に貢献することができるとした。

<small>身体接触の欠如</small>

つまり、母ザルと隔離され身体接触をもてなかった子ザルは、本能的な接触の欲求を自分のみで満たさなければならず、常同行為を発現させ、その行為に固着することによって、その欲求を満たそうとするというのである。そして、そのようにせざるを得なかった子ザルは、社会性に欠損がみられ、新しい環境に適応する能力が低くなると述べたのである。

一方、中道〔1996〕は、サル類の母子関係の論文から、長期にわたる縦断的観察で得られた「子育て」の姿を導き出している。その特徴として、生後直後の母子の密接な関係は、生後一年を終える頃には、かなり疎遠になり、それ以降も四年のあいだに徐々に疎遠になっていく傾向が全体的に見られること、個々の母子間の関わりの密接度は、それぞれの母子間で四年間を通してほぼ一定であることを挙げている。

その子育てのスタイルは踏襲される傾向にあり、「育てられた

ように育てる」、あるいは「見たように育てる」ことで、次世代に伝達されることが判明している。しかしながら、「子育て」のスタイルの柔軟性がまったく失われている訳ではなく、状況に応じて母ザルがそのスタイルを変化させ、子ザルのニーズに合わせる能力を持つことを、重度奇形や重度障害を負った子ザルに対する母ザルの対応から見て取ることができるとした。そして今後、母ザルから子ザルへの働きかけのみならず子ザルから母ザルへの働きかけを含めて、母子相互作用を理解していくことが重要であると指摘した。

そして上原〔2006〕は、人間関係が人間の命の営みの全過程に深く直接的に結びつき、それなしには人間というものが成り立たないという視点を、野生のニホンザルを対象とする霊長類研究のなかに見ている。霊長類も人間も子ども期が長い生物であり、生命の誕生からその維持と成長に他の個体や他者の関わりが必要である。そしてその関係の有無が個体の生存の決定的要因となると述べている。　　　　　　　　　　　　　　　　　　他者の関わり

誕生の瞬間から、栄養を摂ること、動くこと、着ること、安全に過ごすこと、愛情を受けること、また成長期に必要な知識や技術、特性を獲得すること、それらすべてに他者との関係を必要としていて、文化的特性も人間的特性もその関わりのなかで受け継がれて行く。それは親子の関係において為される場合もあれば、身近な環境が親に代わって、その伝承の役割を担う場合もある。幼児期には幼児期の、青年期には青年期の、成人期には成人期の、老年期には老年期の人間関係に出会うことがその人生において必要である。生涯を実現していくうえで、それが基本となるものであると述べた。

上述の比較行動学の知見は、私たちに重要な示唆を与えてくれる。すなわち、誕生後すぐからの母子の隔離状況が子どもの成長や発達に深刻な影響を与えること、人生早期の身体的接触や相互交流の欠如がその生存や社会性の発達にも多大な影響を与えること、他者との関わりなしに人間が人間らしく生涯を送ることは非常に困難であること、である。　　　　　　　相互交流の欠如

これらの示唆は、最早期の疾病とその治療状況が子どもの成長や発達に与える影響の深刻さについて考えることに私たちを導く。加えて、子どもが疾病や傷害を被ったときには、そのニーズに応えるために、養育スタイルを変化させうる能力を養育者が備えていると観察されていることは、私たちに希望を与えてくれる。

> 子どもが疾病や傷害を被ったとき～養育スタイルを変化させうる能力

∞

　人間を探究するこれら三つの他領域に共通してみられる見解は、科学では捉えられない人間のありよう、すなわち人間どうしの《関係の相互性》こそが、人が人として生きていくうえでの基盤となるというものである。それは、疾病を負っていても負っていなくても共通する。であれば、日常的に視野にはなかなか入らない、社会において見失われているこの関係の相互性を、まずは感知し理解していくことが必要である。そのための方法として、精神分析的アプローチからの理解を軸に検討する。

精神分析のまなざし

　私たちは日常的に「家族関係が大事だ」とか「あの人との関係性が問題だ」「職場の人間関係で悩んでいる」などと言及する。しかし、それらが具体的にどのようなことを指すのかは不明瞭である。
　『広辞苑』〔新村, 2008〕では「関係」の項に次のように記されており、一般的にこれらの言葉は"人と人とのかかわりあい"の意識に上る範囲のことを指して使われることが多い。

①あるものが他のものと何らかのかかわりを持つこと。その間柄。二つ以上の思考の対象をなにか統一的な観点（例えば類似・矛盾・共存など）からとらえることができる場合に、それらの対象はその点で関係があるといわれる。
②人間社会における、特殊なかかわりあい。⑦血縁や組織における

結びつきの間柄。つて。ゆかり。てづる。㋒男女の間の情交。㋓ある物事に携わっていること。㋔（接尾語的に）その方面（の仕事）。③あるものが他のものに影響を及ぼすこと。

　本書で《関係の相互性》という言葉を用いるのは、日常的に使われる"関係"という言葉のなかに暗に含まれるものの、隠れてしまっていて見失われがちな、表には現れてこない相互交流のある側面を強調するためである。先述の広辞苑にある定義のなかで、③の記述に含まれる「ある人が他の人に影響を及ぼすこと」という定義は、本論の主題である関係の相互性というときの定義により近い。

　おそらくその影響のなかには、意識的なものから無意識的なものまで含まれる。つまり、はっきりわかるものから、よく知ろうとしなければわからないものまで、多層にわたって起こる。特に人の内的世界は、より無意識的な体験の積み重ねからなり、その相互交流は、気づかれないまま、人のこころの形成に多大な影響を及ぼす。また、人が生きていくうえで、その生き方に影響を与え続ける。そして「ある人が他の人に影響を及ぼす」ならば「他の人もある人に影響を及ぼす」はずである。ゆえに、その流動的な人間どうしがもつ無意識的交流体験を考えるためには、《関係の相互性》という言葉を用いるのが適切である。

　したがって本書で用いる《関係の相互性》*4は「ある人と対象とのこころの内側で起こる無意識的交流体験」と定義される。そして、本書の目的である「最早期の疾病による関係の相互性への影響」を考えるためには、まず心理臨床実践のなかで《関係の相互性》を実際に感知する手段について考えておく必要がある。その方法について、精神分析的アプローチを援用して考えてみることを提案する。精神分析は、人のこころを援助するための数多の心理療法のなかにあって、患者とセラピストの転移・逆転移に着目し、そこに起きる交流から理解できたものを患者のために活かそうとするアプローチである。

転移とその概念の変遷

　治療状況での《関係の相互性》について考える際に、ここでは患者のこころ（内的世界）が寄与する部分について考えてみる。

［欄外注］
相互交流は、気づかれないまま、人のこころの形成に多大な影響を及ぼす

無意識的交流体験

感知

精神分析的アプローチ

そこに起きる交流から理解できたものを患者のために活かそうとする

転移	物や価値・本質などの移動を意味する日常語であった転移 transference という言葉をフロイト〔Freud, S.〕が用い始めたのは1895年のことである。彼にとって〈転移〉は、患者が無意識裏に他者とのあいだで繰り返す関わり方の様式を意味していた。ドラの症例で治療が中断した苦い経験を通して、より深く転移について考えるようになったフロイトは、その現象について次のように記している。
過去の心的体験現在進行中の関係	転移とは何か。それは、分析が進みゆくなかで呼び覚まされ意識化されることになる感情の蠢きかつ空想（ファンタジー）の、装いを新たにした再版本であり複製品である。しかもこの転移という領域に特徴的なのは、以前の人物が医者という人物によって代用されることである。別の言い方をすれば、一連の過去の心的体験全体が、過ぎ去った体験としてではなく、医者という人物との現在進行中（アクトゥエル）の関係として息を吹き返すのである。〔Freud, 1905, p.116; 岩波版 p.152〕
過去の重要人物とのあいだで体験された関わり方を〜	このようにフロイトは、過去の重要人物とのあいだで体験された関わり方を、患者が現在のセラピストとのあいだで繰り返すと考えた。

　後年、彼はさらに「人は誰しも生来の素質と幼少期に背負わされたさまざまな影響との共同の作用によって、性愛生活を営むその人自身のやり方を獲得する」[*5]〔Freud, 1912, p.11〕と述べた。すなわち、持って生まれた素質や運命に影響されつつ、幼少期に獲得された重要な他者との関わり方は、その人の人生において知らず知らずのうちに絶えず繰り返されるものであり、相手が変わって現在に至ってもなお、あたかも目前の人物が過去の重要な他者そのものであるかのように、患者は振る舞い続けるというのである。そして「患者は、無意識的な衝動の覚醒によってもたらされた産物を現在であり現実であるものと見なす」〔Freud, 1912, p.20〕。この他者とのあいだで繰り返される潜在的で無意識的な関わり方の様式は、当然のことながら精神分析状況のなかでも色濃く現れ、患者は意識しないままに、そのなじみ深いやり方でセラピストに対して振る舞うことになる。

　このようなことは、実際の医療現場でも見られる。例えば、超

低出生体重児^{*6}で生まれ、同じ超低出生体重児の双子の姉を生後しばらくして亡くしたある女の子は、セラピストが悲しい顔や深刻な顔をしていると思うときにはセラピストに関心を向けたが、そうでないときには、ほとんどセラピストの顔に関心や注意を向けることはなかった。その治療状況での振る舞いが、生後すぐから生命の危機にあった姉を思う彼女の母親の表情に呼応するものであることは、理解できることであった。この少女のようにセラピストに振る舞うこと、すなわち無意識的な関わり方を〈転移〉とフロイトは呼んだ。

　フロイトは、通常の他者との関係と違い、量的にも質的にも濃密で特殊な、セラピストに対して現れるこのような振る舞い方の〈転移〉を、分析状況のなかで直接的に顕在的なものにすることこそ、幼少期から無意識的空想に永続的に支配された患者の生きづらさの解消に役立つと考えた。すなわち無意識を意識化することによって、患者に暗に繰り返されているものへの気づきが生まれ、こころに変化をもたらすと考えたのである。

　こうして、分析状況における〈転移〉は、無意識的空想や感情に基づく患者の他者との関わり方を、セラピストが詳細に観察できる現象として理解されるようになった。つまり「分析者の手の届くところに再現されてきたもの」〔前田, 2014, pp.23-24〕として、その臨床的重要性が増していったのである。

　また、フロイトの娘であり後に自我心理学の流れを作ったアンナ・フロイトは〈転移〉を次のように定義した。

> 転移というのは、患者が分析家との関係において経験するあらゆる衝動のことを意味する。それらは、客観的な分析状況において新たにつくり出されたものではなく、その源泉は早期の —— おそらく、乳幼児期の —— 対象関係にあるのであって、それが現在ただ反復強迫の影響のもとに復活したものにすぎない。これらの衝動は反復であって新しくつくり出されたものではないから、患者の過去の感情体験を知る手段として、この上もない価値をもっている。〔Freud, A., 1966「自我と防衛機制」p.14〕

　このようにアンナ・フロイトは〈転移〉を、「患者が現在の分析家に、過去の人物との関わり方をすべてにおいて繰り返すもの」というフロイトの考えを踏襲したうえで、「現実の患者 - 分

無意識を意識化

暗に繰り返されているものへの気づきが生まれ、こころに変化をもたらす

析者関係に、過去の抑圧された対象関係が付け加えられて歪曲されること」〔Freud, A., 1968, p.82〕であると理解した。すなわち〈転移〉は、早期に決定づけられた患者の他者との関わり方が、現代の分析家や他者に、文字どおり「移動」し「再版」されたものであり、現実のセラピストと患者の実際の関係を歪めるものとして理解された。

　現在のセラピストは・そ・の・人・としては体験されないのである。この〈転移〉の理解は、「現実のセラピストと患者との関係を歪めているものを取り払い、過去の人物とセラピストが異なる人間であると気づき、現在のセラピストとの体験を現実のものにする」という方法論に結びつく。

　しかしながら、この〈転移〉概念では、本書で筆者が探究する"患者とセラピストとの関係の相互性"を捉えきれない。なぜなら、「すべては幼少期における実際のある表象が眼前のセラピストに反復的に置き換えられている」と認識されているのみだからである。

　この〈転移〉理解では、実際の分析状況において分析者は「ブランク・スクリーン」と見なされ、患者は内に携えた葛藤をそこに映し出すだけである。先述の超低出生体重児の双子の妹の例では、悲嘆に暮れる母親との関わり方をセラピストに置き換えているのである。その際のセラピスト側の関与はないし、あってはならないものとされていた。そして、その治療の目的は、患者の葛藤を明らかにし、無意識を意識化し、過去からの転移によって歪曲された分析者に対する関係を、現実のものに修正することにあった。換言すれば、〈転移〉を通して患者が過去を生き直すことと、過去が目の前の分析家に繰り返されていることを、患者に指摘し直面化させることに力点がおかれたのである。ゆえに、セラピストと患者のあいだに展開されるものは、患者からの・一・方・向・性・のものであり、それが二人のあいだで・双・方・向・の・交・流・を生み出すとは考えらなかった。セラピストのこころのなかに患者が受け入れられる必要はなかったのである。

> ブランク・スクリーン

上述のようなフロイトの〈転移〉概念は、個人中心・患者中心の「一者心理学」と言われている。いわば科学的思考であり、医学的思考とも捉えられる。患者の過去に原因があり、その結果、現在の苦しみがある。セラピストは、セラピストに向けられる患者の過去からの心的体験に基づく関わり方を観察し、分析し、それを伝えることによって治療する。それは、因果関係を一義的に捉える方法である。

　ところが歴史的にみて、セラピストと患者との関係そのものを考えていこうとする「二者心理学」への動向が生じると、〈転移〉の理解も違った様相を呈するようになった。〈転移〉についての理解の深まりとともに、セラピスト側に必然的にかき立てられる情緒反応、つまり〈逆転移〉が精神分析家たちの関心を引くことになったからである。患者に対峙する際に「ブランク・スクリーン」になろうとしてもなりきれない。それまでなかったことにされていたセラピストのこころの動きに注目せざるをえなくなったのである。それは「治療が人間関係であることがますます理解されるようになったこと、および精神分析の領野が広がり（小児や精神病者の分析など）、これらの場合には分析者の反応がより多く重要視されるようになった」〔Laplanche & Pontalis, 1967, p.72〕ことによる。

　その後、精神分析の鍵概念となり治療関係の本質を為すと考えられるようになった対概念である〈転移－逆転移〉についての研究は膨大な数にのぼり、時代や学派、またそれぞれの臨床家によってさまざまに定義されるようになった。ここですべてを網羅することはできないが、フロイト以後、特に〈転移－逆転移〉に関する重要な思索の流れを創ってきたクライン派[*7]とポスト・クライン派[*8]における〈転移〉理論の展開をとりあげる。なぜなら、この思索の深まりによって私たちは、治療場面における患者とセラピストの関係のなかに含まれる無意識的交流、つまり両者のこころの内側に起きる《関係の相互性》について、より的確に、そして多義的かつ深層的に理解できるようになったからである。

　クライン〔Klein, M.〕は〈転移〉について次のように述べている。

> 逆転移

> セラピストのこころの動き

転移は、最早期段階において対象関係を決定づけていたのと同じ過程のなかで生まれる、と私は考えている。それゆえ、愛すべき対象と憎むべき対象とのあいだで、外的対象と内的対象とのあいだでゆれ動くこと、すなわち、早期幼児期を支配しているこの動揺の分析へと、われわれは何度も何度も遡らねばならない。愛情と憎悪との間の早期の相互作用を探究し、そして、攻撃性、不安、罪悪感、増大する攻撃性の悪循環を、これらの葛藤している情緒と不安とが方向づけられている、対象の多様な側面と共に探究しさえすれば、われわれは陽性転移と陰性転移とのあいだの相互連関を十分に認めることができるであろう。〔Klein, 1952, p.67〕

　すなわちクラインは「最早期段階の幼い子どもの情緒生活の中心に、対象関係がすでに存在し、その同じ過程で転移が生まれる」と考えた。彼女はフロイトの〈転移〉概念に重要な二つの修正を加えている〔Joseph, 1985; 2001〕。本書に直接関係するものである。

　そのひとつは、転移が生成されると考えられる時期について。誕生直後から乳児は母親（ここでは主に母親の乳房）とのあいだである種の関係をもち、そのこころに"対象関係"の基礎を確立するとクラインは考えた。そして「その関係には対象関係の基本的な諸要素、すなわち、愛情、憎悪、空想、不安、そして防衛がしみ込まされている」〔Klein, 1952, p.63〕。すなわち「それはいまだ他のいかなる対象もはいり込んでいない二人の人間のあいだの関係の原型であり、これこそがすべての対象関係の最早期の本質的な姿である」〔Klein, 1952, p.63〕と述べた。つまりクラインは、生後すぐに"対象関係"の原型が成立し、よって〈転移〉が誕生直後から生成されると考えたのである。

対象関係の原型

　"対象関係"の原型には、例えば、どれだけの期間、治療のために新生児が母親と離れていなければならないか、治療を受けるために医療機器にどのくらい囲まれていなければならないか、どのような音が常時鳴り響いているか、どのような眼差で見つめられているか、などが影響する。また、どう授乳されているのか、例えば授乳は口唇や口蓋の奇形という疾病によってどのような影響を被っているのか、喜びを感じることができる体験を持てているのか、なども重要である。また、養育者が自分の赤ん坊についてどう感じどのように扱っているのか、どのよう

な眼差しで見つめているのか、衝撃を受け打ちひしがれているのか、あるいは遠ざかっていくのか、恐ろしく思うのか、拒絶したくなっているのか、実際に面会に来なくなってしまったのか、といった実際の母親と乳児の《関係の相互性》に影響されて、乳児のこころのなかの"対象関係"は形成されていく。

　実際に自分に起こっていること（本書では、誕生からの疾病や疾病に対する治療、そして周囲の医療従事者や養育者たちの態度や情緒）と、その起こっていることに対して赤ん坊自身がどう反応するかによって、"内的対象"は創り上げられると考えることができる〔Joseph, 2001〕。

　そしてさらに重視しなければならないのは「乳幼児に生理的に与えられる身体感覚は心的には、ある対象との関係として経験される」〔Hinshelwood, 1989/1991, p.84〕ということである。クラインは身体感覚のなかに"対象関係"の起源を見出した。それは即、現在のセラピストとの治療状況に転移される。このことは、疾病が《関係の相互性》に及ぼす影響を考えるうえで重要である。

　例えば、ある超低出生体重で生まれた男の子は、幼児になっても、面接室のセラピストの前で、診察用ベッドに横たわり、持参した白いタオルを手に身体を揺すり続けていた。彼の〈良い対象〉はそのように行為することで現れ、彼のなかに安らぎと落ち着きをもたらすようだった。面接室に存在するセラピストは、彼のなかに安らぎと落ち着きをもたらす〈良い対象〉とはなり得ず、治療という苦痛をもたらす存在か、いてもいなくてもよい存在として彼には体験されていた。クラインが示す身体感覚のなかの対象関係とは、かつてこの男の子が保育器のなかで長いあいだ作り上げてきた白いベッドと白いタオルと身体を揺することから感じられる、このような対象との関係のことをいうのだろう。

　もうひとつのクラインによる修正は、分析状況での〈転移〉を「いま現在に由来するもの」と考えた点である。過去の重要人物の置き換えとして眼前の分析者の存在を考えるだけではない。最悪の恐怖と不安と葛藤に患者自身が日々どのように対処

日々どのように対処しているのかを〜セラピストに示そうとしている

全体状況

しているのかを、分析の全体状況のなかでセラピストに示そうとしている、と彼女は理解した。次のようにも述べている ──「転移の詳細を解明する場合に、過去から現在に転移されている全体状況 total situation について考察することは、情緒、防衛、対象関係について考察することと同様重要なことである」〔1952, p.70〕。

　本書の後半【四つの出会い】CHAPTER 1 で詳述する低出生体重児であった女の子は、保育器に入っていた体験を「面接室の内と外」という状況に外在化していた。母親と隔てられた出生直後の体験は、現在の治療場面で実演され、セラピストはその女の子と共に面接室のなかにいて、面接室の外にいる母親と現実に隔てられたゆえの悲しみを共にすることになった。このように実演することで、その女の子は、母親と隔てられた苦しみをセラピストに示したのである。

　ここでクライン〔1952〕が「総じて幼児の心のなかでは、あらゆる外的体験には空想が混ざり合っており、他方、あらゆる空想は現実体験の要素を含んでいる。そしてわれわれがその現実的および空想的側面の両面において過去を発見出来るのは、転移状況をその深層まで分析することによってのみである」〔p.69〕と述べていることに注目したい。

　この外的体験と空想と現実体験の絡み合いは、フロイト〔1940/1938〕が『精神分析学概説』において「現実の否認」という言葉で表した考えにも通じる。そもそもフロイトは「否認」という防衛様式を表す言葉を、身体との関係において用いた。具体的には、彼は、女性自身がペニスの欠如という現実を感知することを拒否することとして用いていたが、その提言の本質は、外的現実（ここでは、女性がペニスを持っていないこと）を知覚し認識することの苦痛から発するものである、との考えであったように思える ──「現実の要請についての知を与える知覚を否認することによって、苦痛に感じられる外界の要求から身を守るに至る」〔p.247〕。

　そうであるとすれば、眼前に迫る現実を認識することの恐怖と苦痛と不安に耐え難く、人のこころは、否認するだけではなく「空想を生成する」という手段を選ぶのだと考えられる。現

実体験に空想を混じり合わせることによって、その受け入れ難さからくる心痛を受け入れ可能なものに変形するのではないだろうか。そこに「無意識的空想」が生まれる必然と機序があり、その人のこころにとっての切実な努力があり、特有の対象関係の発展する道筋が生まれると考えられる。そのとき、その人には残念ながら、共に苦痛な現実をこころに受けとめてくれる他者は存在しない。

　疾病も、人によってはこころに受け入れ難い現実となる。
　クラインが指摘した「無意識的空想に混じり合う外的現実の体験」とは、そのようなものであろう。疾病は「苦痛」という身体感覚を生じさせる。その感覚は最早期には「心痛」と区別できない。彼女は1952年の同じ論文「転移と最初の対象関係とのあいだの差異について —— その類似性を対照させながら」で述べている。患者のこころのなかにある対象関係の部分的残存物が、セラピストとの関係に転移される。その残存物を治療関係のなかで探し出し、かき集め〔Melzer, 1968〕、ひとつのまとまった全体状況 total situation〔Klein, 1952; Joseph, 1985〕として理解していく必要がある。

　疾病が、どのように人のこころに受け入れられているのか、あるいは受け入れられずに存在しているのか、を知るためには、疾病を抱える人の《関係の相互性》の起源、すなわち対象関係の起源を〈転移〉のなかでセラピストが感知する必要がある。
　このクラインが示した〈転移〉概念はポスト・クライン派に受け継がれ、後述するビオン〔Bion, W.R.〕の、母親と赤ん坊の交流モデルである包容 containment 理論〔Bion, 1962a; Riesenberg-Malcolm, 2001〕をもってさらなる発展を見る。この理論については〈逆転移〉について記述した後に述べよう。

逆転移とその概念の変遷

　治療状況における《関係の相互性》を捉えるためには、もちろん、セラピスト側の寄与も考えなければならない。精神分析では、患者と出会うなかでセラピストのこころの内側に起こるさまざまな情緒や思考を〈逆転移 countertransference〉と呼んでいる。

逆転移

　フロイトにとって〈逆転移〉は、患者の影響によって引き起こされる、セラピスト側の無意識的葛藤を意味していた。その情緒的反応は、セラピスト自身のコンプレックスや内的抵抗であり、患者に対するセラピストの転移であり、それらは治療を妨げるものとして、すべて克服すべきであると捉えた〔Freud, 1910〕。逆転移は、患者の転移を映し出す「ブランク・スクリーン」としてのセラピストのあり方を妨げるものだった。

セラピストの感情のなかに、患者のために活用できるものが含まれる

　クラインもフロイトの考えを踏襲した。未だ「転移状況において喚起されるセラピストの感情のなかに、患者のために活用できるものが含まれる」という発想は彼女にはなかった。

　しかしながらクラインは以下のようにも述べている。

　われわれの探究すべき領域は、現在の状況と最早期の体験とのあいだにあるすべてを網羅していなければならない。実際において、最早期の情緒および対象関係に接近するには、それらのその後の発達に照らして、それらの変遷を調べることなくしては不可能である。何度も何度も後の体験に早期の体験を、そして、早期の体験に後の体験を関連づけること（それは非常に困難な忍耐のいる作業となるが）によってのみ、そして、また、それらの相互作用を不断に探究することによってのみ、現在と過去は患者の心のなかで合体することができるのである。〔Klein, 1952a, p.71〕

　このようにクラインは、最早期の"対象関係"の全体像を把握するためには、現在と過去のその相互の影響を吟味し探究することが必要である、と述べている。そして、その複雑な探究の過程を為し得るには、セラピストの存在と関与が必要不可欠である。それらは、眼前のセラピストとの実際の治療関係があって初めて探究できる。クラインに始まる"クライン派"精神分析はしたがって、現在の治療状況のなかで繰り広げられる無意識レベルでの《関係の相互性》を基に、最早期の"対象関係"に接近しようとした。

クライン派精神分析

∽

　ところで〈転移‐逆転移〉という現象を、患者とセラピストという人間どうしの交流、すなわち《関係の相互性》ととらえるクライン派精神分析の考え方は、1950年のハイマン〔Heimann,

P.〕による「逆転移について」という論文の発表と、さらにポスト・クライン派の潮流を生み出したビオンの思索に大きく依拠している。

ハイマン〔1950〕は「分析状況での患者に対する分析家の情緒反応は、分析家の作業において最も重要な道具の一つ」〔p.180〕であると考えた。分析状況が「二人の人物の関係」〔傍点訳書のまま〕であり、セラピストの〈逆転移〉の一面が、患者のパーソナリティの一部に対する情緒反応であること、それは患者の無意識を理解するための手がかりとして治療に非常に重要なものであると論じた。すなわち、〈転移〉を引き受けるセラピストのこころのなかにこそ、患者を理解するためのヒントがあると考えたのである〔松木, 2003〕。彼女のこの思索以降、セラピストの〈逆転移〉は、その臨床的意義において急速に注目されるようになった。

> 転移を引き受けるセラピストのこころのなかにこそ、患者を理解するためのヒントがある

例えば、本書の後半【四つの出会い】CHAPTER 3で提示するてんかんのある女性に対するセラピストの情緒反応に、そのことが見てとれる。治療場面でてんかんの発作が起きたとき、セラピストのこころのなかには、驚きと、彼女に殴られるかもしれないという恐怖、訳のわからなさ、見てはいけないものを見てしまったような居たたまれない感覚、立ち上がって看護師を呼ぼうと部屋を出て行きたい気持、拒絶し認めたくない気持、排除したい気持、などが交差した。これらはおそらく彼女の養育者と彼女のあいだで幼い頃から行来していた情緒反応の一部がセラピストのこころに喚起されたと考えられる。

一方、ビオン〔1959, 1962b〕はさらに、セラピストと患者間に起こる相互性つまり〈転移-逆転移関係〉を、投影同一化 *projective identification* という概念を用いて解明しようとした。

> 投影同一化

〈投影同一化〉は簡潔にいうと、上述のてんかんのある女性のように、「病気の自己というこころの一部が相手（＝セラピスト）に投げ込まれ、その病気の自己がもつ情緒そのものがセラピストのこころに感知されること」と理解できる。そういったこころの交流を通して人のこころがどのように発達していくのかを、

ビオンは示した。すなわち、母親は泣いている赤ん坊の苦痛をいったんそのまま自分のなかに実際に取り入れて感じ取り、さらに可能であれば、その苦痛を理解しようとする。そして、赤ん坊にとって何が問題でどうすることが良いのかを考え、それを、赤ん坊が対処できるものに変えてから戻す。

母と子のあいだに起きるこういった相互作用をビオンは「正常な度合いの投影同一化があり、取り入れ同一化と連合して、これが、正常発達が頼みとする基礎であると想定」〔Bion, 1959, p.109〕した。この"自分の苦痛を理解された"という体験が、赤ん坊のなかで今度は"自身の体験を理解する"という能力をもつ対象関係の獲得につながっていくこと〔Hinshelwood, 1989〕、それはまた同じようにセラピストと患者の治療関係にも起こる相互作用であるとした。

投影同一化と取り入れ同一化

このようにポスト・クライン派の精神分析においては、患者の内的世界における苦痛や困難に満ちた"対象関係"を理解するためには、〈転移‐逆転移〉の理解、さらには〈投影同一化〉と〈取り入れ同一化〉の諸相と体験の理解が欠かせないものと考えられている。その理解は、中村〔1992〕の示す"臨床の知"すなわち多義的で深層的な対象との《関係の相互性》を捉えるために有用である。

ゆえに治療状況には、そこに繰り広げられる〈転移‐逆転移〉、つまり、患者とセラピストそれぞれがそこに持ち込んでくる無意識的な内的なものとその交流(対象関係の相互性)、それぞれの主体が他者との現実の交流のなかで編み出すものとその交流(対人関係の相互性)、そしてその双方の混合物から生成されるものの相互性が存在する。その状況の何を重視するかは、そのセラピストの姿勢に依拠している〔Greenberg & Mitchell, 1983〕。

クライン派精神分析においては、クライン〔1946〕がその初めから〈投影同一化〉と〈取り入れ同一化〉の持続する相互作用の重要性を指摘している。そして、特に〈投影同一化〉の概念の深まりによって、〈転移‐逆転移〉の動的側面、つまり無意識

> 取り入れ同一化
> 臨床の知すなわち多義的で深層的な対象との関係の相互性

における対象との《関係の相互性》についての理解が進展した。

　具体的にはビオン〔1962a〕が、使用される度合によって正常な投影同一化と病的なものを分けて考える視点をもたらした。そして母親は、赤ん坊の苦痛を母親自身のこころのなかに取り入れ、理解しようとし、あやし、その理解と対応でもって赤ん坊の恐怖と苦痛を和らげる。その母親のこころの状態をビオンは「もの想い *reverie*」と呼んだ。

> もの想い

　赤ん坊の正常な投影同一化の使用は、このような母親のこころに取り入れる機能と、その取り入れたものを赤ん坊が受け入れやすい形で戻すという機能によって、赤ん坊のこころを育む。治療状況に転移される患者の恐怖や不安を理解しようとする際のセラピストのこころの状態と機能は、この母親のこころの状態と機能に酷似する。

　正常な〈投影同一化〉と〈取り入れ同一化〉の相互作用がどこかで破綻を来し、その積み重ねによって人のこころの正常発達が為されなかった場合に、病的な〈投影同一化〉による患者の経験は、その生活や治療状況に常に現れ、その人の生きづらさにつながっていく。

　ビオン〔1959, 1962a〕が示したこの「コンテイナー *container* ／コンテインド *contained*」の概念、すなわち「包容 *containment*」理論は、リーゼンベルク‐マルコム〔Riesenberg-Malcolm, R., 2001〕によって簡潔に定義された。

> コンテイナー／コンテインド
>
> 包容理論

私は、包容理論を、相手から投影されたものを自分自身の内部に受けとめる個人（あるいは対象）の能力であり、そこでその個人は、コミュニケーションとしてそれを感じたり用いたりすることが可能で、それを変形し、最終的に修正された形でもとの主体へと与え返す（あるいは戻す）ことであると定義している。最終的に、これが人間（最初は乳児）に自分自身の感情を感じたり耐えさせて、考える力を成長させることを可能にする。〔Riesenberg-Malcolm, 2001, p.190〕

　こうして、ビオンのいう「もの想い *reverie*」に含まれる母親のこころの機能は、治療状況におけるセラピストのこころの機能モデルとして大きく貢献することになった。

> もの想いに含まれる母親のこころの機能

── 生きていくために欠かせないもの

　ここまで、人文科学の三つの領域と精神分析的アプローチから、人が生きていくうえで必要不可欠にも関わらず、重要視されず、見失われ、ないがしろにされているものとは何か？　ということを考えてきた。それは《関係の相互性》〔中村, 1992〕という言葉によって表される人間どうしの動的交流体験であると言える。本書では、人の生きざまに深く影響する無意識的交流を強調する意味で「ある人と対象とのこころの内側で起こる無意識的交流体験」と定義する。

<small>人の生きざまに深く影響する無意識的交流</small>

　概観したどの学問領域でも《関係の相互性》が重要視され、その方法論が提示されていたが、より明確に関係の相互性の特に無意識における交流を感知し、患者のこころに寄与することを可能とするために、クライン派やポスト・クライン派の〈転移-逆転移〉概念を用いた精神分析的アプローチを導入してみることを提案する。

　《関係の相互性》を理解しようとする場合、どちらかといえば科学的・医学的思考から始まったフロイトの精神分析も、そのままでは十分ではなく、治療状況における〈転移-逆転移〉の理解、そしてその詳細をあらわす〈投影同一化〉と〈取り入れ同一化〉の相互作用という理解が必要である。

　"人が他者のこころを援助する"という心理臨床実践は、その多くはセラピストと患者との二人の関係であり、そもそもその設定自体に、患者と重要な他者である養育者との《関係の相互性》をセラピストと共に考えるための素地が明確に準備されている。

　特に無意識的交流体験である《関係の相互性》は、容易に意識できるものではないために、その現象を捉えるためには工夫が必要である。言うまでもなく、人のこころを援助する際に、セラピストは生身の自分のこころを用いなければならない。意識的・知的理解に留まらず、その生きている関係の相互性のありようがセラピストのこころで感知されなければ、疾病によって

<small>生身のこころ</small>

損傷を受けた最早期の関係の相互性によって苦しんでいる患者を援助することは不可能である。言葉をもたない時期の関係の相互性には、セラピストのこころを用いることでのみ、近づくことができる。損傷を受けた関係の相互性を、セラピストのこころのなかに受け入れ、こころを動かし、また動かされることによって、患者のこころを真に理解するということが可能となる。

精神分析的状況においては、対象との《関係の相互性》の諸相が〈転移-逆転移〉として顕在化する。そのなかには、患者が他者とのあいだで繰り返す関わり方、セラピストの動きに対して応じる患者の対象への関わり方、自分が出会えなかった母親の機能に出会うために治療状況とセラピストを用いる方法など、患者の内的対象関係の様相が含まれる。

患者の内的世界は、治療空間のなかに繰り広げられ再演・実演される。セラピストもまたその患者のこころの世界の一部となる。と同時にセラピストは、患者の内的世界がどういうものなのかを、その世界に組み込まれることによって深く実感を伴って知ることになる。その際に引き起こされるセラピスト自身の〈逆転移〉を感知しながら、全体状況を理解する必要がある。そのなかに援助を必要としている患者からの重要な「無意識のコミュニケーション」〔Casement, 1985〕が含まれている。治療の全体状況のなかで「常に動きと変化のある生きている関係」〔Joseph, 1985, pp.92-93〕として〈転移-逆転移〉をとらえてこそ、実際の人間どうしの《関係の相互性》が理解できるのである。

∞

では実際に、最早期の疾病によって影響された《関係の相互性》は、治療状況においてどのように再演／実演され、私たちの前に表れるのか？　また、そこから見出されるものは何か？　次章 **CHAPTER 2** では、関係の相互性の起源についてさらに理論的に深めたうえで、それらの疑問に答えるべく、症例を用いて考察する。

> セラピストのこころを用いることでのみ、近づくことができる

> セラピストもまたその患者のこころの世界の一部となる

> 無意識のコミュニケーション

*1：中村は「関係の相互性」の他に、「関与」と「関係性」という言葉も用いた。「関与」については、M・ポランニー（ハンガリー生まれの科学哲学者）の考えを取り入れ、生きているものを認識する際に不可欠な身体性と技能に結びつけて論じた〔中村, 1992〕。「関係性」は、世界や場所が自己を分節化したもの、自己を有機的に秩序立てたものとして述べた。自己の基盤をなすものについてとらえる際に出てくるものに関係性や場所、そして役割があるとした〔中村, 1977〕。本論文では、「関係の相互性」という言葉を用いて、自己の基盤を形づくる対象との動的な交流体験に焦点を当てる。

*2：欠神発作：てんかんの全般発作の一種。国際分類では、欠神発作（いわゆる定型欠神）と非定型欠神に分類されている。欠神発作の特徴は、「突然始まり、それまで行っていた動作は中断し、呆然とし、時に両眼球は上転する。欠神発作の持続時間は数秒から30秒続き、発作の始まりと同様に終わりも速やかに終わる」。「非定型欠神は、欠神と同様な症状を呈する。しかし、筋緊張の変化が欠神発作よりもっと強い。発作の始まりと終わりが欠神発作よりも速やかでない」〔日本てんかん学会, 2006〕。

*3：場面緘黙：DSM-5では「選択性緘黙 *Selective Mutism*」として、「他の状況では話すことができるにもかかわらず、特定の社会的状況（話すことが期待されている状況、例えば、学校）では、一貫して話すことができない」状態であると定義されている〔APA, 2013〕。

*4：英語ではmutualityを用いる。一般に「相互関係 *interrelationship*」は、より意識的・認知的つながりや情緒的関係に用いられることが多い〔Abram, 2016〕。間主観性 *intersubjectivity* は、もともとフッサールの哲学用語である。客観的な世界の構築は、複数の主観が共有されて成り立つものという意味で間主観性という言葉は用いられる。主観性はすなわち、「たがいの交錯のうちに共同的に構築、機能されるものであり、このような主観（体）性の相互共同性が対象の側に投影された時に客観的世界という表象が生まれるというアイデア」〔藤山, 2002〕である。本論文で用いる「関係の相互性」は、人間同士の無意識的交流の体験を意味し、それが個人のこころの体験世界を形づくることを重視するため、客観的世界の構築がいかに為されるかというところには注目していない。

*5：性愛生活 *erotic life*：リビドーすなわち性欲動のエネルギーに基づく人の行動様式。エロス *eros* は後のFreud理論では「生の欲動」と同義に使用される。

*6：超低出生体重児：extremely low birth weight infantのこと。低出生体重児の中で、1,000g未満で生まれた新生児のことを指す。平成25年には3,099人の赤ちゃんが超低体重で生まれている。全出生数の0.30%を占め、

過去35年間で約2倍に増加している〔厚生労働省, 2015〕。

＊7：クライン派：Melanie Klein〔1882-1960〕に始まる英国対象関係論の発展に貢献した精神分析家達の集まりを指す。Riviere, J.、Issacs, S.、Heimann, P. ら第1世代、Segal, H.、Joseph, B.、Rosenfeld, H.、Bion, W. R.、Meltzer, D.、Money-Kyrle, R.、Rey, H. ら第2世代を含む。第2世代の Winnicott, D. W. は後にインデペンデント・グループに移った〔松木, 2003〕。特に Klein と Anna Freud との大論争後、英国精神分析協会は自我心理学派、クライン派、インデペンデント・グループの三つの学派に別れることになった。

＊8：ポスト・クライン派：現代クライン派とも呼ばれる。Britton, R.、Steiner, J.、Feldman, M.、Bell, D. Riesenberg-Malcolm, R. らを含むクライン派第三世代以降の継承者達を指す。

＊9：心痛 *psychic pain* は、Hinshelwood〔1989/1991〕が小項目として取り上げている〔p.388〕。condusion p.213の註1を参照のこと。

CHAPTER 2
病むということ

── 病むこと　ともに生きること

　人は生きていくうえでさまざまな不幸に遭遇する。なかでも疾病は、軽度のものも含めると「誰もが体験するもの」であるとともに、「自分の意志とはほぼ関係なく生じるもの」である。[*1]

　例えば、生後間もない赤ん坊は、健康に生まれたとしても感染しやすく熱を出しやすいが、その罹患が赤ん坊と養育者との ・・・・・・・・・ 外的な関係の相互性に与える影響と、養育者のなかに呼び覚まされる ・・・・・・・・・ 内的な関係の相互性への影響、さらにはそれらに影響される"赤ん坊のこころの発達"については、あまり認識されていない。

　疾病という、体験的には外的世界の出来事によって、病んだ身体とケアの狭間で、さまざまな内的世界のありようが赤ん坊と彼／彼女を取り巻く人びととのあいだで動く。言い換えれば、疾病は、前章で定義した《関係の相互性》(ある人と対象とのこころの内側で起こる無意識的交流体験)に影響を及ぼすのである。そのようにして、家族間の関係の相互性は変容しつつ、疾病の慢性化とともに、固定化されていく。それは子どもの疾病だけの話ではない。家族のなかで大人が疾病を抱えることもまた、それまでに存在していた対象との関係の相互性を揺らがせ、翻弄し、変化させていく。

　しかしながら実際のところ、科学に基づく医療現場は、現在もなお、疾病が及ぼす《関係の相互性》への影響に十分着目し介入することができずにいる。かつてアンナ・フロイト〔1969d〕が指摘したように、未だ「身体的な出来事が心や人格形成に与える影響は、なおざりにされている」〔p.141〕のかもしれない。スピードと確実性を求められる医療現場において、疾病が及ぼす関係の相互性への影響に目を向け、患う人とその家族のこころを真に理解しようとすることは、非常な困難と、忍耐と、時間と、人的パワーを要する作業であるからだろう。

> 自分の意志とはほぼ関係なく生じるもの

> 身体的な出来事が心や人格形成に与える影響

前章の最後で指摘したように、特に最早期の疾病に影響された《関係の相互性》を検討するために、本章ではまず、〈転移〉の起源と重なる最早期の"対象関係"の起源についての主要な精神分析理論を概観する。対象関係はいったいいつから始まるのか？　その問いへの答えは、「疾病による関係の相互性への影響は、いつから始まるのか」という問いを考えるヒントを提供する。

　次に、文献中の症例を呈示し、人生の最早期に起こる疾病がどのような影響を《関係の相互性》にもたらしたのか、について検討する。実際の治療場面で、それぞれの患者の対象との関係の相互性のありようが、〈転移-逆転移〉のなかでどのようにエナクトされ、セラピストの理解と解釈に結びつき、それらが患者のこころの変化と生きづらさの緩和につながったのかについて読み解く。

> エナクト

> *2

　登場する三人のセラピストは、精神分析のなかの若干異なるオリエンテーションを持って治療したが、ここでは彼（女）らの心理臨床実践において見出される共通項を考察する。

── 子どものこころ　大人のこころ

> その人がどういう人であるか

　こころの内側にある対象との関係が「その人がどういう人であるか」を形づくる。すなわち、どのような対象をこころの内側にもち、それらの対象とどのような《関係の相互性》を自我とのあいだで持っているのかによって、その人のこころの形成と発達は左右され続ける。

　そのありようは外在化され、外の世界に投影され、現実の生活世界でも外的対象との《関係の相互性》を決定することになり、その人の日々の生き方に影響を及ぼし続ける。それゆえ、内的世界における自我と対象との関係をあらわす"対象関係"という言葉は、クライン派やポスト・クライン派にとって最も重要な概念であり続けている。

対象関係への着目

クライン派精神分析における"対象関係"についての理論を概観する前に、まず精神分析の創始者であるフロイトが対象関係についてどのように考えたかを見てみよう。

すでにフロイトは「心理学草稿」〔1895〕において「赤ん坊の内的状況が環境に及ぼす影響と、それに対する大人の反応」というプロセスについて生き生きと描き出していた。生まれたばかりの赤ん坊は、無力な自分の内的な状態を、たいていは泣くことによって母親に伝える。そうして、その状態を気づいてもらい、母親の助けによって無力な状態から脱し、充足を得、こころの発達を得るというのである。

この自我と外的対象とのあいだの関係についての問題、つまり「自分の内的な状態をいかに相手に伝え、自らが必要としている助けを引き出して、充足を得るか」という赤ん坊の側に力点を置いた関係については、さらにその後「ナルシシズムの導入にむけて」〔Freud, 1914〕において力動的に展開される。フロイトはこの論文で「自我リビドー」と「対象リビドー」のあいだを初めて区別し、そのあいだで行き交うリビドーの量の割り当てによってこの二つのあいだの関係が変化することを記述した。そして、そのときに疾病が及ぼす影響について、実に興味深い記述を残している。

> リビドー配分にたいする器質的疾患の影響を見積もることについては、S.フェレンツィが口頭で与えてくれた示唆に従うことにする。これは一般にもよく知られており、われわれにも自明に見えることだが、器質的な苦痛や不快感に見舞われている人は、外界の事物にたいする関心を、それらの事物が自分の病いにかかわらないかぎり、放棄してしまう。もっと詳しく観察してみれば分かるとおり、このような人は、病いを患っているあいだずっと、自らの愛の対象からリビード的関心を撤収し、愛することをやめてしまうのである。こうした事実が月並みだからといって、それをリビード理論の言い回しへと翻訳してやることを控える筋合いはない。そこで、われわれは次のように言ってもよいかもしれない。患者は自らのリビドー備給を自我へと撤収し、病気から回復したのちに再びそれを送り出すのである、と。歯痛を患った自分の姿について、W.ブッシュは「奥歯の小さな穴ひとつに心が詰まっている」と述べている。リビードと自我関心はここにおいて同一の運命を背負っており、またしても互いに区別できない状態にある。よく知られた患者のエゴイズムなるものは、この両者にまたがっている。われわれがこのエゴイズムを

自我

自分の内的な状態をいかに相手に伝え〜充足を得るか

かくも自明のものと感じるのは、同じ状況に陥ればわれわれもまったく同じように振る舞うにちがいないと分かっているからだ。どんなに激しく心がときめいていても、その状態が身体的な障害によって追い払われてしまったり、突然に完全な冷淡さにとって代わられたりする顛末は、喜劇の題材として取り上げられる通りである。〔Freud, S., 1914, 邦訳p.128〕

　確かに私たちは、一時的にせよ病気を患ったときには、自分の身体の状態にばかり関心が向かい、他者のことや他のことは考えなくなる。そして、他者が自分の病苦や痛みや恐怖に関心を向けてくれるときには、少しばかり応じることができるが、そうでないときには、自分の苦しみをわかってくれないと、他者との関係を閉ざしてしまう。

　誰もが体験する、自我と外的対象とのあいだにあるこのような《関係の相互性》の消失は、フロイトによってこのとき明らかにされた。病苦によって人が外的対象への関心を失い、ただ自我、特に病巣や障害にのみに関心を向け、こころのエネルギーを留めおくことは、そのこころが他者には開かれず、外的な対象との《関係の相互性》が失われていくことである。

> 病苦

　したがって、ナルシシスティックな状態がこころのなかに構築される。こころの栄養は外、すなわち他者から受け取れず、そのこころは内側において情緒的に枯渇していく。こうして疾病が慢性化すると、こころとこころが行き交い健康に向かうことは、非常に難しくなると予想される。

> こころの栄養は〜受け取れず〜情緒的に枯渇していく

　一方、その後に発表された論文「悲哀とメランコリー」〔Freud, 1917〕においては、こころのなかの二つの部分からなる「対象関係」というアイディアが出現する。それは、母親という外的対象の喪失によって外的関係は粉砕するが、その対象は影として自我にうつり、赤ん坊のこころのなかの自我と対象という二つの部分の関係に置き換わるというものである。そして赤ん坊のこころにメランコリーをもたらす。

> 対象の影

　ここでフロイトは、何らかの事情によって失われた外的対象のその後の成り行きを描いている。赤ん坊の側から考えれば、赤ん坊の疾病の治療のために、母親が遠く引き離されなければならないという実際の喪失であるかもしれないし、あるいは、赤

ん坊の疾病のために、母親のこころに傷つきが起こり、自分の赤ん坊への愛情や関心が失われてしまうという内的な喪失であるかもしれない。その両方の場合もあるだろう。母親の疾病によって、赤ん坊との接触ができない場合もある。いずれにしても、自分に関心と愛情を向けてくれるはずの母親という外的対象は現実に失われ、その結果、損傷を受けた対象と自我の関係が、赤ん坊のこころの内側に形成されることになる。

> 自分に関心と愛情を向けてくれるはずの母親

　この二つの論文から、以下の三つのことが最早期の疾病の影響により母子の《関係の相互性》に起こりえると考えられる。

①赤ん坊自身が心的エネルギーを母親との《関係の相互性》から退却させてしまい、疾病の病巣や障害の周辺に自己愛的世界を築いてしまう。
②疾病の治療によって母親と分離状態となることは、母親を喪失する体験となって赤ん坊のこころに外傷となる。すなわち早期外傷が起き、そのために赤ん坊のこころのなかに悪い対象関係ができる。
③疾病によって赤ん坊が理想からかけ離れた存在となるために、傷心の母親は自分の赤ん坊に関心や愛情を向けられず、内的に不在となる。

　三つ目の母親の状態は、母親の心的エネルギーの退却とも考えられる。自分の傷ついたこころを修復することに心的エネルギーが注がれ、疾病をもつ赤ん坊には心的エネルギーは向かないということになる。この《関係の相互性》のありようも、赤ん坊にとっては外傷となる。

子どもが病気になるとき

　ところで、子どもの分析を多く手がけるなかクライン〔1935〕は「最初から、自我は対象を『よい』対象と『悪い』対象として取り入れるが、しかしどちらも、母親の乳房がその原型となっている ── つまり、乳房をうまく得ているときはよい対象として、そうでないときには悪い対象としてみなされる」〔p.21〕と考えた。そして「対象関係は生誕時から存在する *There are object-relations from birth.*」〔Klein, 1946, p.4; Hinshelwood, 2007, p.85〕として、その相互関係を以下のように強調した。

> よい対象
> 悪い対象

……赤ん坊がそれ自身の攻撃性をこれらの対象へと投影するのは、対象が「悪い」と感じられるからであり、赤ん坊の願望を対象が挫折させるという理由ばかりではない。すなわち、赤ん坊は対象を実際に危険な迫害者 —— 赤ん坊が怖れる迫害者たちは、赤ん坊を貪り、その身体の内部を吸い尽くし粉々にしだめにしてしまう —— すなわち、サディズムが行使するあらゆる手段でもってその破壊を企てる者、とみなしているのである。こうしたイマーゴ *imago* は赤ん坊が基盤としている現実の対象の空想的に歪曲された心像であるが、それは、外界のなかに布置されるようになるのみならず、合体の過程によって自我の内部においても布置されるようになる。〔Klein, 1935, p.21〕

そしてクライン〔1952a〕は後の論文「転移の起源」で「転移は、最早期段階において対象関係を決定づけていたのと同じ過程のなかで生まれる」〔p.67〕と記している。したがって、上述のフロイトによる外的対象の喪失から生じる対象関係についての考え方は、このようなクラインの考え方に吸収され、より動的なものとなる。

つまり、赤ん坊にとって対象とは、フロイトが考えたようにただ欲動を充足するか否かというものではなく、また必要な心的エネルギーを向けるか否かだけでもなく、不在からメランコリーとなるだけでなく、リアルに能動的に主体へ影響を及ぼすものになる。「悪い」対象ならば、主体の大切なものを威嚇したり、迫害したり、奪い取ったり、盗んだり、傷つけたり、破壊したりする存在となる。「良い」対象ならば、ぬくもりを与えてくれたり、助けてくれたり、慰めてくれたり、満たしてくれたりする存在となる。早期に赤ん坊が経験するこれらの具象的な内的対象は、実際には乳房などの部分対象であり、生理的な身体感覚と情動そのものの体験である。母親の一部との《関係の相互性》での体験になる。

> 具象的な内的対象
>
> 乳房
>
> 生理的な身体感覚と情動そのものの体験

そうして、赤ん坊のこころにとっていちばん基盤となり重要なのは、必要とされ、依存され愛されている「良い」対象との経験の豊かさと、その豊かさをこころの内側にもつことの体験的蓄積となる。

しかしながら、赤ん坊が病気を患うとき、それら「良い」対象との体験は、「悪い」対象との体験に取って代わられる。身体は苦痛や不快な状態に見舞われる。お腹が空いたときに、疾病

によって乳房をうまく得られないとの体験も起きる。排泄がうまくいかないと感じられる瞬間もあるかもしれない。不快感は「お腹のなかのもの」として感じられる。痛みを伴う注射や点滴などの治療を受けねばならないときもある。

　これら実際に不快や苦痛をもたらす具象的な「悪い」対象は、患児の素因と、疾病の重篤さと、その状態が長びく度合いによって、自我を相当に圧倒する。そして、実際の環境のなかの「良い」対象との《関係の相互性》、すなわちこころを育むための、投影と取り入れを繰り返す創造的循環過程は往々にして、妨げられるか、縮小され圧迫され、赤ん坊にはほとんど失われたように感じられるか、あるいは「悪い」内的対象との関係に圧倒され破壊されていると感じられる。

> 創造的循環過程

　このようにクラインの考える内的対象と自我との関係を用いると、疾病によって影響を受ける《関係の相互性》を、より鮮明に、より詳細に、具体性をもって考えることができる。生誕直後から赤ん坊が体験する部分対象関係（＝原始的対象関係）のありようは、身体感覚と情動を伴う体験として、こころに蓄積され、病巣や障害の周辺に構築されるナルシシスティックな状態となって、その後のこころの発達と人生の歩み方に影響していくのである。

> 部分対象関係
> 原始的対象関係
>
> 病巣や障害の周辺に構築されるナルシシスティックな状態

調和的融合をかき乱す病気

　クラインと同じ年代に活躍したバリント〔Balint, M.〕は、フェレンツィ〔Ferenczi, S.〕*3 の後継者的存在として知られる。故郷ブタペストから英国に亡命した後は独立学派の分析医として活躍した。精神分析の仕事と並行して、精神療法的視点を踏まえた一般医療の普及を目指したことでも知られている。彼は、フロイトがアイディアとして随所で提示しつつもそれほど深く探究しなかった対象関係の重要性を、クラインと同じ頃に主張した。すなわち、「対象関係の発達、すなわち愛の発達」を吟味することが、個人のこころの最深層を理解するうえで最も重要であり、分析状況での観察において見出されるものは「一つの例外もなく、必ず対象関係である」〔Balint, 1935, p.54〕と述べて、当時想定されて

いた時間的位置づけよりもさらに早期に対象関係の起源を求めた。

バリント曰く、健康な子どもの対象関係に「何よりもまず存在するものは『やさしさ Zärtlichkeit』（愛 love）への願い」であって、「この願いは、われわれが辿れる限りでは、必ず対象に向けられている」ものである。すなわち、子どもと周囲の大人との「良質のやさしさ（愛）の籠もるわかりあい」が子どもの健康には何よりも重要であり、「この良質の理解の重要性は、はるかな幼なとき、ほとんど子宮外に出た最初の数日にまで遡ることができる」〔Balint, 1935, p.53〕。

> 良質のやさしさの籠もるわかりあい

あるいは、子宮内の段階まで遡らせずには止まないものだとして、生まれる前から母子の交流が始まっていることを示唆した。そこには、胎児あるいは乳児と環境（＝母親）との関係の始まりがあり、その対象関係の始まりは静穏にて融合的であると言う。「相互に浸透し合い、両者は一種の『調和渾然体 a harmonious mix-up』のなかに存在する」〔Balint, 1968, p.95〕と述べて、水中の魚のように、子宮のなかの胎児のように、あるいは大気中の私たちのように、相互に浸透し合っていて、決して別個の個体として存在している風ではないと考えた。

> 調和渾然体

つまり、二つの存在は分離しておらず、境界線もなく、そういう意味で、意識されるべき対象ではない対象が存在すると主張した。「胎児、羊水、胎盤は、胎児と環界である母親との複雑に入り組み浸透し合った渾然体である」〔p.95〕。そこにバリント〔1935〕のいう「受け身的対象愛」あるいは「一次愛」（一次的関係）が成立するのである。

> 一次愛

それでは、バリントによれば、どのような対象関係が個人の幸／不幸を決定するのだろうか。対象関係の存在を、上述のように胎児の段階まで遡って考えた彼の理解としては、最早期の母子関係こそが最早期の対象関係であり、この渾然体である主体と対象のあいだに何らかの障害や不協和音が発生したとき、攪乱が起き、主体に欲求不満が生じると考えた。つまり、調和的融合にあった自己と環境との関係を乱すものが発生したときに「派手で激烈な症状……〔中略〕……攻撃破壊的行動か、さもなく

CHAPTER 2 病むということ

ば深く解体的な過程の存在を推定せしめる態のもの」〔Balint, 1968, pp.100-101〕となって、自己に向かい、自己に危機的状況をもたらすとした。

そのように考えると、最早期に起きる疾病は、当然、調和的融合を掻き乱す。出産がもたらす影響を最小限に見積もっても、そのうえに障害や調和を乱す不協和音を生じさせる。すなわち「良質のやさしさ（愛）の籠もるわかりあい」を難しくさせるもの、自己と環境との融合的《関係の相互性》を乱すもの、として理解される。

依存がゆるされなくなると

イギリスの小児科医で精神分析家でもあるウィニコット〔Winnicott, D.W.〕もまた、人のこころに育まれる対象との《関係の相互性》、すなわち対象関係の起源を、赤ん坊が生まれる以前、母親の胎内に赤ん坊が宿る以前の感情のやりとりから始まるとみた。女性（未来の母親）のこころのなかには、すでに空想上の赤ん坊がおり、その赤ん坊とのあいだの情緒的交流は継続的に女性のこころのなかに存在し、実際の子どもが生まれた後も続く可能性があるとした。

> 母親の胎内に赤ん坊が宿る以前の感情のやりとり

ウィニコットの考えが際立つのは、それまであまり注目されてこなかった「乳幼児に知覚される外的世界の影響」に注目したところにある。人生の始まりにおいて赤ん坊は、自分と自分でないものを区別してはおらず、「そのため、早期の関係の特別な状況においては、環境の振る舞いは赤ちゃんの一部となる」〔Winnicott, 1968, p.98〕とすら述べている。生まれた赤ん坊の「パーソナルなイディオム *idiom* こそ、両親が合わせたり反応したりする必要のあるもの」〔Abram, 1996/2007, p.40〕であり、そのイディオムに合わせて両親は適切にニードを満たす必要があり、子どものニードへの親の適応具合が、子どもの心的発達に多大な影響を及ぼすと考えたのである。それは、お腹が空いているとか温めて欲しいとかといった欲動を単に充足することではない。

> イディオム

赤ん坊が母親の胎内にいるときから生後数ヵ月の「絶対依存」の状態にあるときには、おそらく赤ん坊は、母親によって養育されていることや母親に依存していることにまったく気づいて

いない、とウィニコットは考えていた。母子は融合的で、分離されず、赤ん坊は自分のニードは自らが万能的に満たしていると信じている状態である。そして、「個人の精神的健康の基礎は、母親が無心に幼児に一身を献げ、幼児が自らの依存性にも気づいていないという意味で、二重に依存的であるような最初のときに、築かれる」〔Winnicott, 1950, p.226〕のである。

　このように、本来ならば、母子ともに二重に依存的な状態を過ごした記憶さえない、思い起こすのが困難となるような体験のはずなのだが、環境からの侵襲 *impingement* が起き、赤ん坊が反応しなければならない状態になれば、その人格に障害を与える結果となると考えたのである。そうだとすれば、最早期の疾病は、明らかに赤ん坊が尋常ではない苦痛に反応せねばならない状態であり、母親も自然に自分の赤ん坊の世話に没頭するということには到底なれない状態を生み出す。そこには、ウィニコットが考えた個人の精神的健康の基礎を築くための二重の依存性は、出現できなくなる。

侵襲

二重の依存性

∞

　これら"対象関係"の起源を探る理論からは、対象関係が、フロイトが考えていたよりも遙かに時間を遡って赤ん坊のこころに成立する、と考えられていたことがうかがえる。クラインは生誕時から、バリントは生まれる以前の母親の子宮のなかから、ウィニコットはそれ以前の一人の女性であると認識したときから、空想の赤ん坊との《関係の相互性》が始まると考えていた。

　現実に赤ん坊が生まれた瞬間の母と子の出会いは、赤ん坊のこころの基盤となる《関係の相互性》とは異なるものを引き起こす危険性に満ちている。疾病を抱えた赤ん坊を母親が目にした瞬間に、そのことは二人の関係の相互性に影響し、赤ん坊のこころの内側にある対象関係を形づくる。バリントのいう「調和渾然体 *a harmonious mix-up*」やウィニコットのいう「二重の依存性」を搔き乱し、こころの内側にはクラインのいう「悪い」対象関係が形成される。

　身体の治療は、母親と赤ん坊の分離状況を生み出し、「良い」

対象との体験を減退させる。そして身体の苦痛や不快感は、フロイトのいう心的エネルギーを病気や障害に向けさせる。いかにその後の赤ん坊のこころの発達と人生に影響を及ぼすか、が理解できる。

最早期の疾病という出来事は、母子の《関係の相互性》に重大で多様な衝撃をもたらす。だからこそ、私たちが今まさに考えなければならない問題なのである。

> 身体の苦痛や不快感は〜心的エネルギーを病気や障害に向けさせる

── つらいことの再演

不幸な出来事が人のこころに及ぼす影響について考え始めたのは、フロイトである。

身体に及ぼす深刻な傷を意味するトラウマ trauma という言葉を、フロイトは「激しいショックと、防壁破壊と、人体全体へ及ぼす結果という三つの意味」〔Laplanche, J. & Pontalis,J.-B 1967/1976, p.47〕を込めて、精神（＝こころ）に用い始めた。そして、皮膚に包まれた身体と同様に、こころも日常生活のなかで現実に生じた出来事によって裂き傷を被ると考えた。フロイトが「外傷」として考えた実際の出来事とは、大きくは性的外傷、戦争外傷、そして出生外傷の三つである。

> トラウマ

その後、外傷に関する精神分析的見解は大きく変遷してきたが、ここでは、本書の主題に関わる出生外傷について重点的に取り上げたい。例えば、最早期の子どものこころに関していえば、ランク〔Rank, O., 1924〕やバリント〔1935〕は、出生体験そのものが子宮内生活から子宮外生活という環境変化に対応させられる状況、すなわち、その変化に適応しなければ死が待っている状況であるとして、外傷的であると捉えた。またフロイト〔1926〕は、出生時には生理的危機と急激な不連続の体験と苦痛が起こるとして、それらが自我の不安反応の源泉であり原型となると考えた。

このように、出産時の外的環境の変化と状況が及ぼす乳児のこころへの外傷性は、強調されてきた。すなわち正常な分娩に

よって赤ん坊が出生したとしても、子宮内生活と子宮外生活は大きく違い、その体験そのものも外傷となり得る、とフロイトらは考えた。一方で、出生状況や最早期に起こり得る疾病という体験の《関係の相互性》へのインパクトについては、あまり論じられてこなかった。わずかにパーミリー〔Parmelee, A.〕が、「乳児期または早期児童期に発見された慢性の病気やハンディキャップは、発達しつつある親子間の関係性の相互作用と、子どもの自己の発達の両者に必ず変化を与える」〔1989, p.187〕とし、ウィニコット〔1949, 1952, 1988〕が正常な出生体験を経ない乳児に外傷が起きる危険性を論じ、身体疾患の精神への影響を考えたのみである。ウィニコットは、正常ではない出生体験は、その状態への準備が不可能なために、対応せざるをえず、そのことが赤ん坊のこころに侵襲的となり、その状況に反応せねばならないことそのものが存在の連続性を脅かし、外傷となると考えた。

∞

出生体験

しかし重要なのは、ウィニコットの言うように、特異な出生体験というその危機的状況に赤ん坊が反応しなければならないという影響だけではない。

周産期に母親と赤ん坊が疾病に見舞われ、医療が必要となるということは、母親のこころにも深刻な影響を与える。赤ん坊に対して成す術もない状況下で、自分の養育者としての適性や能力、状況に立ち向かう強い自己感覚や自然な愛情を保ち続け、自分の赤ん坊に注ぎ続けるのは容易なことではない。親子の《関係の相互性》に最も深刻な影響を生じさせ、子どものこころに重大な痕跡を残すと考えられるのは、養育者である母親のこ・こ・ろ・が・深・く・傷・つ・い・て・い・る・からである。

母親のこころが深く傷ついている

「人の精神的な発病の背後に、幼児と母親の関係の開始において、何か問題があった可能性を示唆している。そしてその関係を作ることの失敗によって、両者ともに、その失敗の結果に長いあいだ悩まされることになりかねない」とウィニコット〔1988, p.119〕は指摘している。

赤ん坊の人生の最早期に起きる疾病という不幸によって、母親との関係はどのように変化するのか？　そして最早期の疾病にまつわる患者のこころの内側にある対象関係はどのように形成されるのか？　さらに、それらの《関係の相互性》はセラピストとのあいだでどのようにエナクトenactされるのか？

次に、異なる精神分析家による患者との心理療法過程を三つとりあげ、転移・逆転移のなかで早期外傷場面での対象との《関係の相互性》の再演・実演を概観する。加えて、そのなかに含まれるセラピストの寄与について考察する。

> 再演・実演

自分らしく生きることはできるのか

フィンランドのクオピオにある小児病院 Lastenlinna（子どもの城）を訪れたときに、ウィニコットは九歳九ヵ月のイーロ Iiro [*4,5]と初めて出会い、一回きりの治療相談面接をおこなった。

> 治療相談面接

イーロは先天性の合指症[*6]の手術のため、整形外科病棟[*7]に入院していた。児童精神科的には差し迫った問題を持っていなかったが、かつて学校を休んだり、頭痛、腹痛などのはっきりしない症状があったことをウィニコットはあらかじめ教えられていた。担当の整形外科医は、イーロの手術への従順さや、何度も手術することに固執する態度に違和感を持っていた。イーロはフィンランド語しか話せなかったため、ウィニコットは、ソーシャルワーカーとして彼の母親に関わっていたヘルカ・アイカイネンさんに通訳をしてもらった。

イーロとウィニコットと通訳は、あらかじめ二本の鉛筆と紙の置いてある小さな机の席について、ウィニコットが簡単に説明したスクィグル・ゲーム[*8]に熱中した。

まずウィニコットが描いたスクィグルに対して、イーロはすぐに『アヒルの足だ』と言った。イーロが自分の肉体的欠陥について伝えたがっていることに、ウィニコットは驚く。二人は「水掻きのついたアヒルの足」の絵をやりとりし、イーロの「湖で泳いでいるアヒル」が続く。次に「角笛」に変わったイーロのスクィグルで、フルートを吹きたいという夢の話に移る。『アヒルがフルートを吹くのは難しいだろうね』とウィニコットは言い、イーロはそのコメントをとても面白がった。続くウィニコットのスクィグルを、イーロは犬に変え、イーロのスクィグルを、ウィニコットは疑問符に変えた。そしてイーロのスクィグルを、ウィニコットは不格好な白鳥にした。このときウィニコットの記憶はあいまいになった。泳ぎの話の後のウ

ィニコットのスクィグルを、イーロは靴だと言った。

　次にウィニコットは、わざと手に変えられるような形のスクィグルを描く。イーロはそれを花にする。直後、イーロが変形した手のようなものを素早く描き、『これができちゃったんだ』と言った。予期せぬことが起きたのだ。夢の話をした後に描いたイーロの絵は、ウィニコット曰く『君の左手みたいだ』った。そして、何回も受けてきた手術の話と、これからも受ける沢山の手術について、イーロは語った。

　ウィニコットはこころのなかで定式化されてきたある考えについて、イーロに伝えた。外科の先生が彼の生まれたときからの姿を変えようとしていること、ピアノを弾きたい、フルートを吹きたい、工作をしたいという夢のこと、それから彼が何度も手術をする選択をしたこと。再びスクィグル・ゲームに戻り、イーロのスクィグルをウィニコットは剣の柄にした。イーロは（剣のような）ウナギを描き『湖に戻して泳がせよう。だって小さいもの』と言う。ウィニコットは次のように語りかける ── イーロにとっては生まれたときのままで愛されることが大切なのだ、と。

　そして新たな事実が判明する ──『お母さんも僕と同じなんだよ』。ウィニコットのスクィグルは、母親の電気とランプシェードに見立てられ、イーロが慎重に描いた絵は、左手の奇形の正確な写しになった。それから彼のスクィグルを、ウィニコットは足と靴にした。最後のウィニコットのスクィグルは、回転されて目と水搔きが描き加えられアヒルになった。

　驚いたことに、イーロとの時間の後、イーロの母親自身がウィニコットと対話することを望んだ。それまで母親自身が誰にも語れずにいたこと、すなわち、出産後小さな赤ん坊の手足に自分自身の手足と同じ奇形を見た瞬間の衝撃と、イーロに対するその後の複雑な心境と態度を、ウィニコットに伝えることを望んだのだった。

　ここで、イーロとウィニコットの相談プロセスを振り返り、そのプロセスのなかにどのような対象との《関係の相互性》が現れているか、考えてみたい。当然、ウィニコットという人物に出会わなければ、イーロのこころのなかにある対象との関係の相互性は転移されない。それから転移を理解しようとする人物でなければ、そこに露わになった関係の相互性のありようは浮かび上がらない。

　まずイーロが無意識に知りたかったのは、手足に奇形をもつ自分を初対面のウィニコットはどのように感じ、どのように関わるのか、ということである。奇形という現実をなかったことにされるのか？　かなわない夢を実現するために奇形を「正常」に変えていこうとする彼を容認し、支持するのか？　生まれながらにして奇形をもつという現実を手術によって覆ってしまお

うとする《関係の相互性》を維持するのか？　それは正に母親とイーロのあいだにあり、母親がイーロを出産し、赤ん坊のイーロを見たその日に、母親とイーロが初めて出会った瞬間に起源する対象との関係の相互性である。それは、母親のまなざしのなかに宿った傷つきと願いである。そしてイーロがその願いに応えようとするのは、母親の愛を失わないための手段であり、奇形をもつ人間ともたない人間の相違を直視しない方法でもある。

　このように、疾病によって影響された《関係の相互性》の問題は、それからイーロがウィニコットと出会うまで、母子のあいだでまったくもって考えられないままに無意識に放置された。それは、疾病によるこころの損傷を否認することによって修復しようとする試みではあるが、イーロのこころは、そのあり方に真に納得はしていない。ウィニコットは、イーロがスクィグルを見て発した「アヒルの足だ」という言葉から、それまでは誰とも分かち合われなかったイーロの合指症に影響された対象との関係の相互性に目を向ける必要を感じ取った。そして奇形によって叶わない夢もあるとの傷心に触れたのだった。

　さらにイーロが知りたかったのは、手足に奇形をもつ自分は、奇形をもったありのままの自分でいることができるのか、愛されるのか、自分らしく生きることができるのか、ということである。そう生きることがイーロにとって最も大切であり、それを対象は理解してくれるか、ということである。ウィニコットは、そのような理解こそがイーロのこころを支えることになると感じていた。そして、その理解を言葉でイーロに伝えた。これらの仮説は思いがけずイーロの母親によって裏づけられることになった。

　ここでウィニコットとのあいだに転移されているのは、イーロのこころに内在化された対象との《関係の相互性》であり、それは必然的に疾病によって影響を受けている。イーロもイーロの母親も基本的には健康な親子ではあるが、奇形を患っていることが引き金になって、健康で良い関係の相互性、すなわち本来であればあるはずの愛情の交流が損なわれる事態が生じた。そ

> 母親のまなざしのなかに宿った傷つきと願い

> まったくもって考えられないままに無意識に放置された

して、現在の状況が患者の無意識的空想の転移的展開と微妙に異なるのは、実際に今セラピストが関与しているためである。新たなセラピストとの関係の相互性によって、彼が内的対象と持つ経験の過去の表出は、生きた形で理解され解釈されるという体験を生む。そのこころに響く体験部分こそが、患者の内的対象と自己の諸部分との関係を変化させる。

耐えがたい絶望のなかから

マウリーン *Maureen* は、シナソン〔Sinason, V.〕[*9]が週一回の精神分析的心理療法をおこなった、重度重複障害をもつ17歳[*10]の女性である。彼女は知的にも身体的にも重度の障害を負っており、5歳のクリスマスに両親に捨てられた。発語はなく、手話もほとんど使えず、介助なしに動くこともできなかった。

彼女は、自分の目を突くこと、縫合が必要なほど手や腕を傷つけること、加えて、しくしく泣き続けることで紹介されてきた。何度かの短期や長期施設での入所を経て、現在は終身施設に住んでいた。紹介状には、世話役のテレサが「マウリーンの感情の爆発は、家族が彼女を捨てたクリスマスの時期にいちばんひどいようだと気づいた」と書かれていた。こころ打たれる内容だった。ありきたりの日常のなかで記念日的に繰り返されたこのことの重要性が真に理解されるまでには、長い時間がかかっていた。マウリーンには失禁もあり、足はまったく役に立たず、車いすを使っていた。

> ありきたりの日常のなかで記念日的に繰り返された

アセスメントのとき、エレベーターから現れた彼女の容姿は、シナソンにとって衝撃だった。車いすに座り、曲がった指で目を覆い、黒髪だけが唯一健康的な印象だった。背中は曲がり、乳房はTシャツからちょうど首もとでだらしなく出ていて、足はマッチ棒のように細かった。マウリーンは明らかに初対面でシナソンの受けた衝撃を捉え、両手で目を覆った。

一瞬、躊躇した後、面接室でシナソンはマウリーンに語りかけた。エレベーターから出たとき、彼女が目を覆ったこと。それはたぶん、彼女に新しく会う人が、どれだけの障害を彼女が負っているかにとてもショックを受けることを知っているからなのだ、と。すると驚いたことに、彼女は手を降ろして茶色い目を覗かせ、とても生き生きとした一方の目と、自傷のせいで輝いていないもう一方の目で、シナソンを見た。情緒的には彼女が高い能力を持っていることを、このときシナソンは知った。

そしてシナソンは、紹介してきた理由を同伴したテレサに尋ねた。歩くこともできず、話すこともできず、本当に辛いいろいろな事があった、彼女の勇敢さを誰もが認めているけれども、毎日マウリーンは何時間も泣き続け、明らかに何かにとても苦しんでいるのにスタッフの誰も何もできないでいる。それがいちばんの理由だとテレサは言った。

シナソンはテレサに、彼女の手紙にもうひとつ書いてあったことがあると言った。それは、マウリーンがクリスマスの時期にいちばん苦しんでいること、なぜならそれは彼女の母親がマウリーンを捨ててしまった時期なのだと。するとマウリーンは、車いすからすばやく手を伸ばし、赤ちゃんの人形を取り上げた。そうして母親人形を取り上げて、その人形を使って赤ちゃん人形を追いやってしまい、すばやく彼女は自分の目を覆った。

明らかにそのときの傷つきと絶望を、マウリーンは伝えたがっていた。彼女は拒絶されたことにとても悲しんでいて、今、見知らぬ人（シナソンのこと）に会っていて、その人もまた彼女を追いやってしまうのではないかと不安に思っている、ということをシナソンは彼女に伝えた。それから、テレサなしで私と二人で部屋にいることができるか尋ね、テレサに彼女が使えるサインを教えてもらって、二人で残りの20分を、ほとんど沈黙のまま過ごした。

Easter Break[*11]の後から週一回のセラピーは始まり、うって変わって素敵なドレスを着たマウリーンは、初回にアルバムを持ってきた。新しい施設に来たときの彼女のささやかな歴史がそこにあった。

最初の写真は、マウリーンが面接に着てきたドレスを着て、笑顔でバースデーケーキを指さしていた。そのページにはマウリーンとテレサの写真、マウリーンと部屋の写真、庭にいるマウリーンの写真があった。たったそれだけだった。

彼女はページをめくった。何もなかった。次のページをめくった。何もなかった。マウリーンはページをめくって、どんどんスピードをあげていった。歯ぎしりがひどくなり、涙があふれ、シナソンが話し出す前に、彼女は暴力的に目を突き始めた。

耐え難かった。彼女が空のページをみて、何もない年月を見て、どれほど傷ついているか、誰も彼女に何が起こっていたのか知らない。彼女は誕生日の写真を指し示し、それからまた目を突いた。自分の人生を見ること、誕生について考えること、そして全てが間違った方向にいってしまったことは、どんなに耐え難いことか……と、シナソンは語りかけた。

> 彼女はページをめくった。何もなかった

ここでも、マウリーンとシナソンの精神分析的心理療法過程の一部を振り返りながら、そこにどのような最早期の疾病に影響された《関係の相互性》が存在するのかを考えたい。

まず、初対面のマウリーンとシナソンのあいだにあったのは、マウリーンの抱える重複障害によって引き起こされる衝撃であった。それは、出産直後、我が子であるマウリーンに対面した母親がおそらく感じたであろう衝撃と同じものである。その後、

マウリーンに出会うすべての人びとが、母親と同じ衝撃を現し、その衝撃を受けた他者の姿をマウリーンはその目で見知ることになった。
　その衝撃のなかには、直視し難さ、目を背けたくなる気持、脅威、不快感、忌み嫌う気持、排除したくなる気持、いたたまれなさ、拒絶、捨て去りたい気持が含まれる。疾病の重篤さの衝撃に、見る人が圧倒され、目を背けざるを得ない対象との《関係の相互性》が、そこに生起し再演・実演された。
　見ること、すなわち目を使って感知することは、マウリーンと母親双方に残酷な疾病という現実を突きつけた。マウリーンがしたように、目を覆えば、重度の重複障害に脅かされた対象との《関係の相互性》は、瞬く間に一時的に見えなくなる。あるいは、目を潰してしまえば、永遠に見なくて済む。ちょうど、オイディプス王があまりにも恐ろしい真実を直視できずに自らの目をえぐったように〔Sophocles, B.C.427頃〕。マウリーンのあまりにも痛々しい行為には、そのような意味が含まれていたに違いない。
　マウリーンはまた、人形を使って、母親に拒絶され追いやられる赤ん坊を示し、それから自分の目を覆った。新しく出会う人はすべて、母親と同じようにマウリーンを拒絶し、追いやってしまう人なのではないか。そのような《関係の相互性》が、今まさにシナソンとのあいだに転移・逆転移されている。かつてと同じ《関係の相互性》が起きるであろうという確信のなかに、恐れと傷つきと絶望をマウリーンは投げかけている。
　その「反復する期待」を裏切り、シナソンはマウリーンのこころのなかにあるそれらの情緒を言葉で語りかける。ここには、新たな二人の《関係の相互性》の芽生えが見て取れる。

　シナソンとのセラピーが開始されると、マウリーンは、素敵なドレスを着て現れる。初回にシナソンに本当に理解されたというマウリーンの安堵のこころがそうさせたのだろう。そして自らアルバムを持参し、生まれた後に続く、他者との《関係の相互性》がどのようなものであったかをシナソンに見せた。
　物言えぬ、重複障害をもつマウリーンは、生後、居ながらに

して、誰のこころにも留められない日々を送っていたと彼女は訴える。誰も彼女に、そして彼女のこころに何が起こっていたかを知ろうとしない日々が続いている。生まれたことの意味やその後の人生を考えることの、絶望と耐え難さに日々彼女は苛まれていたことに、誰も気づいてこなかった。目を背けて来たのだと彼女は訴える。ここでマウリーンは、シナソンもまた、その対象との《関係の相互性》を引き継ぐ他者の一人であるのかどうかを知ろうとしている。転移のなかで、彼女の《関係の相互性》は顕在化し、そこに現れる状況をシナソンがコンテインcontainすることが、起きていた。

> 彼女のこころに何が起こっていたかを知ろうとしない日々

治療状況に起きているこの《関係の相互性》の二重性、つまり転移と逆転移と実在の患者とセラピストの交流、そして、そこにセラピストの理解が生まれ伝えられる状況が、マウリーンのこころに少しずつ変化をもたらした。

> セラピストの理解が生まれ伝えられる状況

二重の相互性を抱えて

オグデン〔Ogden, T.H.〕*12 が週二回の精神分析的心理療法を試みた、29歳の脳性麻痺の男性Rである。痙性両麻痺*13（両側性痙性脳性麻痺）のため、運動障害と構音障害があった。知的能力は平均以上で、大手テレビネットワークの電気技術者とコンサルタントとして働いていた。

彼は難治の頭痛と仕事に集中できないこと、彼女を失ったことによる抑鬱感を訴えて、心理療法を求めた。自分の怒りをコントロールできなくなることを恐れていて、実際、他者に攻撃的になった。

R氏の実父は、R氏を妊娠したことがわかると母親を捨てた。母親は「子どもに名前をあげるため」に妊娠後期に別の男性と結婚した。子どもは未熟児で生まれた。医師たちは母親に、子どもが生きながらえる希望はない、子どもに対して出来ることはないと告げたが、母親は受け入れず、家に連れて帰りスポイトで栄養を与えたのだった。

子どもはゆっくりと成長した。痙性麻痺が生じ、運動発達が遅れ、言葉も遅れて構音障害もあった。大人の手を借りなければ6歳まで歩くことができなかった。三人の息子が2年、3年、

5年後にさらに生まれた。R氏は、弟たちがお互いに仲良く、自分だけがよそ者だといつも感じていた。R氏は、母親がいつも冷酷で、サディスティックで、彼を真似、生まれてから世話するんじゃなかったと言っていたと語った。父親は、冷たく距離があり、無感情だったが、いつも公平で、どの子もひいきすることはなかった。

R氏は感情を、特に怒りを自制しようと必死だった。同時に子どものような柔らかさがあり、母親的・保護的感情をセラピストに抱かせた。彼の話しぶりは歪曲されいくぶん大声だったが、たいてい理解可能だった。顔の筋肉の動かしにくさが感情を誇張しがちだったし、動揺したり泣いているときは涎が垂れた。セラピストへの最初の転移感情は、彼の語ることを聞いてくれる人、理解してくれる人、そしてもし可能なら、ずっと待ち望んでいた愛情溢れる母親になってくれる人だった。この陽性転移が、後に転移のなかで怒りを表出する際の強力な抵抗となった。

R氏は自分が脳性麻痺であることを情緒的に否認していた。脳性麻痺ゆえに他者から拒絶されるという状況は、彼には理解できず、尋常でない苦痛を体験させた。脳性麻痺を抱えるというその感情を体験する前に、セラピストが彼を受け入れ、彼の身体や感情を怖がったりしないことと、作業同盟を為す現実的関係が重要であった。

そうしてセラピストは少しずつ「直面化」を試み、脳性麻痺とそのことに関する彼の感情を話題にしていった。脳性麻痺に対する認識が進むと、なぜ女性に拒絶されるのかがR氏に理解しやすくなった。以前は女性との関係が始まったごく初期から、てんかんや攻撃的な行動に関する過去の出来事を伝えることで、ある種の「真実」を女性たちに話すと言い張っていた。しかしこの行動が、自分自身が脳性麻痺であることを否認する方法だったのだ、とR氏は理解するようになった。この自己と身体の表象が統合され始めるにしたがって、R氏は自分自身を「怪物」ではなく「やさしい人」と表現するようになった。

> 自己と身体の表象が統合され始める

R氏とオグデンのあいだには、どんな《関係の相互性》が転

移されていたのだろうか。

　まず認識したいのは、R氏の母親が妊娠中に抱いた、未だ見ぬ我が子への愛情である。妊娠したと知った途端に自分を捨て去った夫への怒りや憎しみ、傷つきや悲しみにも関わらず、その子どものために結婚したことや、医師たちに生きながらえる希望はないと告げられた後でも、非常に育てにくいR氏を自宅に連れ帰り、スポイトで栄養を与え世話をしたことから、この母親がR氏への並々ならぬ愛情を根底に持っていたと理解できる。妊娠中や出産後も、育てようという母親の強い意志がなければ、R氏の命は簡単に途絶えてしまっただろう。

　そこには、我が子であるR氏への献身的な深い愛情と、「世話するんじゃなかった、生まれてこなければよかったのに、いっそのこと育たなければ良かったのに……」という表だっては現しにくい強い怒りと憎しみの狭間で揺れる、母親のこころが見え隠れする。

　この二重の相反する《関係の相互性》が、R氏のこころの形成に大きく関わっている。初期にオグデンが感じた、R氏の子どものような柔らかさや、保護的感情を抱かせるこころのありようは、母親の献身とつがうものである。またR氏は、自分が脳性麻痺であることを情緒的に否認していたのも、母親の否認とつがうものである。R氏が脳性麻痺であることが間違いであって欲しいという願いを持つ母親が、R氏の障害という現実を、表向きは受け入れたようでありながら、情緒的に否認していたと推測できる。R氏の疾病が、母親との《関係の相互性》にいかに影響し、そのことが彼のこころの形成にどれほど強く影響したかが看て取れる。

> 表向きは受け入れたようでありながら、情緒的に否認していた

　オグデンとのあいだでも、R氏がこころに抱えもつ《関係の相互性》は即座に転移され顕在化された。二人のあいだに生起する、柔らかな保護的感情と、相手を破壊しかねない程の怒りや憎しみという感情の狭間で、脳性麻痺を抱える自分というものは、まるで存在しないかのようだった。ゆえに、脳性麻痺であるという現実の理解は、非常に進展し難かった。オグデンは、脳性麻痺であるR氏の身体や感情を、恐れず、まず受け入れる現実的関係が重要であったと述べている。ここでも、疾病を抱

> 現実を理解すること

えるR氏を目の当たりにしたときの衝撃を、いかに治療的にコンテインcontainするかが重要であった。

内なる対話をともに

　異なるセラピストによる精神分析的心理療法の概要を提示した。
　人生の最早期における疾病に影響された母子間における《関係の相互性》が、いかに患者のこころに内在し、生涯に渡って影響を及ぼし続けているかが明らかになった。ウィニコット、シナソン、そしてオグデンは、精神分析のなかの対象関係論を理論的背景としながら、微妙に異なる介入技法を用いて治療している[*14]。しかしここでは、これらの事例から、最早期の疾病を抱える患者のこころを支援するうえで、大切であると考えられる共通項を抽出してみたい。

病いをめぐる患者と家族の情緒的ニーズ

　患者とその家族は、さまざまな気持を抱いて疾病の治療に訪れる。ただ治りたいばかりではない。意識的には生命維持、健康維持や障害の改善のために身体的な治療を求めてくる患者の大半が、心理的諸問題を併せもち、適切に治療すると身体的治療もうまくいくというケースが多々見受けられる。しかし現代医療の現場では、患者の心理的問題に対するケアは、時間的制約もあってほとんど為されていない。救命し、検査をし、病巣を見つけ、処置し、投薬する。その一連の医療行為のなかに、疾病を抱えることやそのために特定の治療を為されることに影響される、一人ひとりのこころを理解し〔Freud, 1969a〕やりとりする余地はない。
　ここでとりあげたイーロも、マウリーンも、R氏も、彼らの家族も、そういった"こころに対するケア"が得られなかった人びとに含まれる。「罹患」という不幸のみならず、最早期の《関係の相互性》の問題が、その不幸を増幅し、未解決のまま患

者やその家族のこころに内在化され続ける。イーロが生まれたときに、同じ先天性の合指症を持つ母親のこころに起きた傷心と罪悪感も、重度の重複障害をもつマウリーンに初めて対面したときの両親の衝撃と嫌悪感も、未熟児で生まれ生きながらえる可能性はないと告げられたR氏の母親の絶望と悲しみも、受けとめられ、理解され、共に考えるという専門的介入を受けることはなかった。

　生まれた子どもに何らかのハンディキャップがあるとわかった瞬間に、想像から懸け離れた我が子に対して、母親のこころは傷つき、絶望が生起する。そして母親の子どもを持つことへの誇りと喜びに、相当な痛手を与える。と同時に、それらの痛手はすべて、子どもにとって必要な母性行動という仕事を疎遠にさせ、またそうであるからこそ、最初に受ける損傷は大きくなる〔Freud, A., 1969a〕。

　また、「存在の始まりに置いて子どもにとって正常というのは、自分自身の身体的な形態と機能のはずである。この子はこの状態で存在を始めたのだから、そのままで受け入れられなければならないし、そのままで愛されなければならないのだ。それは、条件ぬきで愛されるということなのである」とウィニコット〔1970, p.26〕は言及している。この親と子の情緒的ニーズの隔たり、すなわち発達促進的な《関係の相互性》の成立し難さに気づくことは重要である。

　つまりそこに、専門的介入なしでは立ちゆかない、子どもにとって発達促進的な対象との《関係の相互性》が阻害される事態が生じている。疾病の周辺に形成された「患者と家族の無意識の情緒的ニーズのギャップ」は、表だってあらわされることもなく、誰にも認識されることもない。しかしそうしたなかでこそ、私たち"こころの臨床家"*15は、それらに目を向け、然るべき介入を模索する。

疾病をめぐる傷ついた自己愛

　出産前後の母親の自己愛 narcissism の状態は、その後の子どものこころの発達に、生涯を通じて影響する〔Winnicott, 1960〕。ウィニ

[傍注]
未解決のまま患者やその家族のこころに内在化され続ける

発達促進的

情緒的ニーズのギャップ

そうしたなかでこそ〜目を向け、然るべき介入を模索する

母親の自己愛

コット〔1970〕は、特に「赤ん坊や子どもが奇形や正常でない状態に気づくのは、家族の人びとあるいはその一部の人が示す態度に暗黙の内容を知覚するためなのである」〔p.34〕と述べて、子どものこころに、母親の自己愛の傷つきによって形成される自己が発生することを、障害をもつ子どもたちとの面接から発見している。

　器質的疾患を持って生まれた我が子を、出産直後から母親がどのように受け止めて、あるいは受け止められずに育てていくかは、その子どもの自己表象 self-representation と身体表象 body-representation に中核的な影響を及ぼす〔Ogden, 1974〕。それは最早期の《関係の相互性》によって、子どもの自己形成が影響されることを意味する。

自己表象
身体表象

　オグデン〔1974〕はR氏との治療において判明したこと、すなわち、R氏の母親が妊娠期に夫に捨てられたことや、「障害をもつ子どもの誕生にまつわる母親自身の自己愛の傷つきと、子どもの命を救うことや生きながらえさせることが、自分の責任である」とのことが、子どもに対して両価的感情を抱かせたことに言及している。そして、「明らかに自己愛の傷つきは母親と息子のあいだで共有されている」〔p.427〕と述べた。

母親の自己愛の
傷つきと罪悪感を
何らかの形で癒す

　イーロと彼の母親もまたそのような母子であろうことを、ウィニコットはイーロとの面接の途中で知った。『お母さんも僕と同じなんだよ』というイーロの言葉は、自分の手足の奇形に対処するということが、母親の手足の奇形に対処することでもある、ということを示していた。整形外科手術を受け手足を変化させていくということは、結局、母親の自己愛の傷つきと罪悪感を何らかの形で癒すことにつながっているのだ、ということを示していた。

　その仮説は、思いがけなく母親がウィニコットに面接を申し込んだことで裏づけられる。母親も、イーロに手術を受けさせ続けている真の意味を、ウィニコットに出会うまで誰にも打ち明けたことはなかった。小さな赤ん坊の手足に自分と同じものを見たときの、傷つきと罪悪感を、しばらくのあいだ彼に向けられた憎しみと拒否の感情を、誰にも語ることはなかった。「愛

情の撤収」を語ることはなかった。そして母親は、不可能と知りながら、徹底的に整形外科手術を受けさせることで、彼の手足の指を治してもらおうと決め、そうすることでイーロを愛するという感覚を取り戻したのだと語った。

マウリーンの場合も、シナソンとのセラピーの期間中、彼女のキーワーカーが妊娠・出産のために去ることが何度か続き、その度に、かつて実の母親が彼女を捨て去ったときの傷つきと悲しみと絶望が再演された。マウリーンは激しい自傷行為をせざるを得なくなり、セッション中にも、自傷行為や人形で自らの傷つきをシナソンに示した。

以上のことから、赤ん坊が出生時に罹患した場合や、妊娠中に胎児の疾病が判明した場合に「養育者である母親がどのような自己愛の傷つきを被ったか」に十分に着目する必要があることがわかる。母親の自己愛の傷つきは、生起して当然のことなのだが、子どもの自己形成に必ず影響する。それは疾病によって影響された《関係の相互性》によって不可避にもたらされると考えられるのである。

障害をもつ自己との対話

「自らの障害を熟視するということは、障害をもたない人びととの違いを熟視するということである」〔村井, 2011〕。そして、その障害によって引き起こされる限界を知ることには、相当な苦しみと心痛が生じる〔Sinason, 1992/2010〕。

その耐え難い苦痛から、たいてい人は、そこにある現実を知らないことにしようとする。そして知らないでいることで、自分自身のもてる可能性が開花するのを阻害してしまう。患者自身が「障害」という殻に閉じこもることで、あるいは周囲の人が「障害」というレッテルを貼ることで、一つひとつの行為のなかに含まれる、個人の内的な意味あいを理解することを（理解しようとすることを）阻害する。

> そこにある現実を知らないことにしようとする

イーロはウィニコットに出会うまで、自分が合指症であるという考えを認めることも、それに対処することも、できなかった。合指症である自己部分は否認され、すべては手足を「正常

にすること」に注がれていた。

　マウリーンはシナソンに出会うまで、重い障害ゆえに母親に捨てられた自己部分を見つめられないでいた。シナソンを含む他の女性たちの身体と自分の身体の違いを認めていくのは、耐え難いことだった。比較的自由に動く手に比べてまったく動かない足を見つめることは、できなかった。自分が言葉をもち得るかもしれない可能性も、女性として成熟していく可能性も、認められなかった。その苦しみと痛みは、自分を（特に自分と他者を見る「目」を）攻撃することに表されていた。

　R氏はオグデンに出会うまで、自分が脳性麻痺であるという事実を否認していた。脳性麻痺ゆえに母親を含めて女性たちに拒否されるという状況は、R氏にとって謎であったし、その現実に目を向けることは、非常なこころの痛みを生じさせた。

こころの痛み

　ウィニコット〔1970〕は、自らの存在を受け入れられることの重要性を指摘している。

> 奇形を持った赤ん坊も、奇形でない自己と、受け入れられた者として生きる体験に基づいた自己感を持つ健康な子どもに育っていくことができるのである。自我の歪みは、子どもの世話をする人たちの態度の歪みから生じると思われる。赤ん坊を持った母親は、繰り返し、繰り返し、赤ん坊の身体と心を引き合わせてあげている。もし赤ん坊の側にその事によって母親が恥じたり、罪悪感を持ったり、怯えたり、神経が高ぶったり、絶望的になるような異常があったとしたら、この簡単ではあるが重要な仕事はすぐに困難をきたしてしまう。〔p.35〕

　疾病をもつ自己と疾病をもたない自己のあいだに「良い対象との関係の相互性が成立すること」がいかに重要であるかがわかる。

　イーロはウィニコットとスクィグル・ゲームで遊ぶことで、《関係の相互性》のなかの「見失われていた自己と対象」を発見する。二人の交わりのなかに現れる絵を共に見つめ、戯れることで、生まれながらに合指症をもつ自己を発見する。

　それは、凍結されていた自己部分があたかも氷解するかのように、イーロのこころにぬくもりをもたらした。生まれながらに奇形をもつ自分自身をそのままで愛していることを、また愛

凍結されていた自己部分があたかも氷解するかのように～

される必要のあることを、イーロのこころに再発見させたのである。

　マウリーンはシナソンが彼女の姿を目に留めた瞬間に感じた衝撃を恐れずにコミュニケートすることで、そして空のアルバムのなかの「それまでの人生の孤独な日々」にこころを寄せ、語ることで、思いがけず失われていた音声が喉から発せられ、固まっていた足が少し動き、あきらめられていた発達が少しずつ起こり始めた。

　R氏は、自分が脳性麻痺であることについての感情を体験するまえに、セラピストとしてのオグデンがまず脳性麻痺の彼を受け入れ、彼の身体や感情を怖がったりしないことのみならず、現実的な《関係の相互性》を保つことで、脳性麻痺という障害をもつ自己を受け入れていくことができるようになった。

　バリント〔1957〕は60年も前に『実地医家の心理療法』という著書のなかで、現代の科学的エビデンスと診断に基づくシステマティックな治療だけでは真に疾病に対する診断を為したことにならず、その奥にある関係を理解し、診断し、介入することこそが重要であると述べている。

　実際の出来事の蓄積からなる人生において一つひとつの出来事をどのように情緒的に体験するかは、個人の内的世界に依拠している。赤ん坊や子どもは、母親の顔のうちに自己を見る〔Winnicott, 1971a〕。《関係の相互性》のなかでどのような自己を、母親のまなざしのなかに見るのか？　それが、人生のその後に起こる実際の出来事をどう体験するか、つまりは人生をどのように歩んでいくか、を決定づける。

　そこには「疾病」という事態も含まれる。医療は、身体の疾病を快復させ、傷を修復し、命をつなぐことに可能な限り力を尽くす。しかし往々にして医療の現場では、疾病そのものへの治療は施されても、その人にとっての実際の出来事、つまり疾病を抱えたこと、治療しなければならないこと、生活が変わること、人間関係が変化することなど、さまざまにその影響が波及し、個人と家族のこころに衝撃を与えることにまでは、なかなか考えが及ばない。

> 孤独

> どのような自己を、母親のまなざしのなかに見るのか？

疾病の重篤さが問題なのではない。人のこころにある対象との《関係の相互性》が、疾病という実際の出来事によって衝撃を受け、阻害され、反復され、増幅され、生きづらさに繋がるのである。イーロも、マウリーンも、R氏も、出生前後に母親とのあいだで生じた関係の相互性が内在化され、その後の彼ら彼女らの人生に多大な影響を及ぼし続けていた。

> 生きづらさ

　「病気やその他の身体的な問題のコンテキスト内においては、関係性の正常発達過程と、一過性の関係性の阻害と、進展しつつある関係性の障害の三つを区別するのは困難である」とパーミリー〔1989〕は指摘している。それでもなお、疾病によって患者とその家族が医療の現場に足を踏み入れるときにこそ、疾病の身体的治療のみならず、疾病の背後にある《関係の相互性》の問題を、私たちセラピストは扱うべきである。

　患者の人生の最早期における《関係の相互性》は、必ずセラピストとのあいだに強力に反復される。例示された三例のように、セラピストは、苦痛や脅威に満ちた関係の相互性の再演を真に扱う必要がある。かつて家族が圧倒され、持ちこたえられず目を背け、排除し、無かったことにした情緒に、対峙する必要がある。

> かつて家族が〜無かったことにした情緒に、対峙する

　「現実に直面することは、いかなる場合にも決して元には戻らない損傷を認識することを意味している」〔Steiner, 1993, p.100〕。疾病そのものが回復したとしても、人生の最早期におけるの対象との《関係の相互性》の問題は、患者のこころのなかに存在し続け、その人生に影響を及ぼし続ける。

　その損傷を認識することからくる痛みをコンテイン *contain* することこそが、私たち"こころの臨床家"に求められている仕事であり、結果として、疾病による苦痛な存在のありように患者自らが向き合う素地を生みだすのではないかと考えている。

∞

　本章ではまず、人のこころの内側にある対象関係がいつ頃から始まるのかについて、精神分析的理論のなかから検討した。

続いて、人生の最早期の疾病が対象との関係の相互性にもたらす影響について、文献中の三症例を用いて検討した。結果として、疾病という不可避に起こり得る実際の出来事によって、その不幸をさらに増幅させるような対象との関係の相互性を、患者たちは養育者とのあいだに構築させていた。そして、患者のこころに内在化された、その不幸を増幅させる対象との関係の相互性は、治療状況のなかで〈転移・逆転移〉として顕在化することがわかった。

　その《関係の相互性》は、セラピストとのあいだの新たな関係の相互性において理解される必要があること、そのようなセラピストとの関係の相互性によって、患者の増幅された不幸が軽減され、生きづらさの緩和につながったと考えられることを提示した。

＊1：もちろん喫煙や悪い生活習慣など、疾病をわざわざ作り出すような行動も人間にはみられるが、その無意識的要因については本研究では特に取り上げない。

＊2：エナクト enact：エナクトメント enactment の動詞形。対象関係の、患者とセラピストの転移関係における再演を意味する。もともとはアクティング・イン acting in というアクティング・アウト acting out の対概念として提唱された。現在は、アクチュアリゼーション actualization「実演」という語の方が実際の現象に近い表現であるとする精神分析家もいる〔松木, 2016〕。

＊3：Sándor Ferenczi：Freud, S.と関係が深いハンガリーの精神分析家。フロイトと異なり、神経症以外の治療を行って、今日の精神分析理論や治療技法に大きな影響を及ぼした。特に、分析家と患者との間の相互分析を重要視する姿勢は、ハンガリー系の分析家たちに強い影響を与えた〔西園, 2002〕。

＊4：本節においては、文献中の心理療法過程を提示する際に患者とセラピストの名前をカタカナで表記した。

＊5：少年イーロに関する考察は、山口ほか〔2015〕をもとに本稿用に改変した。

＊6：合指症：隣り合った指の一部または全部が融合する（くっついている）指の形の異常。1,000〜3,000出生に1人の割合でみられる〔日本形成外科学会, 2017〕。

＊7：orthopaedic ward：整形外科病棟。合指症は、現在では形成外科で対応される。

＊8：スクィグル・ゲーム：ウィニコットが、子どもに対する初回診断面接に用いたゲーム。まずウィニコットが一枚の紙にスクィグルを描き、それから子どもにそのスクィグルに描き足すように言う。初回面接のあいだ中、ウィニコットと子どもは交互に相手のスクィグルに何かを描き足していく。一回の面接に、通常30枚程度の絵が描かれた〔Abram, 1996/2007〕。

＊9：Valerie Sinasonはロンドンの精神分析家。愛着理論に基づく大人の心理療法家、子どもの心理療法家。詩人、作家でもある〔Sinason, 1992/2010〕。p.13の註5と後半CHAPTER 3を参照のこと。

＊10：重複障害：明確な定義は確立されていない。「複数の種類の障害を併せ有する」人のことを指す〔国立特別支援教育総合研究所, 2017〕。

＊11：Easter Break：復活祭の祝日（3月21日、春分の日）の後の最初の満月の日の次の日曜日を挟んだ休日を指す。英米では通常、学校などで1-3週間の休日がある。Sinasonはこのとき3週間の休日をとっている。

＊12：Thomas H. Ogdenは米国西海岸の精神分析家。英国対象関係論を発想の起点とし、近年は、ウィニコット Winnicott, D.W. とビオン Bion, W.R. の仕事を軸に対象関係論を有機的に再解釈・再構築することを試みている。特に、分析者と患者のふたりの主体性が重なり合って生み出される「第三の主体 analytic third」こそが分析の営みの主体であると考えている〔藤山, 2002〕。

＊13：脳性麻痺 cerebral palsy, CP：「厚生省脳性麻痺研究班では「受胎から新生児までの間に生じた脳の非進行性病変に基づく、永続的な、しかし変化しうる運動および姿勢の異常である。その症状は満2歳までに発現する。進行性疾患や一過性運動障害、または将来正常化するであろうと思われる運動発達遅延は除外する」と定義している〔1968〕。てんかんや精神遅滞などの随伴症状があってもよい。原因は未熟児、脳奇形、感染症、黄疸、脳循環不全など多岐にわたっており、病型の診断とともに原因の検索が重要である。部位別および病因別に、①両側性痙性脳性麻痺：未熟児、脳室周囲白質軟化症、②四肢性痙性脳性麻痺 spastic quadriplegic cerebral palsy：重症仮死、広範な脳障害、③片麻痺型脳性麻痺：一側半球の血管障害、④アテトーゼ型脳性麻痺 athetotic cerebral palsy：仮死・黄疸による間脳障害、⑤失調型脳性麻痺：小脳障害、⑥混合型脳性麻痺、などに分類されている。早期診断による運動訓練が重要であるが、多方面からの総合的援助・療育が必要である」〔伊藤ほか, 2009〕。

＊14：解釈をおこなうタイミングや解釈の形成の仕方が微妙に異なる。ウィニコットは前半CHAPTER 1の註7で示したように、クライン派に属したのちインデペンデント・グループに移った。イーロの事例では、二人の交流を"抱える環境"が、スクィグル・ゲームによってまず形成され、プロセスの途中で適時ウィニコットの解釈がおこなわれている。シナソンは、どのグループに所属するのかはっきりしない。マウリーンの事例で

は、出会った瞬間に湧き起こった患者の不安に対してすぐに解釈している。これはKlein派の技法に近い。オグデンは、R氏の事例では、疾病を抱える患者をまず受け入れ陽性転移を利用し作業同盟が強固になりつつあるなかで、少しずつ脳性麻痺という現実を提示している。

＊15：*introduction*の註6を参照のこと。

CHAPTER 3
病むことへの関わり

| ── 周産期・乳幼児期の病い

　日本では医療の進歩により、出産時に死亡する赤ん坊の数は世界に誇れる程に減った。しかし、前章で提示したような疾病を周産期や乳幼児期から患う子どもたちの数が減ったわけではない。むしろ、割合として増加している。

疾病を周産期や乳幼児期から患う子どもたち

　そうした子どもたちへの"こころの支援"はどれ程なされているのだろうか。本章ではまず、周産期・乳幼児期に疾病を抱え人生を歩む子どもたちの実態をまとめる。次に、子どもたちへの心理臨床的援助の現状を、周産期・乳幼児医療に関わる専門家の報告書や論文を用いて調査し、考察する。

周産期・乳幼児期の疾病と慢性化
　近年、医療の進歩により、超低出生体重や超早産で生まれ成人期に至る患者や〔Doyle, 2014〕、先天性の疾患や小児期に発症した慢性疾患を抱えながら思春期・成人期を迎える患者の数が増した〔水口, 2016; 新平, 2016; 正木, 2010〕。厚生労働省の人口動態統計では2015年の日本の出生数は1,005,677人〔男515,452人：女490,225人〕であった（総人口は125,319,299人）。年々出生数が減少しているなかで、この全出生数の実に9.6%を低出生体重児[*1]（LBW児 low birth weight infant）や早産児 premature baby[*2]が占め、年々その割合が増加している[*3]〔厚生労働省, 2015〕。しかしながら現時点で日本には、周産期・乳幼児期に罹患し慢性化する疾病を抱えて育つ子どもがどれくらい存在するのか、を把握するための統計は存在しない〔西牧, 2011〕。特定NPO法人新生児臨床研究ネットワーク[*4]においても、未だ臨床研究の知見を集めている段階である〔楠田, 2014〕。

　統計が存在しないということは、周産期や乳幼児期に罹患し、疾病を抱えて育ちゆく子どもたちの現状を把握することが十分できていないことを示している。同時に、そういった子どもたちと家族がこころに抱える困難や問題を、継続的にフォローアップし、考ることができていない現実も示している。

　日本小児科学会は2012年以降、小児期に発症し慢性疾患を抱える患者が、成人した際に受ける医療の現状を調査し、そこに

どのような課題が存在しているのかを把握しようとしてきた。小児期医療から成人期医療への移行の問題を整理するために、2016年5月には、代表的な疾患に対する分科会・関連学会へのアンケート調査を報告書にまとめている〔水口, 2016〕。

　資料に提示された有病数や有病率の報告にはさまざまな調査方法が用いられていた。そのため全体の有病率が非常にわかりにくい。そこで、全有病率を割り出すために、全出生数（2015年の全出生数1,005,677人）〔厚生労働省, 2017a〕に対する割合を、各疾患別に単純に合算した。すると、低く見積もっても報告に示されている疾病だけで全体の約10%の子どもたちが罹患していることがわかった。先に提示した低出生体重や早産で生まれた子どもたちの割合を踏まえると、この数字はある程度妥当なものだと思われる。もちろん、エビデンスとして採用してよい数字であるかは、各学会による統計の示し方にも依拠する数字であるため、慎重に考慮しなければならない。しかしながら、さまざまな疾病を抱える子どもたちが、私たちの想像以上に多数存在することには違いない。【表1】〔p.80-81〕にその一部を示した。[*5]

　では、これらの子どもたちの疾病が対象との《関係の相互性》に及ぼした影響はどのような問題となって後に現れるのか。この日本小児科学会のアンケート調査に添えられた小児科医師の回答を検討してみよう。

日本小児科学会

成人期移行における心理臨床的な課題

　この日本小児科学会のアンケート調査の結果は、次のように総括されている。すなわち【表1】に示された小児期発症の慢性疾患を持ちながら思春期・成人期を迎える患者に対しては、「医療の内容を、病態の年齢による変化や患者の人格の成熟に応じて変えてゆく必要」がありながらも、「小児期医療も成人期医療も、必ずしも適切に対応できて」おらず、「その原因として、医療側の体制未整備と患者側の準備不足の両方がある。患者が小児期医療の場に留まることと患者が自立できないことが、しばしば悪循環を形成する」〔水口, 2016, p.7〕。

　これは、小児期医療の側が、成長する患者の内面に応じた対応を提供できていないことや、成人期医療の側が、小児期医療

表1 日本小児科学会「有病数・率調査」概要
〔小児慢性疾病患者の移行支援ワーキンググループ, 2016〕

学会名	病名	日本における有病数・率(推計)	成人期への移行数・率(推計)	心理臨床学研究誌 [*6]	日本助産学会誌 [*7]
日本小児内分泌学会	I型糖尿病	小児期:5,000-6,000人	成人以降の患者数:小児期発症I型糖尿病3万人程度	4件	0件
	21水酸化酵素欠損症	出生2万人に1人	20~80歳の推定患者数は約9,000人	0件	0件
	下垂体機能低下症、成長ホルモン分泌不全症	15歳以下の成長ホルモン分泌不全症(中等度):13.3名/10万人。下垂体機能低下症全体としては、欠損ホルモンが多岐にわたるため詳細な疫学データは不明。	成人成長ホルモン分泌不全症(重症)に移行:0.5~0.8人/10万人	0件	0件
	プラダ—ウィリー症候群	出生15,000人に1人		0件	0件
日本小児アレルギー学会	気管支喘息		成人での有病率は6~10%。継続して医療を受けている患者数は推計89万人	3件	0件
	アトピー性皮膚炎		年代別有病率:20歳代が10.2%、30歳代が8.3%、40歳代が4.1%、50や60歳代は2.5%(平成12年~20年度厚生労働科学研究)	7件	0件
	アレルギー性鼻炎	アレルギー性鼻炎全体では39.4%、通年性アレルギー性鼻炎は23.4%、スギ花粉症は26.5%(2008年全国調査)		0件	0件
	食物アレルギー	乳幼児期有病率は5~10%、学童期有病率が1~2%	学童期の有病率と同様に1~2%と考えられる。欧州では、食物不耐症まで含めた調査では国によって4.6~19.1%と違いがある。	0件	0件
日本小児循環器学会	Fallot四徴症(先天性心疾患の1例として)	1) Fallot四徴症は先天性心疾患の7~10%。2) 年間出生数100万人で先天性心疾患が1%に発生すると推定。	不明:25(歳—筆者加筆)生存率95%、2万人以上と推定。	1件	0件

学会名	病名	日本における有病数・率（推計）	成人期への移行数・率（推計）	心理臨床学研究誌	日本助産学会誌
日本小児腎臓病学会	慢性糸球体腎炎（IgA腎症）	日本における有病率は、3.9～4.5人/10万人。全国で腎生検にて確定診断された有病患者数は33,000人と推計。		1件	0件
日本小児神経学会	重症心身障害	20歳未満で、入院、入所、在宅の超重症・準超重症児 全国で約7,350名。	小沢浩（島田療育センター）らの共同調査・平成20年：東京多摩地区（人口約420万人）の超重症・準超重症児者数（小児～成人）264名。上記の2つのデータから推定すると、約3,000名。	2件	0件
日本小児神経学会	発達障害		成人の有病率は約3%。患者数は約150万人。	16件	0件
日本小児神経学会	てんかん	小児では有病率1,000人あたり8.8人（13歳未満）。	15歳以上のてんかん患者数は、推計では約90万人。	5件	0件
日本小児心身医学会	起立性調節障害	小児では軽症例を含めると中高学生の約10%といわれている。各学年に約12万人（中高生合計で約70万人）と推定される。	過去の調査では、成人期以降にも症状が続く患者は約40%。	0件	0件
日本小児心身医学会	過敏性腸症候群	約10%		1件	0件
日本小児心身医学会	摂食障害（神経性無食欲症）	年間有病率人口 神経性やせ症：約12,500人。 神経性過食症：約6,500人。		16件	0件
日本小児皮膚科学会	膠原病	全身性エリテマトーデス6～10万人（2013年度登録者61,518人）	5年生存率は95%以上	1件	0件

のなかで大人になった患者を、その経過を踏まえてスムーズに受け入れ、継続して治療していく体制が整備されていないということを指している。

　この医療環境の不備は、そのまま患者の実年齢の加年や外的状況の変化と内面のパーソナリティの発達や成熟とのあいだに生じているギャップにつながる。そして医療は、患者の心理的発達的ニーズに見合っていない現状を把握し改善しようとする一方で、問題の原因の一端は「患者側の準備不足」であるとの認識も示した。ここではこの「患者側の準備不足」とされる問題を、精神分析的アプローチからの理解を用いて考えてみたい。

　【表1】に挙げられた疾病を抱える患者の診療のなかで、小児科医師は重要な観察を示している。そのなかから、筆者が最早期からの《関係の相互性》の影響が残存するがゆえと考えられる問題に焦点を当てると、次の四項目に集約される ── ①患者のこころと疾病との関係の問題、②患者と両親との関係の問題、③患者と次世代との関係の問題、④患者と他者や社会との関係の問題。

　以下の記述からは、最早期からの疾患を抱えるだけでなく、その不幸が増幅し人生の生きづらさにつながっている患者の姿が浮かび上がってくる。

① **患者のこころと疾病との関係の問題**
　　患者の自立が確立していない場合や精神的に未熟な場合にトラブル（病識不十分、疾患マネージメント不良、怠薬や治療中断）が発生しやすい。そして実行機能や高次認知機能の障害、注意欠陥/多動性障害（ADHD）、無気力、易怒性、頭痛、うつ傾向など精神神経障害の問題が顕在化し、生活上の障害となる。重症例では精神運動発達遅滞などを伴うことが多い。── 成人期以降は神経・精神症状の頻度が高い。精神神経症状に対しての適切な治療やカウンセリングが進まず、病態が悪化する。
② **患者と両親との関係の問題**
　　親のみが代理で受診したり、親の不安が拭えず過介入になり、児が両親に依存してしまう。その結果、患者本人が疾病の治療に必要な生活習慣を獲得できない。── 親から経済的にも精神的にも自立できず、社会的自立の遅れが目立つ。
③ **患者と次世代との関係の問題**
　　遺伝子疾患や慢性疾患を抱えるために恋愛・結婚・挙児への不安や問題が生じる。── 成人女性には、治療のコントロールや服薬が胎児に影響する。妊娠、出産におけるケアが必要である。疾病からくる不妊のリスクもある。
④ **患者と他者や社会との関係の問題**
　　疾患に対する周囲の理解が得られにくいため、人生のいろいろ

な場面において、他者との葛藤を抱える。

いじめ・不登校・登園・登校困難に陥ることもある。学校や友人関係でのストレスがあり、過度の不安や抑うつを伴い登校できず引きこもる場合がある。

学校生活が制限（宿泊を伴う課外活動など）され、打撲や疾患部位を不潔にするようなスポーツができない。あるいは入退院の繰り返しや通院や病状の悪化による学校の早退・病休の増加などで、日常生活や社会参加が制約される。

就労生活における対人行動の問題、日常生活における家族との適切な関係維持が困難である。家庭内暴力に発展することもある。就業困難や就職差別がみられる。社会的自立の遅れがみられる。

精神運動発達遅滞を伴う自立が不可能な患者の場合の対応が未整備である。両親や親族が高齢化や死亡したときの社会制度・インフラ整備がない。患者の疾病管理が不可能となる。

小児科医　　　ところでアンナ・フロイト〔Freud, A〕は、小児科医の質問に答えるなかで以下のような問いを投げかけた。

真に器質的な障害が、子どもの心にどうはね返るか

私は、皆さんがどうして事柄のもう一方の側面、つまり治療しておられる真に器質的な障害が、子どもの心にどうはね返るかに同じような関心をなぜもたれないのか、といつも不思議に思っております。私は、小児科医がより心身症的側面に興味を持ち、身体疾患の心理的影響については、あまり関心をはらわれないのを、いつもなげかわしく思っています。

次のような疑問があります。たとえば、大きな苦痛と不快を伴う、人生の第一年目の消化器障害を取り上げてみましょう。これは、本来この年齢段階にあるべき食べることの快感を取り去るものです。このことは、子どもの人格に持続的影響をもたらすでしょうか？　快感があるべきときに苦痛があるのです。消化器管に過度の強調があったことになります。食物へのあるいは充たされない飢餓への強烈な反動を何回も味わったことになるのです。

こうした身体的障害を治療するときにはいつも、同時にそれが心理学的な観点では何を意味するかを問うべきだと思うのです。〔1969c, pp.123-124〕

この言及は、快感原則の視点から述べられているにしても、疾病がもたらす子どものこころへの影響を見逃していない点で、重要である。そして、疾病から生じた子どものこころへの負の影響は持続し、上述の①から④に記述された問題に発展する。これらの負の影響を束ねる要因は、病いに罹ることそのものではなくて、患者のこころの内側に残在している最早期からの《関係の相互性》であると考えられる。

すなわち、精神分析的には、その人のこころの内側にある対

象との関係がどのようなものであるかによって、疾病を患者自身がどのように受けとめているか、両親や社会とどのような関係を築いているか、その人が疾病を抱えて生きていくことの苦悩をどのように考えているかが左右されるということである。

　前述の日本小児科学会の報告書〔水口, 2016〕から、想像以上に多数の子どもたちが周産期・乳幼児期からの疾病を抱えながら育っていくこと、年齢を重ねても尚、疾病を抱えて生きていくことの苦難が和らぐわけではないこと、むしろ、さまざまな社会的関係のなかで、病状を悪化させるような事態に陥る場合が多々あること、が判明した。

　疾病という不幸に、さらなるこころの不幸が重なっていく実態が少なからず存在することは明らかである。これらの"二重の不幸"の中心にあるのは、疾病を抱える人や養育者のこころの内側に内在化された、対象との《関係の相互性》である。そのことを、セラピストとの生きている《関係の相互性》のなかで吟味していく必要がある。

　そこで次節では、私たち臨床心理士による支援の実際を検討していく。「こころの専門家」と言われる私たちが、周産期・乳幼児期に疾病をもつ子どもたちや養育者に、どのような支援をしているかについて、文献的に考察する。

周産期・乳幼児医療とこころ

　実は、最早期から病いを抱える子どもたちとその家族に対し、疾病の医学的治療と並行して、入院初期から、そのこころや関係性について考えケアをするべきであるとの指摘は、既に為されていた〔Samaraweera et al, 1983; 小此木, 1994など〕。日本では1989年から新生児集中治療室（NICU *neonatal intensive care unit*）[*8] への臨床心理士の導入が始まり〔橋本, 2000〕、臨床実践の積み重ねのなかから、臨床心理士の果たすべき役割と支援のありようについてさまざまに提言されてきた。

医療現場における心理臨床

例えば、先駆者である橋本〔2000, 2005, 2006a, 2006b〕は、妊娠・出産・育児という従来ならば自然な営みが、周産期・新生児医療技術の進歩のなかで医療の対象となり、自然な営みではなくなったところに、臨床心理士の役割があると主張している。

<small>自然な営み</small>

具体的には、親子や家族が「自然な営み」を意識的に取り戻すための支援が必要であり「『こころの視点』をもち、医療現場のなかで置き去りにされた傷つきやすい両親、特に母親のこころに『さりげなく』しかも手厚く見守りつつ、思いを受けとめていくケアが必須である」〔橋本, 2005, p.29〕。また「親と子の関係性の発達プロセスは、関係の内側から生まれ出る自然のプロセスであり、決して外側から操作することはできない。周囲の人びとにとってできることは、やはり『器』のように守ることでしかないと考えている」〔橋本, 2006b, p.737〕として、周産期における臨床心理士の役割を次のように提示した。すなわち、他の医療従事者と共に、頓挫した自然なプロセスが親子に生起するための器の一端を担うことと、自然なプロセスを取り戻す際の苦悩や葛藤を抱える「こころの仕事」に同行することである。

<small>自然なプロセスを取り戻す際の苦悩や葛藤</small>

同じく長年、周産期の現場で従事している永田〔2006〕は「妊娠中の心理的サポートとは……〔中略〕……そのときそのときの傷つきや思いを、そのときそのときできちんと受け止め、その先へとつなげていく橋渡しのケアであり、どれだけ赤ちゃんと親となる存在の人を、暖かく見守り支えていけるのかにかかっている」〔p.744〕と述べている。また稲森〔2006〕は「……心理士が重症の赤ちゃんと家族の道程に同行するということは、周産期医療の現場に、親と子の関係性に着目するという視点を浸透させる意味があるのではないか」〔p.749〕と、周産期の治療の場全体の動きを意識しつつ重症の赤ちゃんと家族、そして医療スタッフそれぞれに関わることの重要性を指摘している。

上記と連動して、医師の側からも、最早期の困難や慢性疾患を患う子どもたちやその養育者に対して、現行の医療体制や支援では不十分ではないかという危機感が表明されている〔側島, 2005; 堀内, 2006; 正木, 2010; 西牧, 2010; 2011; 岡野, 2016など〕。これら医師側の表明と危機意識とそれに呼応する上記の心理臨床実践が、日

本における周産期・乳幼児医療の現場でのこころのケアを支えてきたと言える。

そして近年ようやく、子どもたちの「本当の意味での自立を目指す」〔西牧, 2010〕支援プログラムを開発する動きや、心理臨床的支援の各医療現場への導入（例えば、2010年の厚生労働省による「周産期医療体制整備指針」は「臨床心理士等の臨床心理技術者を配置すること」と明記している）が為され始め、患児とその家族に対する支援のさらなる改善を模索する動向が出現している。

身体疾患患者にかかわる研究

ここまでは医療現場からの、最早期から疾病を負う患者への支援の現状と動向を概観した。次に、「こころの専門家」と言われる臨床心理士の、支援の実際をより具体的に概観する。

『心理臨床学研究』誌〔初刊〜2017年刊行分〕[*9]に投稿された論文のうち、慢性身体疾患を患う患者への心理臨床的介入について考察した論文を検索したところ、キーワード「身体疾患」では2件（うち1件は糖尿病、もう1件は膠原病）、「低出生体重児」では1件の論文が抽出された。さらに日本小児科学会によるアンケート調査〔水口, 2016〕に挙げられた疾患名で同誌を検索したところ、58件の論文が抽出された。そのうち、精神科的疾患に含まれる摂食障害16件と発達障害16件、自閉スペクトラム症1件を除外すると、全部で25件となった。【表1】〔pp.80-81〕に病名と対応させて論文数を提示した。

その全25件と「身体疾患」「低出生体重児」の論文2編（「身体疾患」2件のうち前川論文〔1998〕は「膠原病」でも検索できたため重複を避けた）を加えた計27件のなかから、患者本人に何らかの心理臨床的介入をおこなった論文を抽出すると16件であった。そのうち、疾病の発症が小児期である患者に対して心理臨床的に介入した論文11編を【表2】にまとめた。掲載順は、日本小児科学会のアンケート調査〔水口, 2016〕の病名順である。

これらの先行研究で提示されているセラピストの介入を、筆者が独自に検討したところ、セラピストは皆、疾病をもつ患者の表現・発言を受容しつつ傾聴し、時折指示、提案、アドバイスをしていた。

表2『心理臨床学研究』誌にみられる小児身体疾患患者への心理臨床研究

著　者	論文タイトル	概　要
安藤美華代・安藤晋一郎・竹内俊明（1995）	糖尿病患者の心理療法	10歳女児：インスリン依存型糖尿病。5歳で発症。
村田玲子・三浦琢磨（1996）	糖尿病小児への心理療法	4歳6ヵ月女児：若年性糖尿病（インスリン依存型糖尿病）。
奥寺崇（1993）	治療経験のもたらすもの──長期にわたる身体疾患に悩む女性の心理療法過程から	32歳女性：18歳時に職場健診にて糖尿病を指摘。糖尿病性の白内障、硝子体出血、肝障害、腎障害、神経障害あり。
平松清志（1997）	喘息児の箱庭療法	8歳1ヵ月女児：2歳4ヵ月時に気管支喘息（house dust 抗原検索陽性）を発症。
前川美行（1997）	夢に現れる"醜なるもの"のもつ意味──アトピー性皮膚炎の女性の心理療法を通して	20代女性：6歳頃から湿疹が出現。激しい痛み。就職2年目にはアトピー関連性の網膜剥離。
飯島みどり（2007）	アトピー性皮膚炎の青年との心理療法過程──対象関係と言語化についての考察	21歳男子大学生：中学3年の後半にアトピー性皮膚炎を発病し慢性化。
加藤奈保美・互恵子（2014）	アトピー性皮膚炎に悩む人への動作法の適用と皮膚状態の変化	43歳女性：小学校低学年時にプールや温泉などでアレルギー反応が生じる。成人してからは、洗剤や化学薬品による手荒れ、化粧品による顔面の赤みやかゆみ。
大場実保子（2012）	重症先天性心疾患を抱えた中学生男児が困難と向き合い適応に向かった過程	14歳男児：左心底形成症候群（先天性心疾患のなかで最重症例と言われる。左心室および大動脈の低形成を特徴とするチアノーゼ性心疾患。根治術に至らず亡くなる例が半数以上と言われる）。
西村喜文（2000）	重症心身障害者へのコラージュ療法の試み──コラージュ療法の意義について	1）30代男性：入院時12歳。入院歴27年。病名：脳性麻痺（アテトーゼタイプ）核黄疸後遺症）。 2）30代男性：入院時17歳。入院歴21年。脳性麻痺（アテトーゼタイプ）。 3）30代女性：入院時17歳。入院歴22年。先天性ミオパシー（筋力低下と筋緊張低下を示すタイプ）、弱視（色の識別可、形は全盲）。
金山由美（1995）	激しい行動化を伴う側頭葉てんかん者との心理療法過程	20歳女性：側頭葉てんかん、家庭内暴力。
永田雅子（2002）	低出生体重児の親子への母子支援──育児困難を呈した超低出生体重児の母親との母子治療過程	26歳の母親と1歳0ヶ月になった女児：超低出生体重児（在胎29週6日、出生体重957g）。

そのようなセラピストの介入は、疾病をもつ患者に、自らの語りを聴き届けられたという体験をもたらす。そして、このセラピストが対峙する時間と空間のなかの受容的傾聴のプロセスが、どの患者にもある程度の身体症状の緩和に結びついているように見受けられた。

受容的傾聴

　一方で、最早期あるいは早期からの疾病と疾病を抱えることによって変容した患者と家族の関係について十分に吟味し、さらに疾病にまつわる患者の対象との《関係の相互性》が、治療プロセスの転移・逆転移関係に現れていることまで踏み込んで言及している論文は見当たらなかった。たとえば、患児の家族が疾病の治療にその発症時から無関心なのはどうしてなのか、あるいは治療途中で家族構成が変化したのはどうしてなのか、そのことと患児の疾病はどう関わっているのか、患児自身はどう感じているのかということまで言及している論文は発見できなかった。

　疾病をもつ患者自身と家族との関係やその変化について、あるいは家族それぞれがもつ患児の疾病に関する感情を詳細に検討することは、これまで為されてきた受容的傾聴による支援に加えて、さらに重要な理解を導き出す。そしてその理解に基づく介入は、疾病に影響された患者の養育者との《関係の相互性》や同胞との《関係の相互性》の理解となり、家庭内や社会のなかで生きづらさを抱えている患者の助けとなる。

　疾病の発症あるいは疾病を抱えていることによって、どのように対象との《関係の相互性》が影響されたのかを考えることは重要である。たとえば、母親はアトピー性皮膚炎の患児に日々具体的にどのように、どのような心持ちで手当てしていたのか。それは、塗り薬を通して、そこにどのような意識的・無意識的交流が起こっていたのかを知るヒントとなる。また、痛々しい皮膚炎の痕をどのような眼差しで見ていたのかや、その眼差しは患者にどのように受けとめられていたのかは、面接室のなかでセラピストが患者と対峙したときに、再演・実演される。そこに、患児たちが訴える、関係の相互性に根ざしたこころの痛みや苦悩と身体の痛みや苦悩の双方が浮き彫りにされる。

　したがって、筆者は、これまでの支援に《関係の相互性》の

理解を加味することを提言する。患者が抱える問題の表象のみならず、無意識の深層まで至る理解を踏まえて支援する意義を強調したい。外傷体験が不幸にして起こったときに、例えば、母親がどのようにその相手に立ち向かってくれたかが、その後の回復に影響するように、疾病が起こった正にそのときに養育者や、重要な他者がどのように理解し対処しようとしてくれたか、あるいはどのような衝撃が養育者のこころに起こり対応に影響したかが、非常に重要なのではないかと考える。

村田・三浦〔1996〕は「患児の発達環境は生育の始発期において慢性疾患を発症することにより、患児と家族のあいだの危機的関係をきわめて多く含んだ環境となる」〔p.62〕と述べている。その危機的関係をどのように支援できるかによって、疾病という不幸を抱えた人に、さらなるこころの不幸が重なるか否かが左右される。その「危機的関係」から発生した《関係の相互性》が内在化され、こころの発達が阻害される危険性にまで踏み込んだ支援、すなわち患児たちの内的な対象関係にまで到達する支援が必要である。患児たちのこころの発達、すなわち象徴機能の発達を促す介入はそのようにして為される必要がある〔Segal, 1957〕。つまり、《関係の相互性》への着目と介入が最も重要視される必要がある。

最早期の支援研究

周産期・乳幼児期の医療現場で極めて重要な役割を遂行するのが、助産師である。助産師は、最早期の疾病を抱える子どもとその家族への支援をどのように実践しているのだろうか。主要学会誌である『日本助産学会誌』[*10]〔1987年〜2017年刊行分〕を2017年10月31日時点においてJ-stage 日本助産学会誌 on lineにて調査した。『心理臨床学研究』誌と同様に、日本小児科学会によるアンケート調査〔水口, 2016〕に挙げられた疾患名で同誌を検索したところ、それらに関する論文は抽出できなかった〔表1〕を参照〕。一方、ハイリスク新生児[*11]、ハイリスク児、早産児のキーワードで検索し抽出できた論文のなかから、母親・父親・両親と新生児の関係に対して何らかの支援を記述した論文は8件抽出できた。それらの論文を概観し、以下の【表3】に発行年順にまとめた。

表3 『日本助産学会誌』にみられる親子関係への支援研究

著者	論文タイトル	介入の実際
横尾京子 (1988)	NICUにおける両親への援助―退院後の養育行動の予測に関する試み―	1) 入院時質問票(父母別に記入) 2) ファミリーケアフローシート(児とのかかわりにおける父母の行動を基準にしたがって数量化) 3) ファミリーケアシート(父母の行動など詳細に記述) 4) 家庭保育準備チェックリスト 5) さらに、両親の背景に関する情報を活かし、退院後の養育行動上のリスク因子を早期発見するためのファミリーケアサマリーシートを作成。 虐待予防のため、ファミリーケアサマリーシートを責任看護婦・保健婦・ケースワーカーがチェックして情報を共有するように約6ヵ月間、試行した。保健所においては、少なくとも活用価値を認められていると評価した。
宮中文子・ 宮里和子 (1990)	ハイリスク新生児を出産した母親の自立過程に関する一考察[*12]	親子関係成立への援助、育児自立への援助:両親の早期面会、児との接触、面会ノート、育児参加、母乳保育、退院指導、地域保健婦との継続看護など。 自立を促す要因: 1) 入院期間が1ヵ月未満 2) 新生児が低出生体重児でない 3) 母親が退院時や退院後に心配・不安がない 4) 退院時に児の看護上の問題がない 　　早期に児の状況に直面し、不安感情を表出し、児との関係を回復し、社会的支援を受けている者などでは育児に自信がもて、自立が早かった。
木下千鶴 (1997)	早産児の母親と看護婦のNICUでの相互作用場面における意味の検討	NICUでの母親と看護婦のかかわりは、看護婦が何かの働きかけをしてそれを母親が受けとめる一方通行の関わりであった。お互いが意味をやりとりしながら理解し合うという相互作用の深まりが成立し難い状況に両者は置かれていた。 母親と子どもが関係をつくっていくことを支えるためには、母親が子どもを知ることを看護婦が支えることの重要性が示唆された。 そのためには、以下のかかわりが重視されるべきである。 1) 母親と子どもが知り合う基盤をつくる。 2) 目の前にいる子どもを共に見る。 3) 母親が子どもとかかわる自由を広げる。 4) 母親の力を信じ、保証する。
横尾京子・ 村上真理・ 中込さと子・ 藤本紗央里 (2004)	ハイリスク新生児の母乳育児支援:新生児系および助産系看護者の電動式搾乳器の使用に関する認識	新生児系および助産系ともに、電動式搾乳器を勧めたくないとの回答が約60%であった。 その主な理由は「圧調整が不可能」や「カップ部への強い圧」であった。条件が整った電動式搾乳器であれば勧めたいと回答したのは75%を超えたが、「用手に対する情緒的肯定」「電動式に対する否定的評価」「経済的負担」などで勧めたくないと20%の回答があった。 改良された電動式搾乳器について正しい知識を学習する必要があると結論づけた。
木村晶子 (2009)	ハイリスク児の母親とかかわる助産師の体験	1) 児を受け入れる方向に向かうように、児に対して肯定的反応を示すようにという願いをもって母親に関わっている。 2) ただ聴くだけでなく、母親が『話してよかった』と思うように、何か働きかけることやアドバイスできることはないかと考えている。 3) 母親の気持ちが児に向かないときには無理に急がせないようにしている。言葉使いやタイミングには気をつけている。 4) 母親のみならず家族も含めての気持ちを聴く必要があるとわかりつつも、どう聴いて良いかわからない。 5) 気を遣わせずにゆっくりした雰囲気で関われたら良いと思いながら。 ハイリスク児の母親とかかわる産科病棟の助産師の体験の本質には、ハイリスク児の母親は悲嘆から受容への心理過程をたどるというイメージ、「児を受けいれて欲しい」という願い、そして母親の思いを聴き、母親が話してよかったと思うようなアドバイスをしなければならないという使命感・役割意識があった。

		これらの本質に支えられたその体験として： 1) 児を受け入れてほしい 2) 母親の気持ちにあわせたケアをしたい 3) 母親にはこれ以上のストレスをためてほしくない 4) 思いを聴くことの難しさ 5) もっとゆっくりかかわりたい、といった5つのテーマが存在した。 今後は、このような体験の理解とともに、傾聴の技術を含めたトレーニングが必要であり、使命感・役割意識から過剰なストレスをためないためのサポート者の存在の必要性も提言した。
常田美和 (2009)	早産児の父親としての1年間から1年半の経験	全員子どもの出生当日に初回面会し、その後は子どもの状態に応じて、タッチング、抱っこ、カンガルーケア、授乳、沐浴などの子どもとの接触の機会が提供されていた。 早産児をもつ父親の特徴は、わが子を「普通の子」と比較し不安が生じた段階から、「普通の子」に成長し追いついてきたと感じることによって安心感を得る過程であった。父親は子どもへの不安が強い段階では子どもを保護することにエネルギーを傾け、「普通の子」に追いついてきたと感じる段階では、子どものしつけを意識し始めていた。
田中利枝・ 永見桂子 (2012)	早産児を出産した母親が母乳育児を通して親役割獲得に向かう過程	母親は＜早産という喪失体験に伴う複雑な心理状態＞の中、出産直後からの助産師の支援を受けることで、＜早産したからこそ生じた母乳へのこだわり＞が、母親を搾乳に向かわせた。直接母乳育児ができるようになると、＜自己効力感の高まり＞が生じた。 早産児を出産した母親の母乳育児を通し、親役割獲得を促進する為には、母乳育児への動機付や意味付を支援する看護の重要性が示唆された。
渋谷えみ (2012)	出生前診断で胎児異常の診断を受けた母親に関わった助産師の体験—倫理的ジレンマの構造—	助産師の体験は、 1) 出生前診断や障害児に対する自己の価値観と対峙する困難 2) 女性として同性であるがゆえのジェンダー役割期待に関連したジレンマを体験 3) 頼られる存在として得られる満足感から多忙業務を招き、ジレンマやバーンアウトに陥りやすい環境を自ら作り上げていた 生と死が隣接する職場環境で感情規制を働かせ、倫理的感受性の閾値を下げることが自己防衛となっていた。

　以上の論文から、助産師や看護師の支援は、ハイリスク新生児の母親や父親が治療中の赤ん坊と主に身体の世話を通じてどのように関係を形成していけるかに焦点づけられていることがわかる。実際、我が子にどのように触れることができるか、どのように母乳育児を継続すれば良いか、どのように我が子を受け入れていけば良いか、などの具体的な関わり方の指導やアドバイスと、母親や父親の気持に配慮しながら、子どもを受け入れていくための傾聴や支持や保証の工夫が示されていた。

　これらの支援には、「自然な営み」〔橋本，2005〕となるはずの妊娠・出産・育児から相当に逸脱し隔てられてしまった親子のあ

りようを、少しでもあるべき「自然な営み」に近づけようとする意図が含まれている。目に見える形で両親の努力を支え、医療によって分断された親子の関係性の修復と構築を促進する支援である。

　そのような支援はたいへん重要ではあるが、それ以前に、まず私たち支援する側に立つ者が認識しなければならないことが、ふたつあるように思う。ひとつは、ハイリスク新生児というのは、自然にはなかなか受け入れ難い存在であるということ。そしてもうひとつは、自身も身体的や心理的危機状況にあって両親は、さまざまな思いを抱くということである。思い描いていた妊娠・出産・育児と現実の狭間にあるさまざまな情緒、すなわち受け入れ難さや混乱、傷つきや罪悪感、悲哀や葛藤、想像とはかけ離れた我が子に対する拒否感や恐怖、憎悪の感情が渦巻いている。

　我が子の最早期の疾病に起因するこれらの感情は、自然に湧き起こる致し方のない感情ではあるが、後の親子の関係に影響し、子どものこころの発達を妨げる。したがって、この最早期の親子の《関係の相互性》を見立て、両親、特に母親のこころの声を「傾聴する」という支援が必要になる。親たちのこころの声に「耳を傾ける」〔松木, 2015〕というスキルを高める必要性が、ここに浮かび上がる。

こころの声に耳を傾ける

　改めて言うまでもなく、周産期・乳幼児医療のなかで働く医師も、助産師も、臨床心理士も、その他の医療従事者も、それぞれの子どもや両親、家族に合わせた質の高いケアの必要性を認識し、そのようなケアを提供しようと日々尽力している。
　NICUでは可能な限り早期から、母乳育児支援[13]、タッチング[14]、カンガルーケア[15]など、両親と子どもが触れ合う機会を安全に増やし、両親と子どもの関係を形成しやすいように、親が親としての役割を担っていけるように、また子どもの身体とこころの発達が促進されるように支援している。しかし、それらの支援は、救命や疾患の治療、つまり急性期の処置や治療の影に埋没しがちである。そして、退院後に続く人生の、生きづらさや困難、さらなるこころの不幸につながる危険性のある《関係の相

互性》の問題は、見過ごされがちである。

　その《関係の相互性》を考える必要性は、例えば、筆者が出会ったある中核群の摂食障害患者には、実は誕生前から重度心身障害の姉がいたというように、心理臨床の場において、生きていくことの困難を訴える人びとや、そのような援助を求める人びとの家族に、最早期の疾病にまつわる《関係の相互性》の問題が、色濃く影響していると考えられるケースが多く見受けられることから明らかである。

もう一歩踏み込んだ支援　　そこで、私たちが出来る「もう一歩踏み込んだ支援」「治療者の能動性を秘めた支援」とはどのようなものかを、次節で考えて見たい。

新たな視点の導入

心の視点　　科学的根拠に基づく周産期や乳幼児期医療の現場に「心の視点」を導入し、母子関係の成立を援助する重要性を、側島〔2005〕は訴えている。特に、ハイリスク妊婦に対するアプローチの必要性や、NICU退院後にも未熟児や障害児を抱える母親の心情に対するケアの必要性を訴えている。それは、退院後に虐待や原因不明で亡くなった子どもたちがいるからである。子どもが入院中ですら一度も面会に訪れない母親や家族が、実際に存在する。NICUからそのまま乳児院に預けられる子どももいる。

　堀内〔2006〕もまた、臨床心理士が求められる理由として、周産期が通常であれば、親と乳児の親密な関係を通して、親が直感的育児を為しえるための親機能を育む時期であるにも関わらず、NICUにおいては「身体的、心理的な親子分離がこの機能を障害してしまいがち」〔p.779〕であることを挙げている。これらの提言からすでに10年以上が経過した。

　クリーグマン〔Kliegman, R.M.〕は「未熟性、新生児や母体の疾病、先天異常あるいは家族のストレスのために、母と子の対面が遅れたり正常にされなかったりすると、子どもの発育や母親の育児能力を損なうことがある」と記す〔2015, p.632〕。グリーン〔Green,

A.〕もまた「母親が乳児から不意に分離させられるといった母親との突然の心的別れの瞬間、子どもは精神生活におけるこの変化を破滅として経験する。なぜなら、警告となる信号も一切ないままに、愛情が直ちに失われるからである。この変化が自己愛の傷つきとなることについて、今更長々しく記述する必要はないだろう」〔1986, p.196〕と述べている。疾病による時期尚早な分離が母子の《関係の相互性》に及ぼす深刻な影響は、身体の治療同様かそれ以上にケアされるべき事態である。

CHAPTER 2で概観したように、人のこころの基盤となる《関係の相互性》の起源が、周産期やそれ以前に遡って存在する可能性〔Klein, 1935; Balint, 1935; Winnicott, 1968〕を考えれば、救命や身体の治療の背景に退いてしまい、見失われがちな患者と養育者との《関係の相互性》を前面に浮かび上がらせ、最早期から同時に支援する必要がある。

> 破滅

関係の相互性という視点

そのためには、筆者がこれまで述べてきた《関係の相互性》という視点の導入が必要である。最早期に起きた疾病によって、身体同様、こころの最も大切な基盤となる対象との《関係の相互性》は損傷を受け、障害される。その痛ましい現実を、私たち専門家がしっかりとこころに受けとめることが必要である。そのうえで、次のようなアセスメントする必要がある。

> 痛ましい現実を〜しっかりとこころに受けとめる

①母親や父親が、周産期にどのような気持になり、お互いにどのような交流を持っていたのか。
②生まれた子どもの現実を目前に、両親はそれぞれ子どもに対して、あるいはお互いに対してどのような感情を抱いたのか。
③怒り、罪悪感、憎悪、嫌悪、否認、悲しみ、絶望、不安など、無理もない気持は、どのように現れているか。現れていないのか。
④両親を取り巻く他の家族はどのような気持になっているか。
⑤救命され、疾病の医学的治療を受けている物言わぬ子どものこころの主観的・情緒的反応を推し量る。

そして、ようやく親子のあいだに生じる《関係の相互性》のありようをアセスメントできるだろう。親子の《関係の相互性》が、疾病という危機に際してどのように阻害されてしまったかを推測することができる。子どもの救命や治療を一任するしか

> アセスメント

ない医療従事者の前では、両親の本当の感情は、往々にして言葉では語られないこともこころに留めておくべき事柄である。
　私たちは、自らのこころを使って、目の前にいる子どものこころと親のこころがどのように、どの程度行き交わなくなってしまっているかを理解する必要がある。

精神分析的に理解すると

　《関係の相互性》という視点を導入したならば、次にそれを〈転移・逆転移〉という精神分析的思考で理解してみることを提言する。それは、セラピストが患者や養育者となる人に対峙したときに浮かび上がる。表情や動作、子どもへの面会の回数など、ふとしたときに感じ取れるものもある。何よりも、セラピスト自身がその赤ん坊や親に会ったときに何を感じるかを感知することが重要である。

> セラピスト自身が
> 〜何を感じるかを
> 感知する

　観察することや聴くことから理解が生まれるように、能動的に「耳を傾ける」には、相手の立場と思いに実際にこころのなかでなってみることや、そのように思っている相手の世界に能動的に身を置きながらも客観的視点を失わずに、二つの視点を維持すること、それから、ここまでの理解の仕方をとりあえず忘れたやり方、つまり「もの思い reverie のこころ」で患者との時間を過ごすことが必要だ。と松木〔2015a, 2016a〕は述べている。

　そして松木〔2015a〕は、私たちが「こころの臨床家」として耳を傾けるのは患者の「こころに出会う」ためであると述べ、「何かを聴き取ろうとする聴き方は、表面的には受動的に見えても、そこに聴き手の意図が確実に働いている、能動的なもの」〔p.27〕であるとしている。その能動的な「耳の傾け方」、すなわち理解されることを切実に求めている「こころに出会う」ための一つの方法として、次のような「耳の傾け方」を松木は提示した。それらは、以下のようにまとめられる〔松木, 2015a, 2016b〕。

> 耳の傾け方
>
> 理解されることを
> 切実に求めている
> こころ

ステップ①：「相手の在り方に没入すること」つまり患者の立場と思いになってみること、その人の世界に能動的に身を置くこと。
ステップ②：彼／彼女の立場になったところで「……と、この人は思っている」という離れたところから客観的にその人を見る視点を併せ持つこと、そして、この①と②のバランスを確立すること。

ステップ③：味わっているその彼／彼女の体験を自分自身の体験として味わうこと。こころの痛みや苦しさを体験的に知ること。
ステップ④：同じ感覚にあるずれを細部に感じ取ること。
ステップ⑤：①から④を背景に退けて、漂うように受け身的に聴く。
ステップ⑥：ここまでの理解のしかたを、とりあえず忘れたやり方、つまり「もの思い *reverie* のこころ」で患者との時間を過ごすこと。

そして何よりも、親と子に出会った瞬間に私たちのこころに感じた情緒を捉えることである。その〈逆転移〉は「耳の傾け方」から得られた理解と照合して吟味される必要がある。

能動的で専門的なこころの支援

そして、親子への介入法をその場に身を置きながら考える。

それは周産期・新生児医療のなかで身体治療と並行させることが可能だろう。そして入院中は両親（特に母親）に重点的に危機介入をしながら、親子の《関係の相互性》の阻害要因に耳を澄ませる、聴き届けることが大切である。退院後は親と子双方に継続的に支援する。

例えば、母乳を直接与えることができないときの母親、搾乳するときの悲しみ、内なる母性が届かない、自分の内から児に流れていかない、滞る辛さ。NICU（新生児治療室）に搾乳した母乳を届ける母親の、例えば、抱きながら赤ん坊におっぱいを吸ってもらえない苦悩。一方、赤ん坊も自然な欲求が満たされないどころか、点滴などの針が刺さり、モニターが常時つけられていることの、痛みや苦痛。

そのような母と子の別々の状態を眼前にして、まずはセラピストの身をその人の立場に置くことから始められる。切り離して客観的に捉えるのではなく、セラピスト自身のこころに受け入れることから始める。

加えてそのためには、"こちらから触れなければ語られない内的世界"における情緒の存在を知っておくべきである。微かな変化から子どもの訴えに耳を澄ませる必要がある。それは、私たちが「もの想い *reverie*」〔Bion, 1962b〕のこころのありようでNICUや病棟のなかにいることである。

それでは本書の後半【四つの出会い】では、筆者が関わった

精神分析的心理療法のケースを提示し、疾病に影響された対象との《関係の相互性》について検討する。

*１：低出生体重児：出生時体重が2,500g未満で生まれた新生児のこと。そのなかで、出生体重1,500g未満で生まれた新生児は極低出生体重児 very low birth weight infant、1,000g未満で生まれた新生児は超低出生体重児 extremely low birth weight infant と呼ばれる。

*２：早産児：在胎37週未満で生まれた新生児のことをいう。

*３：低出生体重児や早産児が増加している理由：増加傾向にあった新生児の体重が1980年をピークに減少している。原因は複合的であるとされるが、特に①若い女性のやせ、②喫煙、③不妊治療の増加等による複産の増加、④妊婦の高齢化、⑤妊娠中の体重管理、⑥帝王切開の普及等による妊娠週数の短縮、⑦医療技術の進歩などが指摘されている〔中村, 2002; 厚生労働省, 2014; 出版年不明; ヘルスネットメディア, 2013; 吉田ほか, 2014など〕。他の先進国では医療技術の進歩や女性の体格向上に伴って出生体重が増加していることを考えると、日本の状況は特異的である〔厚生労働省, 2014; 吉田ほか, 2014〕。

*４：特定非営利活動法人新生児臨床研究ネットワーク：「新生児医療の学術研究、知識の交換及び教育指導等に関する事業をおこない、もってわが国の母子の健康と福祉の向上に貢献することを目的とする」法人。2004年に組織化、2013年に再編・設立された。

*５：表をまとめるに際して、内容を損なわない程度に表記を統一した。

*６：心理臨床学分野の主要専門誌のひとつ。各疾病に対する論文数を学会HPから調べた〔2017年8月10現在〕。

*７：助産学分野の主要専門誌のひとつ。各疾病に対する論文数を学会HPから調べた〔2017年8月10日現在〕。

*８：NICU：neonatal intensive care unit の略。新生児集中治療室。「新生児の救急・特殊・集中治療を行う病棟あるいは部門。これのみが独立して設置されていることもあるが、近年は胎児期から新生児期までの一貫した医療を目的として周産期母子医療センターを構成する新生児特殊治療施設の中心となる部門として運営されるようになりつつある。わが国では、厚生労働省により施設基準が定められている」〔伊藤, 2009〕。

*９：『心理臨床学研究』：一般社団法人日本心理臨床学会が定期発行する学会

誌。日本心理臨床学会は1982年に創立され、2016年6月30日現在、会員総数28,330名・社の日本で最大の会員数を擁する心理臨床学分野の学会〔日本心理臨床学会, 2017〕。

＊10：『日本助産学会誌』：一般社団法人日本助産学会が定期刊行する学会誌〔日本助産学会, 2017〕。

＊11：医学書院医学大辞典には「児に関連する何らかの因子により児の生命および予後に対する危険が高いと予想され、出生後のある一定期間観察を必要とする児をいう。この背景には一見正常のようにみえる新生児の中に重症な疾患または問題を抱えている児が含まれていて、その児に対しては綿密な観察が必要で、いったん問題が発生した時に速やかな対応が要求されるという意味が込められている」と記載されている〔伊藤, 2009〕。

＊12：ハイリスク新生児：論文中には「疾患をもつ児、未熟児、ハイリスク妊婦から生まれた児など、何らかの処置や十分な観察が必要な新生児」と定義されている。

＊13：母乳育児：breast-feeding。「乳児期の栄養として離乳食を除けば、母乳のみで必要とする栄養を摂取させること。栄養学的にバランスがとれているだけでなく、感染防御、神経系、免疫系の発達、母子相互作用の点など多くの利点がある。乳幼児突然死症候群の発症も少ない」〔伊藤, 2009〕。

＊14：タッチング：touch careのこと。「タッチはふれあい、ケアは親と子どもが互いに癒される意味をもつ。すなわち親が子どもにやさしくタッチすることで、親子の絆をより強くする目的がある。対象は、当初は低出生体重児、新生児、幼若乳児であったが、最近では乳幼児、学童にも広がりをみせている。方法は、基本は子どもを寝かせ親が向き合うスタイルで、リラックスして、顔、胸、腹部、背中、手足と順に全身を皮膚の色が少し変わるくらいの気持ちよい強さで、指と手を使って触れていく。しかし必ずしも方法、順序にこだわる必要はない。効果は子どもの皮膚に触れることで、互いにやさしさとやすらぎを感じ、よいコミュニケーションが生まれ、リラックスする」〔伊藤, 2009〕。

＊15：カンガルーケア：「赤ちゃんを裸のまま母親の乳房の間で抱っこするケア」〔鈴木, 2012〕。

四つの出会い

病むこととは? 生きることとは?

CHAPTER 1
阻まれた「つながり」
そして孤独

ここで提示するのは、不登校を主訴に来談した思春期女性患者Asukaとの事例である。

　心理療法の経過中にAsukaは「一人になってしまう」不安を語り始めた。度重なるその訴えは、先天性股関節脱臼の治療のために固定用ベルトを長らく装着され、自由に身動きできない状態の彼女を、図らずもセラピストのこころに想起させることになった。彼女のこころ、すなわち内的世界にある乳児期からの《関係の相互性》のありようについて、治療経過をたどりながら考察する。

先天性股関節脱臼の長期治療

　初診時10代の女性だったAsukaは、複数同胞の末子として育った。父方祖父母も同居するが、祖父は彼女が4ヵ月時に死亡している。家の離れに住む祖母とAsukaがいつ頃から一緒に住み始めたのかは、はっきりしない。

　赤ん坊のAsukaはよく寝る子で「死んでいないか」と祖父が心配になり、母親に見に行かせたほどであった。生後3ヵ月の健診時に先天性股関節脱臼[*1]を指摘され、それから1年3ヵ月ものあいだ、固定用ベルトを装着していた。そのためハイハイが出来なかったという。

　当時のAsukaについて母親は『手のかからない、よく寝る子だった』と報告し、幼児期から児童期にかけても『「やさしい、かわいいAsukaちゃん」と周りからいつも言われ、自分の子ではないのでは？　と思うくらいよく出来た子』だったと語っている。

　ところがAsukaは、中学1年の二学期頃から『友達に嫌われている感じがする』と学校を休み始め、三学期からは完全不登校になった。高校でも『嫌われているような気がする』と、一学期から学校を休みがちで、『二学期も同じようにならないか心

先天性股関節脱臼

配。一人になるのがイヤで、嫌われてなくても不安になってくる』と、母親と共に当時筆者の所属した民間の相談機関を訪れた。

以降、筆者とは週一回50分、対面法での個人心理療法を有料で進めた。

── 名づけられなかった声

●p8『もの想うこころ』母親は娘のことを〜こういった問いは、彼女に尋ねることはなく、私のなかにしまわれた。

小さい頃から「やさしい、かわいいAsukaちゃん」と周りから言われていたように、セラピストとの面接場面でも彼女は可愛らしく、柔らかな感じであいさつし、礼儀正しかった。

不登校

第1期　不登校：動けない自己と離れていく他者 [#1-#41]

Asukaは面接開始後に『胃が痛くなったり、喉がつかえたり、気持悪くなる』と、身体の不調をよく訴えた。

「嫌われるのではないか、自分のスペースがなくなるのではないか、友達がしゃべってくれないんじゃないか」と常に気になって、学校を休んでいた。不思議なことにセラピストとの面接には、母親に伴われて欠かさず現れた。そして、以前交流のあった二人の同性の同級生とのあいだで「一人になるのではないか、自分だけ嫌われるのではないか」という不安が常にかき立てられること、かといって自分からは話しかけられないこと、を語った。

「同じような不安は、セラピストに会いに来るときにも彼女のなかに湧き起こるはず」とセラピストは想像したが、その不安はセラピストにはまったく伝わってこなかった。そのような、彼女が感じているであろうセラピストとの関係をセラピストが語ると、『仲良くなりたいために悩みを言っている。異様に好かれたい。嫌われたくない』と応じた。また「自分のことを忘れないで欲しい」「誰かに何とかして欲しい」と思っていることを、ポツポツと言葉にした。

セラピストは彼女の『友達に嫌われているような気がする』

という訴えがどういう性質のものか、把握できなかった。何を聞いても『嫌われている感じがする』の一点張りで、他の感情表現がない彼女の内面を、ほとんど理解できなかった。セラピストは手応えのなさを感じた。

●p9「もの想うこころ」
(私は)そんな風に少し批判的に思う自分に、～落ち込んだ。

　面接開始時から約半年経つと、『気を遣う場所とそうでない場所がよくわかった』と、彼女は保健室の個室へ登校するようになったが、『嫌われるような態度をしないように気を配らないと、一人になってしまう』という訴えは変わらなかった。掴みどころがない語り口は続き、何をどう感じているのかを汲み取ろうとするセラピストとの対話において、しばしば彼女は『自分の気持がわからなくなる』と言った。
　冬休み明けの面接で『しばらく連絡がなかった友達から連絡があって嬉しい』と語るAsukaに、セラピストとの間柄のこととして語っても、『わからない』と、彼女のこころには響いていないようだった。自分は『誰からも好かれたい。だから八方美人で、どんな人にも愛想を振りまく』『嫌われるのが本当に怖い』と言う。自分を出さないように、自分の嫌なところを見せないように気を遣ってしか話さない彼女に、セラピストとの関係においても同じことが起こっていると介入しても、『たった今は嫌われていない方に傾いている』としながらも、瞬時に『これから先はわからない。ずっと好かれているとは思わない』と、友人とのこととして語るのだった。
　彼女はまた、複数の人の視線を感じると、自分のことを『みじめな感じ。あわれみ、見下したようなかわいそうと思われている感じがして怖くなって、どうしていいかわからない』と言った。
　Asukaの「嫌われる自分」という信念は強固だった。『夢のなかでも嫌われている』『近くで火事が起こる夢をよくみる』と語り、自分から離れていく人のことを語った。夢については、『離れていく人がいつもいて、だから嫌われていると思う。気が付いたら違うところにその人はいて、「あ、戻って来ない」と思う。もとが優しかったその人の顔が、だんだん怒ったような顔になって、きついイメージになっていく。もとはやさしかった、一

緒にしゃべっていた友達の顔』と言った。

彼女は「どうしたら嫌われないようにできるか」ということばかりに考えを巡らせていた。そして、それは「自分の気持がわからなくなる」ことにつながっていた。

第2期　素の自分を表出する：関係が壊れる恐怖 [#43-#74]

やがてAsukaは自分のことを『愛想笑いが多く、自分を出さない。自分の嫌なところをみせないようにしている』と、少し客観視して語るようになった。自分自身の思いや悩みや困難を語ることは、彼女にとっては、人に迷惑をかけることになり、自分が嫌われる要因になってしまうのだった。『しゃべるのに慣れていない。思いつきをしゃべったら、嫌われたり、嫌がられたり、離れて行ってしまう』という不安が、小学校低学年から自分にあり、そのことを思い出すと『こころが痛い』と言った。一方で『母親に甘えたい』『かまってくれなくなったのはさびしい』とも語った。

この頃から、保健室の個室に一人閉じこもるのではなく、自ら他の生徒と話すようになった。そこでの話題に入れそうで入れない感じのとき、保健室の先生に『しんどいの?』と聞かれて、『あ、自分はしんどそうなのだと思った』と語るAsukaに、セラピストは驚きを感じた。「自分の感じていることを現す言葉をAsukaはまだ持たないようだ」と気づいたのだ。

《自分の気持を人に言ってもらって初めてわかったのね》とセラピストはAsukaに伝えた。彼女は頷き、にっこり笑った。彼女はセラピストとのことを、安心できる存在として、また「お母さんの他に言うところ」として感じ出しているようだった。セラピストが彼女に非言語的に伝えていた「本音をもっと言っていい」というメッセージも受け取っているようであり、そのことは友達とのあいだのこととして語られた。

しかし彼女にとっては、自分の感情を思いのままに「言葉に出すことは関係が壊れる」不安に常に直結した。それは「どう感じたのか」「どう思ったのか」を明確にし、彼女の情緒にいちばん近い言葉を探し続けるセラピストとのあいだでも同じことだった。

● p11
一年経っても、私は"共感"できない自分に苛立った。ときどきくじけそうになった。

中学1年のときに同じ悩みで出生時の小児科にかかったことがあること、その頃の「一人になる不安」、学校に行けないときに強制的に母親に連れて行かれ泣いていた自分を彼女は想起した。これらを振り返りながら、そうした辛かった体験を言葉にしたい、誰かに伝えたいと思っている彼女が、少しずつセラピストの前で現れるようになった。その一方で、喉元まで出かかっている自分のこころの内側を率直に出すことは、「関係が壊れる」とても恐ろしいもののように体験されていた。

　とまどいながらもAsukaは少しずつ、自分の気持についてエピソードを交えてセラピストに語るようになった。例えば、その頃、母親と祖母と彼女の三人でとることの多い夕食にまつわる腹立ちを語った。自分が何を食べたいのかわからないのに、何を食べたいのかと母親や祖母に聞かれると腹が立つ、と言った。あるいは、男性に好かれたいし可愛いとも思ってもらいたいが、実現すると相手のそういう気持が気持悪くなり、「自分に好意をもつはずがない」「男の人は嫌だ」と思う、と言った。
　この頃Asukaは、家のなかで人に追いかけられている夢をよく見ていた。追いかけられ、死にそうな、殺されそうな恐怖で目が覚め、隣室で寝ている祖母の部屋の前まで立っていくのだが、起こすのが悪いと、その恐怖を一人でやり過ごしていた。
　保育所に通う頃に寝ぼけてパジャマを着たまま風呂に入り、兄に発見されなかったら『朝まで入っていて溺れていたかもしれない』、お風呂から『自分で出るという行動にはでなかった』というエピソードも同時期に思い出し、セラピストに語った。
　50代の女性や女の子に追いかけられて逃げる夢を数日間立て続けに見、『追いかけられもう駄目だ、と思ったときに、その人と仲良くなれて手をつないで歩いていった』というような夢の結末を語った。そして、その後、そのような夢を語ることはなくなった。
　自分から『素の自分を出すことは、ぜったい怖い』Asukaが存在し続けていた。

● p12『もの想うこころ』
何度目かの冬が巡った頃のある日〜

第3期　漂う情緒：相互性の始まり [#75-#111]

　　セラピストとの面接には休まず通い続けていたAsukaは、徐々に学校での滞在時間や滞在場所を増やしていた。この頃、面接日だけは父母と三人で食事をして帰宅している、ということが初めて語られた。母親に対しては『自分の苦しみを取って欲しい』と言い続けてきたが、最近は言っても結局『かたまりがお母さんに行くだけで、捨てきれない。お母さんが怖くなる訳じゃないけど、漂っているだけで。他人は吐き出せて、捨ててくれる』と語った。

● p13
ほんの少し〜わかってきたように思った。

　　こういった展開の数ヵ月後に、彼女は高校受験時を再現するように、家庭教師の援助のもと、大学を受験し、合格。登校に向けての準備をするようになった。同じ頃、悩みを解決することを『急いでいる。ここに来ることをやめるかやめないかを考えている』とセラピストに、本音ともとれる言葉を語り始めた。

　　一方、セラピストは、支持的に接し、情緒にいちばん近いであろうと想像される「言葉探し」に始終した今までの面接方法では、彼女のこころのなかに自分の確からしさというものが十分育くまれていないことを感じ、途方に暮れた。焦りも感じていた。「以前Asukaが報告した夢のなかの人物のように、ただ彼女の気持が知りたくて追いかけ回しているだけではないか」という思いも、セラピストのなかに湧き起こっていた。「Asukaがセラピストとのあいだでいったい何を体験しているのか」「セラピストがどういう言葉で彼女に語りかければ自然なこころの動きとその表出を彼女自身がすることにつながるのか」、それがわからないという感覚のなかにセラピストは留まっていた。

● p14
私は一体どうすればよいのだろう？　そんなことがわからない自分が情けなかった。

　　そのことをセラピストはずっと考え続けていた。Asukaのこころのなかにある「自然な気持がわからない」ということ、「それを表現すると嫌われるという怖さ」「一人になってしまう恐怖」を思った。

心象

　　するとあるとき、次のような心象がセラピストのこころに浮かんだ。
　　以前、Asukaの幼少時のエピソードとして聞いた、「固定用ベ

ルトをしたまま一人、竹藪近くの離れに寝かされていた赤ん坊」の姿が、セラピストの脳裏に浮かんだ。そのとき、赤ん坊は身動きもままならず、自然な欲動の生起も誰にも気づかれず、情緒は名づけられず、そばに誰もいない恐怖に、泣くことすらあきらめざるをえなかった、という考えだった。

　一人固定用ベルトをはめ、畳の上に置かれ、動きたくても動けず、自分自身が投影した破壊的な対象にさらされ続けなくてはならなかっただろう。そのようなことが、セラピストのこころに浮かんだ。『どうしたの？』と聞かれたときには、赤ん坊はもう「手のかからない良い子」になっていたようだ、という考えが生まれた。

　セラピストは、そのような彼女に対する理解を自分自身のこころに抱きながら、面接を続けるようになった。すると不思議なことに、Asukaが面接場面で本音を語ることが多くなった。
　例えば、高校を卒業し、大学が始まるまでのあいだ、自動車教習所に通い始めた彼女は、あるときセラピストに『少し人を見る余裕が出来てきた』ことを語りつつ、教習所の先生とのやりとりのなかで感じたことを、次のように描写した――『ギアを戻すのを忘れたとき、「いま何をしないといけない？」とか「何か忘れてるな〜」とか言われたら、嫌味に聞こえる。それで「怖い」って思って、グサッとくる』『そんなふうに怒られたら、悲しくなる。理由はわからないけど、目頭が熱くなる。涙が目に溜まってくる』『それで『わたしって、腹が立つ人なんだ。前から好かれてなかったんだ』って思ってしまう。だから〔人は自分に：筆者加筆〕きつく当たるんだと思う』『愛情をもって怒られたことはない』。セラピストはAsukaの傷つきやすさに内心驚きつつ、「怒られるということは、彼女にとって「存在の否定」と感じられるのかもしれない」と感じた。
　家族とのやりとりの話では、家族全員での旅行が自分の提案で叶った話のなかで、気を遣って足の痛い祖母の荷物を持ってあげる話をした。それは別に祖母をいたわってのことではなく、他の家族がそうするのを見たからであること、その一方で、日常的に祖母から頼まれ事があるときには、いつも不機嫌になり

● p16『もの想うこころ』最初の頃にしていた〈離れていく人〉の夢も、腑に落ちるものになった。

『自分が不機嫌になると、おばあちゃんのこころを弱めている。老人は可哀想って感じがして、もうすぐ死ぬって思う』と語った。

人から注意されたり怒られたりすることは、彼女にとっては怖く悲しい体験になり『涙が目にたまってくる』と言い、自分は腹立つ人なのだ。好かれない人なのだと語る。彼女のなかでそういった心配が強くなると、「人から無視される」のではないか、「集団リンチに合うのではないか」という怯えが強くなり、「そうならないようにしゃべらなくてはならない」と思っている自分がいることを語った。

セラピストは、Asukaのこころのなかにいつも「人から注意されないか、怒られないか」という心配があり、そういった心配がだんだん大きくなること、そして本当に無視されたら傷つくだろうと思うAsukaがいること、また現実にそうなってしまうかもしれないと思うと怖くてたまらなくなるAsukaがいることを伝えた。この理解はAsukaに届いたようであり、『それが、いちばん、自分のなかにあると思う』と、深くゆっくりと肯いた。

治療開始から2年8ヵ月後、Asukaは大学に通い始め、面接にも自分で通うようになった。いろんな人と最初は話せても、一人にならないか『後で心配なの』と、『よくわからない悲しさ』でポロポロとセラピストの前で初めて泣いた。彼女が今まで一度も人前であらわすことができなかった"奥深い寂しさと悲しみ"に、セラピストは初めて触れた気がした。

セラピストは《友達がまったくいないのも、一人ぼっちで嫌だが、関わりができたらできたで、また一人にされないかという心配が起こってくるのでしょう》と、彼女のなかにあると感じられた心配を言葉にした。そして《同じ悲しみはこれまでもAsukaのこころに存在し、セラピストに対しても感じられた》こと、《でもそれは、今まではこころにしまい込まれていた》こと、《今回はセラピストとのあいだで泣けた》ことを話した。《Asukaが素直な自分の気持をあらわしても一人にさせられることはない》ことも伝えた。

● p18
人のこころは奥深く、記憶の彼方に秘められた体験があるのだ。

するとセラピストに「会いたい」「一番に思って欲しい」という気持や、「何とかして欲しい」という気持、けれどもなかなか辛さが減らない苛立ちや怒りを、少し見せるようになった。

　しかし、そういった彼女の感情はほんの僅かに垣間見えるだけで、いつも辛いときに「自分の部屋で一人で声を挙げたり泣いたりしている」孤独な彼女がいた。セラピストは《いつもそうやって自分一人で、泣きたい気持をしまいこんでしまうAsukaさんがいる。でも一方で、その苦しさをセラピストにわかって欲しいと思っているAsukaさんもいる》と、その僅かに見える彼女の寂しさや孤独感にセラピストが触れようした。しかし彼女は『考えていても変わらない』『人前で泣いても楽にならない』と、セラピストの差し伸べた手を突っぱねるような態度に出た。

　セラピストは《楽になりたいけれど、楽にしよう、とは自分ではなかなか思えなくて、どうしていいかわからない》《セラピストとはそういうことを一緒に考えていこうとしているのだけれど、なかなか一人にされる不安が消えない》と、度々、理解を伝えたが、Asukaのすねたような態度は続き、『ここに来たい』『何とかしてくれると思っている』のに、来ても『わたしの気持のなかが晴れない。はっきりわかる解決がない』と、セラピストに不満をぶつけた。《スッと軽くなったり、心が晴れたりするのを期待して、ここにわたしに会いに来るのに、そうはならないから、とてもわたしにがっかりするのでしょう》とセラピストが伝えると、うなずいて肯定した。そして、セラピストは《こころのどこかで「そんな一度には解決とかしない」とわかっていても、そう願わずにはいられないAsukaがいるようだ》と続けた。しばらくの沈黙の後、Asukaは、面接に来ることの意味を問い、セラピストに対する不満を言い続けた。

　一方で彼女は面接の終了時間に、立ち去りがたい様子を見せた。そして、セラピストとの面接時間について『終わった後、待ち遠しいのがある。終わった後が次までいちばん遠い。前の日には「ここに来たい」と思って話しに来て、この時間が終わったあと「明日からどうなるんだろう」って思う』と語った。

● p19『もの想うこころ』
私たちはその瞬間、確かにこころを通わせあうことができたと思った。

セラピストは、セラピストに対する繊細な内面を語る彼女に驚きを覚えた。それはちょうど、乳児のときに固定用ベルトを装着され、寝かされていた赤ん坊と母親との関係で起きていたことだった＊。そのときのAsukaの素直な気持のあらわれだった。

第4期　素の自分にふれる：相互性の体験 [#109-#139]

　ようやく、治療関係のなかでAsukaとの情緒交流が起こり始め、セラピストはこれまでの面接のように、彼女に対する理解をそのまま彼女に解説するのではなく、面接場面での"いま-ここ"で起こっている彼女とセラピストとの関係のなかで〔Riesenberg-Malcolm, 1986〕、彼女の内面のあり方とセラピストのAsukaの心的機制への理解がずれていないことを確かめながら、解釈を続けていくことにした〔東中園, 2000〕。

　Asukaはセラピストとの関係の深まりとともに『セラピストに「もっと気持をストレートに言ってくれていいのに」と思われている、と思う』と語るようになり、『会話の練習をしなきゃと思う』と、自分が気持を言い慣れていないことを自覚した。

　例えば彼女がセラピストに会えた嬉しさから思わず笑顔になったとき、セラピストにもその嬉しさが伝わって来た。《「セラピストに会えて良かったなぁ」という笑いですね》と言うセラピストに、『たぶん、そう。「会えて良かったなぁ」という……』と彼女はいっそう笑顔になった。

　『合宿に持っていく鞄が人と違っていたら恥ずかしいと思う。悪く思われると思ってしまうけど、でもきっとそれは自意識過剰で「実は人はそんなに思ってないかも」とも思う』と話す彼女に、《自分が持っていく鞄が人から悪く思われないかとても気になるけど、そんなに気にする必要も実はないかも、とも思う気持もある》と、彼女の揺れ動く気持を指摘すると、『そう悩みつつ、合宿に行くつもり』と受け入れた。

　またある回では、好きになった男子のことを話すも、『ちょっとイヤなところも見えてきた』と言うので、《セラピストに会っていないときは、セラピストが何でもかなえてくれる存在に感じられるが、実際に会って話してみるとそうでもない。「がっかり」と思う気持と似ている》と伝えると、肯定し、その男子の

● p21
独りぼっちで寝かされている恐怖。〜かすかな泣き声は届かない。

イヤな面を言い続けた。

　そうしたやりとりが続いた後の初回から3年と5ヵ月が過ぎたころ、今まで主に面接場面外で遭遇した友人たちとのあいだの出来事をセラピストに話してきた彼女だが、ついに話すことに『ネタ切れ』となり、『うまくしゃべれない、おもしろくしゃべれない』『自分は人から好かれないと感じている』と語った。《ここでもそんな感じがするのでしょう》と、そのことをとりあげると、セラピストとのあいだでも彼女は、うまく語れない自分に苛立ちを覚え、セラピストに対する腹立ちを語れない自分がいるということを語った。

　しかし、内面を語るということは、不慣れなAsukaにとっては非常に苦痛を伴うものだった。大学生活は無事に過ごせるようになっていた彼女はついに、セラピストに『面接をいつ終了にするのか?』と問い掛けた。セラピストは《Asukaが望むような生活がそこそこ出来るようになってきた》ということ、その一方で《面接を終わることへの不安がAsukaのこころのなかにある、と感じられた》ことを伝えた。

　しかし、その次の回では終了の話は出ず、寂し気な彼女の様子にセラピストが言及すると、Asukaは『実は寂しい思いをしているが、人前で泣けない自分、「人前で泣くと相手が困るし、迷惑をかけ、嫌われてしまう」と感じる自分』を語った。セラピストは《いつもそんな風に「相手が困る」と思ってしまうあなたがいる。ここでも、あなたが泣くとわたしが困るだろうし、わたしから嫌われるのではないかと不安に思っている。でも、一人で泣くのはとても寂しいことだし、Asukaが一人で泣いていると思うと、すごく寂しく感じるよ》と伝えた。じっと聞いていたAsukaの表情は、晴れやかになった。彼女のこころのなかにある「関係を続けることへの不安と、寂しさと、切なさ」に、二人が触れあえた瞬間だった。

　以来Asukaは、辿々しいながらも、自分のこころのなかに湧き起こる感情を体験し、それを表現しても壊れない関係をセラピストとのあいだで育んでいった。涙を見せても、寂しさや悲

● p23「もの想うこころ」
あいまいに答えながら、「これで終わってしまうのか」と私はとても残念に思った。

しさを語っても、不満や腹立ちを言っても壊れない関係を繰り返しながら、セラピストとのつながりを「安心できる確かなもの」として実感しているようだった。
　その後しばらくは終了の話は出ず、セラピストとのあいだでは「素になれるかなれないか」がテーマとなり、面接の休みや面接中の対話と沈黙をめぐってのやりとりが、Asukaにとっては自然な自分を表現することにつながっていった感じがある。#136で「いつまでここに来るか」を再び問いかけたAsukaは、『一度、間隔を開けて来てみたい』と言った。
　1ヵ月後にAsukaは『人は、人間として自分を嫌っていたわけではない、とわかった』こと、『ここに来ても、全体の解決にはまったくもってならない』が、以前と変わらぬ場所とセラピストを確認し、大学での体験を語り、そして自ら『たぶん、終了にする』と、実感を伴った涙を流した。
　ようやく彼女の「一人になってしまう」という怖れもいくぶん和らぎ、セラピストとの関わりのなかから一歩踏み出したところで、Asukaとセラピストの面接は終了した。

● p25
私のなかに、危なっかしい小さな子どもを送り出す親のような感覚が残った。

心象の住み家

　第1期から第2期にかけての治療場面においては、Asukaとセラピストのあいだで表面的には対話しているように見えても、二人のあいだに、こころに響く《関係の相互性》は起こっていなかった。Asukaは自分が体験しているであろう情緒そのものさえ捉えられていなかったし、セラピスト自身も、彼女のことを知りたいという感覚はあるものの、わからず、こころに彼女に対する目立った情緒は湧き起こらなかった。
　Asukaの「一人になってしまう」「人が自分から離れていく」「人に嫌われる」という訴えの背後には、「自身の願望や欲求や情緒が内面で自然に自発的に湧き起こった瞬間があったとしても、外的対象は離れていくためにそれらは届かず、受けとめてもらえない」という不安があるようだった。泡のように漂って

消えてなくなってしまう感覚と、怒ってきつくなって戻ってくる対象が、彼女のこころに存在するようだった。

　ここでは、治療状況でのAsukaとセラピストとの《関係の相互性》を振り返り、①乳幼児期に先天性股関節脱臼の治療のために固定用ベルトを装着され、型にはめられ身動きできない状態であったことが、Aのこころのありようを形づくってきたと考えられること、②その早期外傷場面が治療状況全体に実演されていたと考えられること、③セラピストのこころに文字どおり、その情景の住み家ができることによって、Asukaのこころとセラピストのこころの《関係の相互性》が徐々に生じてきたこと、を考察する。

① 治療のなかで阻まれた相互の関わり

　コックスとカーノハン〔Cox & Kernohan, 1998〕は、股関節脱臼を治療するために固定用ベルトを装着した、日増しに大きくなる子どもを養育することについて、質問紙研究を実施し、特に生後3ヵ月以降に診断された赤ん坊を抱える親は、新生児期に治療された赤ん坊を抱える親よりも、さらなる「扱いづらさ」を体験すると報告した。

　すなわち、親は、自分では動きにくく座りにくい子どもを抱えて移動しなければならず、日常の活動が妨げられ、その活動の困難さから孤独感を味わう。子どもは、床に寝かされている場合は特に尊厳を失う場合が多く、環境を探索することや行動することから発達に必要なさまざまを学ぶはずが、不安のために親に依存する度合が強くなる。また、他の子どもたちとの関わりが少なくなり、社会性が育たなくなる傾向があるというのである。

　ロッコ〔Rocco, 1992〕もまた、先天性股関節脱臼の治療のための装具が、ある女児と母親との関係に及ぼした影響について記述している。

　すなわち、母親自身が心的に抱えている困難もさることながら、生後すぐから4ヵ月まで赤ん坊が装具を装着しなければならないということが、明らかにこの親子の状況を悪化させてい

> 泡のように漂って消えてなくなってしまう感覚と、怒ってきつくなって戻ってくる対象

> 治療のための装具

たというのである。

　母親にとっては、装具があるために簡単には赤ん坊を抱けなくなり母乳を与えづらく、身体接触がし辛くなっていた。両親共にそのことは赤ん坊にとって剥奪となっていると危惧していた。特に母親は、自分の子どもを「損傷を受けた赤ん坊」「普通ではない赤ん坊」と認識したために、赤ん坊のニードに自然に応じることがとても困難であった。そして赤ん坊が泣いたとき、母親は非常に消極的で「凍りついたように」なってしまい、欲求を汲み取れずどうしていいのかわからなくなるか、実際にその場からいなくなった。

　装具が取れた後は、新しい関わりが親子のあいだで見られるようになったが、その後もなお、分離の問題が見られ、それはこの最早期の影響があったのだと考えられた。

装具の影響　　どちらの研究も、乳幼児が発達する過程において親子のあいだに現実に存在する「装具の影響」に言及している。本来、母子のあいだで為される相互の関わりが、装具の装着によって極端に減少し、自然な育児ができなくなるというのである。

　装具は親子双方において、自然な身体的・情緒的交流を阻むものになっていた。さらに一歩踏み込んで、社会性や分離の問題が生じるという影響を考えると、装具を装着している期間中、外的な交流のみならず、内的な《関係の相互性》も阻まれ、そのありようが子どものこころに内在化され、その後も不幸にして影響を及ぼし続けることになったと理解できる。

　提示した事例を考えてみよう。

　Asuka は両親が住む母屋ではなく、竹藪近くの祖父母の住む離れに寝かされていた。母親は Asuka のことを「手のかからない、よく寝る子」だったと報告している。この母親の報告は、コックスとカーノハンやロッコが示した「この疾病をもつ子どもを養育する親が感じるはずの困難」から、あまりにもかけ離れている。祖父が Asuka が死んでいないかと心配して母親に様子を見に行かせるほどに、もともと自己主張をあまりしない乳児であったのだろうか。そして、この疾病の治療は不幸にして

Asukaを、さらに自己主張しない乳児へと向かわせた、と考えることはできるかもしれない。このごく早期の養育場面のありようは、ごく早期の母親との関係をあらわしている。

心理療法過程においても、彼女とセラピストとのあいだに示されたのは、自己主張しない手のかからない良い子のAsukaであった。後には、セラピストは彼女を知りたいと追いかけ続けるも、Asukaが内面を出せず、あるいは出さないことによって、二人のあいだで行き交うはずの情緒交流が起きないということであった。

不登校も、彼女が固定用ベルトを装着していた状態を再演しているようである。自らは家に留まって、まるで竹藪近くの離れに一人寝かされたように、自発的な彼女の情緒は、微かに生じたとしても友達には届かない。そして、この年代の健康な子どもに必要な同世代の友達との《関係の相互性》を享受できないでいた。

> 二人のあいだで行き交うはずの情緒交流が起きない

② 早期外傷場面の実演

治療状況においてAsukaはしばしば『一人になるのがイヤ』と語り、常に『言葉に出すと関係が壊れそう』な不安に苛まれた。そのようななか、第1期の最後に現れた夢には『離れていく人がいつもいて、だから「嫌われている」と思う。気がついたら違うところにその人はいて、「あ、戻ってこない」と思う。もとが優しかったその人の顔が、だんだん怒ったような顔になって、きついイメージになっていく……友達の顔』が現れた。この対象はいうまでもなく〈転移〉状況でのセラピストをあらわしている。彼女の振るまいと筆者自身の反応から、ごく早期の母親との関係で、その母親は「気づくとすぐ離れていく」人であり、「優しかった顔が怒った顔やきついイメージに変わっていく」人である。赤ん坊は、自分自身では動けず留まっていて、近づいては離れていく対象が、ただ離れていなくなるのではなく、次の瞬間、怒った怖いものとして彼女を襲ってくる、という彼女の内的状況をあらわしている。そして、こころにも「装具」をつけているAsukaは、治療状況でも、そのような対象の前で動けなかった。

実演
気づくとすぐに離れていく対象であるセラピスト

　一週間のうち、週一回50分だけセラピストと会うという面接の設定は、この早期の場面を実演 *actualization* していた。気づくとすぐに離れていく対象であるセラピストは、会っているときは優しく、離れていくときや離れているときにはきつく怖いものに変化する。しかし残念なことに、当時はそのことにセラピストの理解が及ばず、解釈もできなかった。

　クライン〔Klein, 1952b〕は、内的世界に良い対象を安定して確立することができ、母親のなかに良い外的な対象を見出し、それを信頼することに成功している乳児の状態について、次のように述べている。

本当に満足している乳児は、しばしば注意を要求し、自分の気持が満たされないときには泣き叫ぶし、人びとに対するさまざまな興味、関心の徴候を示す。そして、自分の仲間を見れば喜ぶし、また別なときには自分自身で自分のことを幸せにすることもできる。これらの事象は、この子どもの内的対象と外的対象についての安全感が存在していることを示している。この子どもは、不安を伴うことなしに母親の一次的な不在に耐えることができる。なぜならば、よい母親は彼の心の中に比較的安定した形で存在し続けているからである。〔p.135〕

　そして同じ論考のなかで、このように本当に満足できていない乳児の後の姿にも言及している。

貪欲さ

人びとが眼前にいてほしいという激しい欲求は、しばしばその人物そのものよりはむしろその人物から得たいと願っている注意、関心に関係が深い場合が多い。このような子どもたちは、ひとりぽっちにされることに耐えることができないし、食物によってか、あるいはこうした注意、関心を向けられることによって、絶えず満たされていることを渇望しているように見える。この事実は、貪欲さというものが、不安によって強化されていること、そしてまた、内的な世界の中によい対象を安定して確立することに失敗しているし、さらに、母親の中によい外的な対象を見出し、それを信頼することに失敗していることを物語っている。こうした失敗は、さらにそれ以降のさまざまな障害の可能性を予知させる。〔p.127〕

　Asuka のこころにも〈良い対象〉は存在せず、いつも「一人になってしまう」不安があった。自分の気持が満たされているかいないかさえもわからず、ただ一人放置されることへの恐怖があった。クラインの記述からも明らかなように、Asuka には

漠然としかし渇望する「人から得たい注意や関心」があり、その実は貪欲な自分を露わにすることを怖れていたのだろう。その貪欲さは必ず「人から嫌われる」。そうならないために、彼女は引きこもらざるを得なかった。そして、当然ながら、彼女とセラピストのあいだに《関係の相互性》は生じず、「わからない」という感覚のなかで時間が経過していた。お互いがその隔たりのなかで居つづける状況が続いていたのである。

しかし、Asuka の目前にセラピストが定期的に居続け、Asuka が本来必要としていた一対一の関わりのなかで、《自分の嫌なところを見せないように気を遣ってしか話せない Asuka がいる》《いつも嫌われないか心配な Asuka がいる》《休み明け、セラピストに会えて嬉しい Asuka がいる》などと、言葉になる以前の Asuka の情動を汲み取ろうとし、できるかぎり明確化していたことに〔東中薗, 2000; 中村, 2000〕、第1期・第2期の治療的意義を見出せるだろう。セラピストがこの時期にわからないなかに留まり考え続けたことの意義が、第3期に生きてくる。それは明確に、Asuka の早期外傷場面がセラピストのこころに"心象"として"結晶"化されることにあらわれている。

③ セラピストのこころのなかに浮かぶこと

第3期以降も Asuka は欠かさず面接に現れた。それは、少なくとも自分をなんとか表現することのできる場として治療場面を捉え、攻撃的なもの・破壊的なものを表現しても、また、愛情やつながりを求めても"壊れない""嫌われない""離れて行かない"と感じることのできる対象として、セラピストを、ほんの僅かに体験し始めていた現れではないだろうか。

しかしセラピストは彼女との面接に行き詰まりを感じていた。セラピストに届いたと感じられた彼女の情緒を明確化することだけでは、彼女のこころに変化は起きなかった。何よりも、セラピストとのあいだに《関係の相互性》は生まれなかった。そのことを考え続ける必要があった。そして、Asuka の傷つきやすさ、孤独、自然に湧き起こるはずの気持ちを感じることの困難はいったいどこからくるのかを、セラピストは考え続ける必要があった。

お互いがその隔たりのなかで居つづける状況

結晶化

面接場面でのAsukaとセラピストのあいだで、言語的に表現されている内容もさることながら、非言語的に何が起こっているのかを理解しようとしたとき〔Riesenberg-Malcolm, 1986〕、生後3ヵ月の彼女が装具をつけ一人離れに寝かされていたという心象が、セラピストのこころに浮かんだ。静まりかえったその情景は、まるでその場にいて赤ん坊のAsukaを見ているような感覚であった。視界がそこに開けたような感覚であった。そしてセラピストは、眼前のAsukaのありように、腑に落ちた感覚をもった。

視界がそこに開けたような感覚〜腑に落ちた感覚

　このような現象は、面接の地道な積み重ねの結実として、セラピストのこころのなかに患者のこころの情景が現れる、と筆者は考えている。情感を伴ったその"心象"がセラピストのこころに居場所を与えられたときに初めて、《関係の相互性》のなかでの患者のこころの真の理解が生み出される。ビオン〔Bion, 1962b〕の言う〈コンテイナー*container*／コンテインド*contained*〉とは、そのように「セラピストのこころという住み家」に患者が住まうことができるようになることではないか。そこに、重要な他者との《関係の相互性》が起きるのである。

セラピストのこころという住み家

　次節では、別の患者との精神分析的心理療法過程を提示して、さらにこの早期外傷場面の実演*actualization*とセラピストのこころに浮かぶ"心象"からの理解の深まりを考察する。

＊1：先天性股関節脱臼は、脚の付け根の関節がはずれる病気で、1,000人に1-3人が罹ると言われている。比較的女児に多いとされる疾患である。1970年代以前に比べ患者数は激減したが、それとともに関心が薄れ、最近では診断が遅れることが多いためにその後遺症が懸念されている。痛みがほとんどなく、赤ん坊が泣いて訴えることはほとんどないために、気づくのが遅れることが多いとも指摘されている。3,4ヵ月の乳児健診で発見されることが多い〔日本小児整形外科学会, 2017〕。

CHAPTER 2

分断された「つながり」

そして怯え

さて、前半【三つの視点】CHAPTER 3で述べたように、近年日本では、全出生数の9.6%の新生児が低体重で生まれている〔厚生労働省, 2015〕。低体重で生まれる子どもたちは年々増加傾向にあり、新生児集中治療室（NICU *neonatal intensive care unit*）に入院するほとんどの新生児が、生後直後からしばらくの期間を保育器のなかで過ごす。

　ここでは、低体重で生まれ吃音が主訴であった女児Michiruとの臨床素材を呈示する。誕生直後の疾病と生命を救うための方法がMichiruと養育者との《関係の相互性》にいかに大きく影響したかを考えさせられた事例である。その影響は、のちのMichiruの「ある場所に閉じ込められ放置されること」と「心身の自然な発露のしづらさ」いう反復体験を引き起こし、母親のなかにはMichiruに対する罪悪感を強く残して、我が子と真に向き合うことを妨げていた。治療の全体状況 *total situation*〔Klein, 1952a; Joseph, 1985, 2001〕にあらわれる〈転移〉を理解し解釈することがいかに大切であったか、について考察する。

全体状況

保育器の体験

　初診時3歳6ヵ月の女児Michiruは、常位胎盤早期剥離にて低出生体重児（在胎36週2日）で生まれた。仮死状態で呼吸障害を認め、新生児集中治療室の保育器に9日間入り、入院日数は20日間だった。母親は「分娩直後しばらく放置されていた」と語り、その後も「非常に育てにくかった」と語った。Michiruの退院後、母親は仕事のため一、二週間不在にすることが複数回あり、歳下のきょうだいの出産時も入院して不在になった。

　母親の主訴であった吃音は、X-1年の保育園転園直後に始まった。言葉の始めを引き延ばす、言いにくいときには顔を歪める、口だけ動かし声を伴わないなどの症状であった。それから同年に別の疾患にて1ヵ月間入院したときと、転園前の保育園

低出生体重児

保育器

吃音

に戻ったときには、吃音は少し軽減された。数ヵ月後から再び増悪し、担当医に相談。言語療法士の介入を受けた。語頭の引き延ばしとチック様症状があった。保育園に行き渋ることもあった。

初診の1ヵ月前には、きょうだいが熱性けいれんを起こした現場に居合わせ、再び吃音が増悪した。このとき両親の気が動転して、Michiru一人だけが5分程度、家に取り残された。

医師から「きょうだいけいれん時のトラウマによる吃音増悪」として筆者に紹介された。彼女は言葉がまったく出ず、辛うじて出たとしても文頭の音だけで、後の音が続かなくなっていた。その他、ひどい駄々をこねること、奇声をあげること、ひどい便秘、おねしょをしたことがないこと、母親が出て行くときの怒り方が尋常ではないこと、過食、爪かみ、保育園で表情なく一人ポツンとしており緘黙児ではないかなど、さまざまな心配が母親から寄せられた。

病院内の面接室には、ドールハウスと布製の家族人形などいくつか、共有のおもちゃがあった。Michiru専用のおもちゃ箱も用意し、なかには画用紙、折り紙、クレヨン、色鉛筆などを入れた。保険診療にて週一回50分の母子同席面接を約1年間進め、その後はMichiruとの精神分析的プレイセラピー[*3]を45分、残りの15分を母親との環境調整にあてた。新生児科医師と小児科医師の診察も1〜数ヵ月に一回程度、続いた。

● p37『もの想うこころ』
（私は）そんなことは尾首にも出さなかったが、自分に何ができるのかと不安だった。

精神分析的プレイセラピー

環境調整

絶たれた声

第1期　家の内と外：取り残された恐怖 [#1-#48]

母子同席で始めた面接でMichiruは無言で、赤い救急車らしきものの絵、お化けと泣いている風船の絵、赤でぐちゃぐちゃのなかに人らしきもの（＝ママ）がいる絵を多く描き、ガチャピン[*4]にティッシュで包帯をしてベッドに寝かしつけていた。特に「赤い救急車が走り去り、三人の人と大便が描かれ、そこから少

し離れた所にいる人の大きな顔がグチャグチャにオレンジと黒に塗りつぶされた」一枚の絵は、きょうだいけいれん時に、その状況を目の当たりにしたと同時に母親を突然見失ったMichiruの衝撃と恐怖を如実に現していた。自分に現実に起こったことを実にリアルに表現し、伝えたがっていることへの驚きと、その痛々しさにこころを動かされながら、セラピストは救急車が来たときの怖さについて語った。

　さらに面接を重ねると、ポツ、ポツとした発言が出てきた。絵本を読んでもらいたがるようになったMichiruに、母親は、自分の趣味の絵本ではないとして応じなかった。セラピストは《お母さんの読んであげたい絵本とMichiruの読んで欲しい絵本とが、どうも違うようですね。でも読んであげてみて下さい》と介入した。母親はそれには素直に応じた。3ヵ月ほど経つと、文頭の引き延ばしや繰り返しが見られるものの、『Michiruはうんこ出ない』などと文章での発言が少し見られるようになった。

　セラピストの都合で二回面接がなかった次の回では、ガチャピンはティッシュに埋もれて見えなくなり『お、お母さん行ったから泣いてる。と、遠いところに……』と吃音がありながらも、自分が語る内容の絵をクレヨンで描いた。セラピストは、彼女の悲しみを思って、とてもこころが痛くなった。人物画を描くことが多くなり、その口はいつも曲り、べーと舌を出していた。母親やきょうだいの絵は描くが、自分の絵は描かれなかったり、描いても黒でグチャグチャに塗りつぶされていた。

　Michiruのこころにある彼女と家族との関係をあらわしているこれらの絵を見て、その心痛を想ったが、同時に、絵を見ている母親の気持も気になって、セラピストはMichiruにまったく介入できなかった。彼女はこの頃から、母親を遊びに誘い、母親に絵を描かせようとし、面接室でかくれんぼをして見つけてもらいたがった。『こんな見え見えの遊び、つまんない』と言う母親に、セラピストにはMichiruのがっかりした気持が伝わってきて、その狭間でセラピストは気を取り直し、母親に《Michiruは「見つけてもらう」ことが大切なのだ》と伝えた。

● p38『もの想うこころ』何か言わなくては彼女の気持ちの発露を台無しにするような気がした。

● p39
彼女の身になって感じようとしていることを伝えたかった。でも、そうすることは〜

面接開始後約1年が経とうとする頃には、つかえながらも赤ちゃん言葉でよくしゃべるようになった。ガチャピンを母親にあやしてもらいたがり、彼女自身が母親に甘え、「赤ちゃん」の自分にはまだまだお世話が必要なのだ、ということをプレイのなかで示すようになった。彼女の母親を求める気持はセラピストにも伝わり、彼女がまだまだママの赤ちゃんでいたいと思っていること、母親にはまだまだ一杯お世話してもらいたいと思っていることを、代弁して母親に語った。

　何度も続く赤ずきんのプレイのなかで、赤ずきんの家の周りをウロウロしおおかみから守ってくれるヒーロー（Michiruが担当した）に、赤ずきんとお母さん（二人とも母親が担当した）は食事や家を提供するようになった。ヒーローの父母は死んで既に存在しないことが判明し、何ともいえない独りぼっちの寂しさが面接室に漂った。それを聞いた赤ずきん（母親）は『寂しいね。じゃ、一緒に暮らさない?』と、その気持を受けとめて応じた。

　この頃からMichiruは面接中に毎回トイレに行き、母親に付き添われて、大量の尿や便をするようになった。

● p42
家に独り取り残されたとき、みちるは同じ思いを抱いたのだろう。

解釈

　この間セラピストは、面接に現れ伝わってくるMichiruの気持を出来るかぎり解釈し、母親に伝え、また母親の行動に介入した。

　具体的にはまず《ママに絵本を読んでもらいたがっている》《ママに見つけてもらいたがっている》《まだまだママの赤ちゃんでいたいと思っている》などとMichiruのこころの現れを観察し、母親にこそ理解してもらいたいであろうMichiruの気持をセラピストが明らかにした。

　それから今度は、Michiruの気持が表出されたときの母親の様子から、母親の気持も叙述した。《ママの読んであげたい絵本とは違うようですね》《部屋でかくれんぼしても、ママにはMichiruが丸見えですものね》《ママにとっては、きょうだいがいるMichiruは、もうお姉ちゃんですね》などと語りかけた。

　それからさらに、Michiruと母親のあいだをつなぐように、《でも読んでもらえるとMichiruは嬉しいでしょう》《ママに見つけてもらうことがMichiruにとってはとても大事でしょう》《ママ

CHAPTER 2 ── 分断された「つながり」そして怯え　125

にまだ一杯お世話をしてもらいのでしょう》などと母親の行動に介入した。

　徐々に面接を重ねながらセラピストは、この母子の《関係の相互性》のありようについて、次のような考えを形づくりつつ面接を進めていた。すなわちMichiruの吃音が増悪した、きょうだいの熱性けいれん時にMichiruが母親との関係で感じたであろう思いである。

　突然、目の前で起こった訳のわからない出来事（＝きょうだいの熱性けいれん）にMichiruは衝撃を受け、また怖くもなり、さらにその衝撃と怖さに圧倒されながら、一人ぽつんと家に取り残された自分を発見したときの、言いしれぬ恐怖である。それらの情緒は、家の内側に彼女と共に置き去りにされた。このとき不幸にして、両親の注意と関心は別のところ、すなわち家の外側（＝きょうだいの熱性けいれんによって救急車で家の外の病院に運ぶ）にあり、Michiruには向けられていなかった。

　そのときの「家の内と外」に分断された対象との《関係の相互性》は、現在なお"気持"や"うんち"や"おしっこ"を母親に排泄できない、自分の内側に留まらせたままにしておかざるを得ないMichiruの状態と、さまざまな日常の緊急事態によって関心がMichiruではない外側に向き、そのつど罪悪感が刺激されMichiruのこころを受けとめられない両親の状態を現しているのではないか。それは致し方のないことではあるけれども、Michiruにとっては過酷な体験であり、分断された関係の相互性は修復される必要があるのではないか。セラピストにはそのような考えが浮かんできた。

　そしてセラピストの試みは、Michiruと母親を目前にして、その分断された《関係の相互性》に橋渡しするように直接介入し、関係の相互性を少しでも取り戻せないかと考えての介入であった。

　しかしながら、母親を巻き込んだプレイは、Michiruにとってはとても大事であったが、母親にとっては非常に苦痛を感じるものであった。母親の居心地の悪さ、苦痛、罪悪感が、痛い

● p43『もの想うこころ』
しかし、私のなかにある違和感が大きくなっていた。

分断された

ほどセラピストに伝わってきた。治療場面においてMichiruが受けとめて欲しいと思う気持を受けとめることの困難が、母親にはあるようだった。Michiruのこころを代弁することが、母親にとってよりいっそうの傷つきになるのではないか、との心配もセラピストに起こってきた。母親には母親の、その場では語れない、しかし受けとめてもらいたい思いがある、と感じた。

　そこでセラピストは、治療構造を変えることを提案し、Michiruと母親の双方から了解を得た。すなわち、Michiruだけとの精神分析的プレイセラピーを45分と、後に母親に環境調整の為に入室してもらい15分間皆で話し合うという枠組である。面接開始からちょうど1年が経っていた。

第2期　面接室の内と外：分断された相互性のあらわれ [#49-#94]

　個人面接でのMichiruは『お母さんいるか、見ていい?』と面接室の外の母親を頻繁に気にした。《お母さんがどこかに行ってしまうんじゃないかと心配なのね》と言いながら、ドアのすぐ向こう側にいる母親がいなくなってしまうと心配するMichiruに、セラピストは当惑した。赤ずきんの遊びのなかでも、見失った相手は死んでしまったのかとMichiruはよく聞いた。セラピストはこのときも《姿が見えなくなってしまうと「死んでしまったのではないか」とMichiruが思うのかもしれない》と話した。Michiruは、家で怖くて眠れない話、真夜中にうんこが出る話、保育園で怒られるのが嫌でよい子にしている話をして、鬼の絵を描いた。また、前の保育園でミルクが飲めなくて怒られた話をし、今の保育園ではミルクが好きで飲めるが、家では飲めないと語った。ミルクが好きなときはミルクが飲めるけれども、好きではないときには飲めないようだと、セラピストはMichiruに伝えた。この時期、彼女は滑らかに話せるときとそうでないときがあった。

　母親の都合とMichiruの病気のために四回キャンセルが続いた次の回では『ティッシュの先生（＝セラピスト）の顔、覚えてた』と言い、ぬり絵をセラピストにプレゼントしようとした。それから恐竜や、女の子の絵を描き、セラピストの絵を描いて『間違えた』と、幽霊の顔を描いた。セラピストは、この一連の

● p44
そうできない自分を私に「責められている」と感じていたのかもしれない。

● p46
ときどきは滑らかに話せるようになっていた彼女は〜

Michiru の振る舞いに、セラピストの姿が見えなくなった期間の Michiru のこころの変遷を感じた。こころの拠りどころを失った彼女を思い、痛々しかった。

　「自分に会えなくてセラピストが寂しい思いをしたのではないか」と気遣い Michiru がプレゼントしようとしたこと、それはまた「Michiru がセラピストに会えなくて寂しいと感じていた」ことでもあること、会えなかった期間中「セラピストが自分のことを忘れてしまったのではないか」と心配になったこと、それから以前、父親と母親の姿が見えなくなってどんなに怖い思いをしたか、同じようにセラピストと会えなかったときも「セラピストが怖い幽霊になってしまった」と感じたのだろう、とセラピストは Michiru に話した。

　すると Michiru は、ママがいなくなって独りぼっちの子どもの話をし、時間途中でママがいるかと待合を頻繁にのぞいた。この頃から、面接中におならをし『うんこが出た』と報告し、母親が怖がらせるので余計、緊張して夜眠れないとか、欲しいものを買ってくれない母親に対する不満を言うようになった。お化けの絵を沢山描き、それはお化けでなくママだと言った。そしてプレイのなかのママは、ときどきふっといなくなった。

　セラピストは"母親がいなくなること"にいっそう、注意深くなった。Michiru は、捕まって出られなくなり、怒って大きな口を開けている恐ろしい女の人を描き、『鍵が見つからない。赤ちゃんから離されて、会えない』と話した。このプレイは、セラピストのこころに強い印象を与えた。Michiru は生まれたときの状況を伝えようとしているのだろうか？　そのような考えがセラピストのこころに浮かんだ。

　母親と Michiru がまだ分離できる状態にはないときに分離せざるを得なかった、未だ離れる準備が整っていない心身の状態があるにも関わらず離ればなれにならざるを得なかった状況が、ここにあるのかもしれないとセラピストは考えた。実際、Michiru とセラピストは面接室（＝保育器）のなかにおり、母親はドアを隔てて面接室（＝保育器）の外にいた。「セラピスト（＝当時は医師）によって図らずも母親と Michiru は分断され、赤ん坊に会うための鍵は見つからず、母親は Michiru に会えない。こころの

● p47『もの想うこころ』
会わない間に私は怖い幽霊になっていたのだ。同じことは〜

● p48
そのときのことを覚えているのだろうか？

鍵も見つからないために、未だ出会えていない母子がここにいるようだ」という考えが、セラピストのこころに生じた。

　セラピストは《お互い「会いたい」「触れ合いたい」という思いがあるのに、そうは出来ないことが起こって、その気持が届かないようだ》という話をした。するとMichiruは『ママと帰りたい、ママと帰りたい、ママと帰りたい』と、長いあいだ、部屋のドアを開けたり閉めたりした。そしてママは、お化けになったりママになったりした。セラピストも、生きていたり死んでいたりした。そうしてMichiruは、部屋のあちらこちらに『ちんちん』と、色紙をぶらさげ、『うんこが一杯ついている車』をセラピストにつけ、色紙を十分用意していなかったセラピストに怒りをぶつけた。

　徐々にMichiruは自由になり、『赤ちゃんの面倒ばかり見ているママは嫌で、怒ってばかりいるのも嫌だ』と話した。保育園を作っては、『どの子も叱られて「あなたいなくていいです」って言われる』と言う。セラピストはMichiruのなかにある「あなたいなくていいです」と言われる怖さと不安に触れた。この頃の彼女は毎回、面接終了時間前になると『うんこがしたい』と言って自らトイレに行くようになった。『ティッシュの先生』のところでは遊びにくいことや、母親がどこかに行ったから泣いている自分の顔を描き、退室時に『あっかんべー』とセラピストに向かってするようになった。乱暴な口をきき、俊敏でないセラピストに文句を言い、保育園での行事日に面接が重なったことへの文句を言い、パソコンばかりして遊んでくれない父親の文句も語った。

　人形で遊びながら『お家がみつからない』と言うMichiruに、セラピストは《Michiruが「こころのなかにお家が見つからない」と感じていて、Michiruのこころのなかにお家を見つけるためにセラピストに会いに来ているのだ》と伝えた。すると次の回にMichiruは『お母さんがどっかいっちゃったから泣いている』顔の絵を描き、『交通事故で何回も轢かれたネコ』をティッシュで手当する遊びを繰り返した。

● ps。
頻繁にどこかに行ってしまう大切な人。

第3期　つながり：新たな理解 [#95-#138]

　面接開始後2年目が過ぎる頃には『いつまでセラピストに会いに来るのか』を問うようになり、母親に《心配しないように》と言うように、セラピストに頼むのだった。

　セラピストの膝に座って切り絵やぬり絵をし『もうすぐ小学校に行かなくてはならない』話をした。そうして『学校から帰るとママは家におり、パパは別の部屋でパソコンしている』と話した。描かれる女の子の口は少しずつにこやかになると同時に『ママと離れてるの寂しいもん』と語れるようになった。また『ママはやさしそうなふりして、本当はお化け』と言い、『かみなりが鳴って怖かったときにパパがちょうど帰ってきて大丈夫になった』話をした。

　Michiruがネコを描いたときには、ネコは紐につながれてセラピストの描いた女の子に連れられていた。すぐにどこかに行ってしまうネコには紐をつける必要があり、それでも『この優しいネコを女の子は好きなのだ』とMichiruは話すのだった。パパとママの切り絵はテープでくっつけ、セラピストにはMichiruと同じ指輪を作ってはめ、セラピストは《ネコがどこかに行ってしまうように、つながりが切れてしまうことの大変さ》と、《Michiruとセラピストのあいだにできたつながり》をMichiruに話した。

　このようにしてMichiruの吃音は消失し、保育園に楽しく通い、便秘も解消した。就学前の最終回、「思い出箱」にティッシュや作った物、ぬり絵や描いた絵を一つひとつ、二人で眺めては入れていった。最後に女の子二人が手をつないでいる絵をMichiruが描いて箱にしまい、面接は終了した。

● p51 『もの想うこころ』
この時期には〜誰もが環境の変化を〜周囲の雰囲気を感じたのだろう。

● p52
私たちが出会ってからちょうど三年目の春のことだった。

透明な壁で分かたれて

　Michiruはプレイのなかで何度も『お母さんが行ったから、泣いている』と言った。実際、母親も『自分が出て行くときのMichiruの怒り方が尋常じゃない』と初回面接時に語っている。

出生時の状況は、Michiru は母親とまだ分離する準備ができていないのに分離せざるを得ない状況だった。加えて母親はMichiru の生後まもなくから仕事のために宿泊を伴う不在を繰り返し、きょうだいの出産時も入院して不在になった。出生時の疾病から始まり、入院治療や定期受診が必要な別の疾患にかかるなど、身体の疾病は Michiru につきまとった。

<small>自分のこころが必要としているもの</small>

　Michiru は、ウィニコット〔Winnicott, 1960〕がいうように、自分のこころが必要としているものを探し求めていたのだろうか。「……出生時の出来事は、子どもの心理に多大な影響を及ぼす。……赤ん坊が生まれ出るや否や、赤ん坊の心理が身体的健康に及ぼす影響はたちまち現れる」とウィニコット〔1988, p.19〕は述べている。これは、人生の最早期の疾病にまつわる出来事が子どものこころに深い影響を及ぼし、影響を受けたそのこころは身体的健康にまた影響する、ということを示している。Michiru も、ひどい便秘などさまざまな症状を抱え、最後には、吃音が増悪して話せなくなった。

　そのように考えると、彼女と母親の分断された《関係の相互性》が問題であったことは明らかである。

<small>重要な他者　栄養</small>

　人のこころが育っていくためには、発露されるすべてのものが重要な他者に受けとめられ、また情緒は栄養として戻っていく必要がある。にもかかわらず、他者に受けとめられるべき生まれたばかりの Michiru 自身や、Michiru の便や尿、言葉などの"心身の自然な発露"は、彼女の内側に留まったままだった。

　まずは Michiru の出生時の《関係の相互性》のありようから考えてみたい。

① 分断された「つながり」の再演・実演

　『分娩後しばらく放置されていた』と母親は語った。この分娩時の状況と体験は、その後の母子の《関係の相互性》に甚大な影響を及ぼしている。クライン〔Klein, 1952b〕は、新生児のこころの発達に必要な母親との相互性について次のように述べている。

胎内から出生した新生児の頃から、発達のあらゆる段階にわたって、

外的な諸要因が大きな影響を持つ。……〔中略〕……新生児は出産の過程と、子宮内状況の喪失によって引き起こされる迫害的不安に脅かされている。それだけに、分娩過程が長引いたり、困難なものになればなるほど、迫害的不安は高まる。この不安状況について別な見方をすると、完全に新しい状態に乳児が自己を適応させることを余儀なくさせるような、ある種の欠乏による必要性 *necessity* というものがそこで問題になる。こうした迫害的な不安のような感情は、乳児に温かさ、支持、心地よさを与えるそのさまざまな手段によって、とりわけ食べ物を受け取ったり、乳房を吸ったりする際に乳児が経験する満足によって、かなりの程度緩和される。おっぱいを吸うという最初の経験のなかで最高潮に達するこれらの経験は、われわれの仮定によれば、「よい」母親 *'good' mother* との関係の始まりである。こうした満足は、子宮内状態の喪失を補う機能を持つように見える。最初の食べ物を与えられる経験、愛情対象（よい乳房 *good breast*）を失ったり、再び手に入れたりする経験は、乳児の感情生活の最も本質的な部分になる。〔Klein, 1952b, p.118〕

> 最初の食べ物を
> 与えられる経験

　クラインの見解に拠って考えれば、「"放置された"と感じたのは誰であったか」を考えることは重要である。それはもちろん母親自身であり、Michiru でもあった。
　まだ生まれる準備が出来ていない状況の、母親の子宮内で守られていなければならないはずの赤ん坊より先に、胎盤が子宮の壁から剥がれ落ちてしまうことは、即、生命にかかわる事態である。胎盤が子宮から剥がれると、胎児への酸素と栄養の供給が止まってしまう。そして胎盤後、血腫で母体の血液の状態が変化すると、母親の生命にも危険が及ぶ事態になる。常位胎盤早期剥離とはそのような状況である。母児ともに非常に生命の危険な状態にあり、即刻、医療的に介入されなければならなかった。
　一刻を争う緊急の医療現場にあって、母親の、この出産状況にまつわる情緒は未消化のまま残った。正常分娩に至らなかったことへの「罪悪感」は語られないままで Michiru のニーズに真に向き合うことは、母親にとって非常に困難なことであった。Michiru にとっては、命綱である胎盤が突然、母親の子宮壁から剥がれ、実際、呼吸障害が起きて死の恐怖にさらされた。さらに、クベースに入らなければならなかった彼女にとっては、剥離された母親（＝子宮）が「さらに、どこかに行ってしまう」という事態である。母親にとっても Michiru にとっても「不安状況」は、緩和されることなく継続された。

> さらに、どこかに
> 行ってしまう

不幸にも〜現実生活のなかで何度も反復された	こうした出産時の疾病に影響された《関係の相互性》は、不幸にもMichiruの現実生活のなかで何度も反復された。すなわち、母親が仕事で出張したときの不在、きょうだいを出産するために母親が入院したときの不在、保育園に入園したときの不在、きょうだいが熱性けいれんを起こしたときに家に一人置き去りにされたときの不在、などである。ランク〔Rank, O., 1924〕が「first traumaは決して消えることはなく反復される」と述べたような状況である。
転移関係	当然、こうした分断された《関係の相互性》のありようは、セラピストとの転移関係に展開された。セラピストの都合で面接が二回なかったときも、Michiruははっきりと、治療状況での
つながり	"お母さん"であるセラピストとのつながりが分かたれてしまったこと、すなわち「関係の相互性が出産状況さながらに分断され、セラピストが遠くどこかに行ってしまった、恐怖と悲しみ」を、絵と吃音の混じった言葉で現した。
	Michiruの前には、いなくなった母親ではなく、怖いお化けが現れる。そのときのMichiruが感じたであろう情緒をセラピストは語ったが、同席する母親の気持も気になり、十分な解釈はできなかった。Michiruのこころは、母親が側にいるのに届かず、まるで"透明な壁"が存在するかのようであった。それ
透明な壁	はまた、母親が側にいて極端に遠慮するセラピストとのあいだにも存在し、まるで、Michiruとセラピストは「透明なケース越しに手の届かない」母親を見ているようだった。
実演	治療の転機は、セラピストがMichiruとの個人心理療法を決意したことで訪れた。その構造の変化は、出産状況に影響された母親とMichiruの《関係の相互性》を、図らずも実演 *actualize* することに結びついた。
	医療によって突如分断された母親とMichiruの《関係の相互性》や、クベースによって分断された母親とMichiruの関係の相互性、あるいは家にMichiruがひとり取り残されたときの分断された関係の相互性は、このとき、セラピストによって「面接室の内と外」に構造化された。そうしてセラピストは、Michiru

と共に言わばクベースの内側にいて、透明な壁越しの母親を体験した。「壁越しの母親は、すぐそばに見えているようなのに、なんと届かない遠い存在だろう」という考えが、セラピストのなかに生じた。そのことをよりいっそうはっきりと、体験的に、セラピストは感知することになった。

② 攻撃性の出現と「つながり」

ところでMichiruには、セラピストに出会う遙かに以前から、排泄の問題があった。おねしょをしたことがなく、ひどい便秘を抱えていた。第1期の母子同席での面接のなかでMichiruは、プレイのなかで、母親から食事や家を提供してもらい、母親が『一緒に暮らさないか』とMichiruに言ったあたりから、面接中に母親に付き添われて排便や排尿のためにトイレに行くことが増えた。クライン〔Klein, 1936〕は乳児の排泄物と、生理的に感じる身体感覚について、それらが「ある対象との関係」として経験されることを、以下のように述べている。

> 肝要なのは、母親が不安がりすぎてはならず、また母親は赤ん坊が身体を汚したり漏らしたりするのを防ごうとすべきでない、ということである。赤ん坊は、自分の排泄物に対する母親の態度を感知して、邪魔されたと感じやすい。というのも、赤ん坊は、自分の排泄機能に強い性的快感を抱いていて、自分の排泄物を自分の身体の一部および産出物として好んでいるからである。一方では、以前にも述べたように、赤ん坊は、糞便や尿を、怒りの感情をもって排便排尿したときには、敵意ある代理物と感じているのである。それらと接触するのを母親が心配して妨げると、赤ん坊は、自分の排泄物を母親の恐れている邪悪で敵意ある代理物としての証と感じる。──つまり、母親の不安が赤ん坊の不安を増強させてしまうわけである。赤ん坊の排泄物に対するこのような態度が、子どもの心理に有害なものとなり、多くの神経症における大きな要素となるのである。〔Klein, 1936, p.67〕

〈部分対象〉としての糞便や尿は、授乳し、暖かさや心地よさを授けてくれる「良い」対象としての母親への贈り物であると同時に、不快や欲求不満にさせる「悪い」対象への攻撃性のあらわれでもある。赤ん坊のこころの発達のためには、その両方の意味あいを含む糞便や尿を、母親に受け取ってもらう必要がある。受け取ってもらえなければ、母子のあいだにある発達促

(傍注) 排泄の問題

(傍注) 赤ん坊は、自分の排泄物に対する母親の態度を感知して

(傍注) 赤ん坊の排泄物

進的な《関係の相互性》は分断されてしまう。

　一方で、排泄物がスムーズに排泄されるということは、体内に良いものを文字どおり取り入れ、必要なものを消化し、行き渡らせると同時に、不要なものや悪いものを排泄するという循環過程が起こっていることを意味する。Michiru が、ひどい便秘であったこと、おねしょをしたことがなかったということは、自分の一部である排泄物を体内から切り離せないこと、つまり「良いもの」と「悪いもの」を分け、「悪いもの」を排泄物として切り離すことができなかった、といえる。言い換えれば、Michiru の体内での循環過程はスムーズにいっておらず、攻撃性をもつ糞尿を母親に向けることができなかった、ということである。そのことが、彼女の抱える本質的な問題だったのではないかと考えられる〔松木, 2016b〕。ここに、Michiru の内的で身体的な循環過程と、Michiru の外界である母との情緒交流が、分断されてしまったありようが現れている。

　第2期でMichiruは、部屋のあちらこちらに『ちんちん』と、色紙をぶらさげ、『うんこが一杯ついている車』を筆者につけ、色紙を十分用意していなかった筆者に怒りをぶつけた。〈転移〉状況において、Michiru の体内にかつては留めおかれた怒り＝糞尿を、筆者に排泄し、それらを受けとめてもらう体験をしていたのである。

③ 分離できるということ

　便や尿にしても、気持や言葉にしても「まずは自分のなかで生成されて、出てこようとする」ものである。それらは元来、自分の一部を為すものであり、排泄すること、情緒を含んだ言葉を発することは、「自分の内なる一部を切り離す」ことである。そのとき赤ん坊が感じる生理的な身体感覚は、内的対象との体験と結びついている〔Hinshelwood, 1989/1991〕。乳幼児にとっては「排泄物の排出は肛門や尿道にさまざまな感覚を引き起こすが、それらは対象が内界から外界に出て行っていると解釈される」〔p.37〕。

　Michiru が『お母さんが行ってしまった』と何度も訴えていることは、非常に興味深い。その訴えは、Michiru の便や尿や言葉を、そしてMichiru 自身を、受けとめてくれる存在がいな

いことを現している。それらを受けとめてくれる存在がなければ"こころの成熟"に寄与する《関係の相互性》は生まれない。Michiruの出生状況そのものが、まだ母親の子宮に内包されていなければならないMichiruが出てこようとする前に生まれざるを得ない状況であったし、受けとめるべき存在である母親も危機的状況で、不在であった。

　そこでは、子宮の外に出されたMichiruは、あるいは便や尿にしても、言葉にしても、為す術もなく危機に瀕している。自分の一部を切り離すこと、自分を出すこと、表現することは、それらを受けとめてくれる存在がいるということを必要としている。表現しても自分を見つけてもらえない状況や、受けとめてもらえない相手であることや、そもそも相手がいない状況は、残酷である。そこに《関係の相互性》は生まれない。自分の内部から出てきて排泄されようとした便や尿や、言葉や情緒は、Michiruがしたように、体内に留めおくしかなくなるのである。

④ 母親をコントロールできるようになる

　Michiruの出生時の疾病と《関係の相互性》の問題は「母親が突然いなくなってしまう」ということであった。自分を受けとめるべき母親がいるべきときに不在になってしまうということであった。

　第3期でMichiruは、セラピストに描かせた女の子が持つ紐につながれた猫について、次のように語っている ── 『この猫は、すぐにどこかに行っちゃうの。だから、ひもをつけておかないといけないの。やさしい猫だから。この子はこの猫のことが好きなの』。猫はおそらく母親のことを指している。すぐにどこかに行ってしまう猫。Michiruが生まれるときもそうだったし、まだ乳児のMichiruをおいて仕事に行ったときもそうであろう。きょうだいが生まれたときも、きょうだいが熱性けいれんを起こしたときも、そうであった。

　コントロールの及ばない、すぐにどこかに行ってしまう母親を「紐」でつなげることでコントロールできるようになった、とMichiruは表現している。実際、治療経過中に母親は仕事を辞め、育児に専念するようになっていた。

> 見つけてもらえない〜受けとめてもらえない〜そもそも相手がいない

⑤ セラピストの逆転移

全過程を通してセラピストのこころのなかには「クベースの内と外」という心象が、徐々にクローズアップされるようになった。

届かない思いや触れられなさ

Michiru の命を救うためには不可欠であったクベースの、そこにある如何ともしがたい隔たりに、分離され、届かない思いや触れられなさに、母子は引き裂かれていた、との思いがセラピストのこころから離れなくなった。それはまた、初回に聞いた、家にひとり取り残されていた Michiru の姿と重なり、セラピストのこころに痛ましさが増していた。

再演
実演

セラピストとのあいだでは、その「隔たり」は面接の休みに再演 enact され、治療構造の変更後には「面接室の内と外」という治療の全体状況そのものに実演 actualize されたと考えられる。その《関係の相互性》が分断された瞬間に、セラピストは治療状況のなかで立ち会い、そのこころの痛みをコンテインしつつ介入することを心がけた。そうすることで、少なくとも Michiru は自発性と攻撃性を表出することが可能になり、吃音も、便秘も、おねしょしないことも、解消されていったと考えられた。

∽

CHAPTER 1,2 では、筆者が関わったふたつの臨床素材から、最早期における疾病が親子の《関係の相互性》に影響を及ぼす様を考察した。

事例の子どもたちは、まったく異なる病気に罹患したが、いずれの疾病も養育者との《関係の相互性》に大きな影響を及ぼし、後の子どもたちの生きづらさの要因になった。

ここでは、本書前半の【三つの視点】CHAPTER 1 で提示した《関係の相互性》を捉える方法論、すなわち精神分析的アプローチに基づいて〈転移-逆転移〉を詳細に検討することから、隠れていた三つの事象を明らかにする。

その三つとは、治療状況において「早期外傷場面の actualization」が起きること、治療が進展するとき「セラピストのこころという住み家」(コンテイナー container／コンテインド contained)

CHAPTER 2 ──── 分断された「つながり」そして怯え | 137

が形成されること、そして前半CHAPTER 2で論じた「母親のナルシシズムnarcissism」への着目が重要であること、である。それらについて、本章の臨床素材からさらに考察を深めたい。

早期外傷場面：患者の疾病と「つながり」

　不登校であったAsukaには先天性股関節脱臼の既往があり、生後3ヵ月時から1年3ヵ月にわたって、その治療のために固定用ベルトを装着していた。自分のなかの欲動も、情緒も、願望も、湧き起こってもすべて他者に届くことなく阻まれ、よくわからないものとなって漂い、Asukaに迫害不安を起こさせる対象となった。治療関係のなかに、その阻まれた《関係の相互性》は転移され、「一人にされる」恐怖となり、長らく彼女とセラピストのあいだには何も生まれなかった。

> 一人にされる恐怖

　吃音を主訴として来院したMichiruは出生時に仮死状態と呼吸障害があり、治療のため保育器に入った。セラピストと出会うきっかけとなった吃音が増悪したときも、それ以前のごく早期の母親との関係においても、Michiruは《関係の相互性》が分断される恐怖と、自身や自らが排泄するもの（表現するもの）を受けとめられず「内に留めておかねばならない」辛さや怒りを抱えていた。第2期に図らずもセラピストが変えた治療構造は、それらをいっそう鮮明にし、構造を含めた全体状況に出生時の状況が転移された。治療空間は"保育器"になり、セラピストはそのなかにMichiruと共にいて「壁の向こうに母親を見失う」恐ろしさを体験することになった。

> 壁の向こうに母親を見失う恐ろしさ

　AsukaもMichiruも、治療状況に疾病によって影響を被った《関係の相互性》をもちこんでいた。それらは、一般的にはまったく気づかれない、こころに内在化された《関係の相互性》である。疾病が回復すれば、忘れ去られる。

　しかし実際は、Asukaの場合は、阻まれた《関係の相互性》のありようが、外的な《関係の相互性》に影響し、不登校となり、自発性や自主性を顕せなくなっていた。Michiruの場合は、分断された《関係の相互性》のありようが幾度となく反復され、こころを萎縮させ、話せなくなった。心身ともに排泄や排出ができなくなり生きづらさが増大した。

|全体状況|　セラピストは、自身を含む治療の全体状況 total situation〔Klein, 1952a;
|もの想い|Joseph, 1985, 2001〕を"もの想い reverie"〔Bion, 1962b〕する必要があった。
||　〈転移〉状況を理解するためには、セラピスト自身の〈逆転
|心的現実|移〉を吟味する必要がある。精神分析的心理療法では、セラピストの〈逆転移〉のなかに患者が無意識に伝えてくる"心的現実"が含まれており、その〈逆転移〉の理解が、患者の〈転移〉状況を理解するためには必須である。

　〈逆転移〉のなかにはもちろん、セラピスト個人の感情も含まれる。例えばMichiruとの治療においては、Michiruの痛々しさにセラピストのこころが締め付けられるようであり、母親に対して「もっとちゃんと関わってあげればいいのに……」「もう少しMichiruに合わせてあげればいいのに……」などと思う気持が生じた。Asukaに対しては「自分が感じていることを言葉にすることが、どうしてこんなに難しいのだろう」と苛立ちを覚えることもあった。しかしこれらのセラピストの感情は、とても治療に役立つとは思えなかった。

　治療的展開は、セラピストがAsukaに対してもMichiruに対しても「なぜ彼女たちがこれほどまでに心痛を抱えているのか」を考え続けることから、そして、徐々にセラピストのこころのなかに当時の心象が生まれてきたときから、始まった。Michiruが医学的介入によって母親と分断され保育器に入らなければならない情景や、Asukaがひとり竹藪近くの離れに固定用ベルトを装着されて寝かされていた情景が、セラピストのこころに鮮明に結晶化されたとき、真に彼女たちの"こころの痛みと苦しみ"が理解できたと感じたのである。

|情景が〜こころに鮮明に結晶化されたとき||

セラピストのこころという住み家

　このようにセラピストのこころに理解が芽生えたことは、言わば、患者たちのこころにある《関係の相互性》が、セラピストのこころという"住み家"を見つけたということである。それらは、かつて患者たちのこころが見つけることのできなかった"住み家"である。それはAsukaにとってもMichiruにとっても、疾病によって分断され、阻まれ、見失われてしまった"住

CHAPTER 2 — 分断された「つながり」そして怯え　139

み家"であり、コンテインド *contained* がコンテイナー *container* 〔Bion, 1962b〕を見つけたのである。

さらに、セラピストの治療者としての成長は、コンテイナー *container* としての機能を高める。Asukaとの治療過程では、疾病の《関係の相互性》への影響を、言葉で解釈することができなかったが、Michiruとの過程では、そのことを実演の最中に捉えることができ、彼女と言葉でその理解を共有することができた。

> コンテイナーとしての機能

精神分析的心理療法の過程は、過去の《関係の相互性》の"再演"と"実演"において、過去が蘇り、その体験を現在の関係において"共有"し"理解"するという過程である。「何がこころに起こっているか」を考えることは、それまで患者が得たことのない《関係の相互性》を〈転移-逆転移〉の最中に体験する。その体験こそが、AsukaやMichiruの疾病の罹患によって生じた「生きづらさ」や「困難」を緩和させることにつながるのである。

母親のナルシシズム

ここまで、疾病を抱える二人の子どもたちとの心理療法過程から見出される知見を考察した。臨床素材には、もうひとつ、あまり鮮明ではないが、当時の筆者がはっきりと認識できていなかったことがあるように思う。それは、養育者である母親の傷つきである。生後すぐ、あるいは乳児のときに子どもが疾病を抱えているということが、いかに母親のナルシシズムに影響するかは、本書前半【三つの視点】CHAPTER 2の文献的考察からも明らかである。

> 母親の傷つき

Asukaの母親は、装具を装着した我が子を育てることの大変さをまったく語らず、「手のかからない良い子」としてしかAsukaのことをセラピストに報告しなかった。またMichiruの母親は、初回にMichiruに対するさまざまな心配を語ったが、実際にはMichiruから離れ、不在がちであった。「分娩後しばらく放置されていた」と訴える母親の心意を誰も受けとめていなかった。そこには、セラピストとして筆者が当時認識できなかった、母親のこころの傷つきがある。

「母親のナルシシズム *narcissism*」の形成は、子どものこころの

> 母親のナルシシズム

形成に深く関わる。そして、子どもの痛々しさにこころを寄せることが多くなりがちなセラピストのこころのありようは、いま振り返ると、AsukaやMichiruの母親の傷つきや無力感・罪悪感・喪失感に思いを馳せることを阻む。このことについては、次章で検討したい。

<!-- 傍注 -->
母親の傷つきや無力感・罪悪感・喪失感に思いを馳せる

＊1：日本における低出生体重児の増加理由については、前半CHAPTER 3の註3〔p.97〕を参照のこと。

＊2：常位胎盤早期剥離：「正常位置、すなわち子宮体部に付着している胎盤が、妊娠中または分娩経過中に、胎児娩出以前に子宮壁より剥離すること。無症状に経過し胎児心拍も良好に保たれ、娩出胎盤観察により初めて診断される軽症のものから、子宮の激しい疼痛、ショック症状、播種性血管内凝固（DIC）、胎児機能不全や胎児死亡を来す重症のものまで多くの段階がある」〔伊藤ほか, 2009〕。

＊3：プレイセラピー：遊戯療法のこと。特に子どもの場合、その年齢を考慮して遊具や遊戯を通して行われる心理療法のこと。セラピストとの関係の中で遊具や遊びを介し、言語表現と併せて子どものこころの世界で何が起こっているのかを理解していく。現在さまざまなプレイセラピーが行われているが、特にKlein〔1932, 1955〕はプレイセラピーの発展に大きな貢献を果たした。

＊4：某民間放送番組の子ども番組に登場する着ぐるみキャラクター。緑色の恐竜の男の子で、永遠に5歳とされる。

＊5：クベース：保育器のことである。主に新生児集中治療室Neonatal Intensive Care Unitで使用される透明な箱状のケース。外から手を入れる部分だけゴム状になっている。体温調節、感染予防、酸素の効果的供給、全身状態の観察・管理ができる。

CHAPTER 3

傷つきと「つながり」のほころび

これまでに明らかになってきたことは、子どもの疾病によって母親は深く傷ついて「母親のナルシシズム narcissism」が作動すること、そして、そのナルシシズムは子どもとの《関係の相互性》に影響し、疾病をもつ子どものこころの形成に深く影響することである。

母親のナルシシズム

　本章ではさらに、子どもに疾病があるとわかって傷ついたがゆえの母親のナルシシズムが影響して形成された自己〔Ogden, 1974〕、あるいは、そもそもナルシシズムの深刻な病理をもつ母親から取り入れられた自己という観点から、ふたりの成人事例を検討する。

　十分に手当てされないままの「養育者のナルシシズム」は、子どものこころにどのような自己を形成するのだろうか。ここでは、養育者のパーソナリティや疾病が《関係の相互性》に及ぼす影響、そして次世代の子どものこころの発達やその人生に及ぼす影響を考察することになる。

養育者のパーソナリティや疾病が〜人生に及ぼす影響

　ここでは、脳に疾病がある女性患者との精神分析的心理療法過程を検討する。Makiはてんかんという難治の病を抱えることによって、養育環境の不備が悪化した。

養育環境の不備

　〈転移〉のなかでMakiは養育環境の綻びた世界を体験し、再び発作を起こして、セラピストにそのこころの世界を伝えた。その際に患者とセラピストの《関係の相互性》において直接的・間接的にセラピストにあらわされ実演 actualize された、患者の疾病にまつわる自己について考察する。さらに、Makiの疾病にまつわる自己が彼女自身の子どもとの関係の相互性に及ぼす影響を検討する。

実演

てんかんがあるということ

　Makiの原家族は両親と歳下のきょうだいの四人家族だった。

セラピストが出会ったとき彼女は20代後半だった。その時点で判明していたてんかんや重篤な疾患・感染の家族歴はない。出生時に特記すべき疾患も報告されなかった。

　Makiには乳児期に熱性けいれん[*2]の既往があったが、母親は発作を起こしている彼女を病院に連れて行こうともせず、深夜帰宅した父親が連れて行った。両親にはもともと暴力とネグレクトの問題があった。父親はアルコールを多飲し、突然暴れだし理由もなく暴力をふるっていたようで、母親は幼いMakiの手を加減せず引っ張るため、肘が抜けることが何度もあった。門限を過ぎると長時間、玄関のコンクリートの上に正座させられることもあった。

　幼児期に明らかなてんかん発作が始まったが、医師に病名を告げられた母親は我が子に病気があることを否認し、治療を受けさせなかった。その後も発作は度々繰り返され、急に声が出せなくなったり動作が止まってしまったり、突然意識がなくなり倒れてしまったり、窓や鏡に突進したりした。発作の度に何度も救急車で運ばれていた。

　そして、発作のため勉強に集中できなくなったことから、Maki自ら父親に頼み込み、ようやく投薬治療を開始できたのは中学生になってからだった。「そんな病気をもつ子どもは、うちの子ではない」と、両親は彼女を完全に否認した。

　緘黙しがちであったMakiは、高校時代に初めて、家族のことやてんかんのことを他者に話せるようになった。高校卒業と同時に家を出て、接客の仕事をし、そこで出会った会社員の夫と結婚した。そしておよそ6年前、妊娠したために、筆者が当時勤務していた総合病院の産婦人科と脳外科に紹介となり、フェノバルビタール単剤にて発作のコントロールが試みられていた。しかし複雑部分発作は頻発し、二次性全般化としての強直—間代発作も時折みられた。妊娠中の検査で難治の内臓疾患[*3]を患っていることも判明し、並行して同じ病院の内科でその治療が開始された。

　その後、無事に通常分娩で出産した。出生したShōtaは活動性が弱く、NICU（新生児集中治療室）でしばらく経過観察された。Makiが6年前に同病院で受けた初めての脳波所見では、両側

前側頭部に徐波の群発が見られ、局在性鋭波が出現していた。5年前も、両側前側頭部に頻発する棘波が認められた。右手が挙がる、動作が止まってしまう、発語ができなくなってしまうなどの症状の後、意識がぼんやりしたりする発作が頻発したり、意識を突然失い全身を強直させ、けいれんする発作も時折見られていた。このてんかんの治療と、妊娠中に発覚した内臓疾患の治療のため、それぞれ複数回の入院治療を受けていた。

Makiはセラピストとの初回面接（X年）時、夫とShōtaの三人家族であった。『Shōtaが幼稚園で、何かにつけ怒られている。自分の病気のせいでいろいろ言われるのだと思う。先生たちが病気だと言いふらしている』*4ということで*、以前Shōtaを診てもらったことのある同病院新生児科医に相談し、同医師からセラピストに紹介になった。

● p61『もの想うこころ』
私は、まさか幼稚園の先生が「〜と、こころのなかで思った。

そこでセラピストは、心理療法に先立って10回程度の環境調整を含めたアセスメント期間をもった。そのなかで、幼少期から母親と混乱した関係にあり（特にてんかんをめぐって）、迫害不安に陥りやすいパーソナリティをMakiは形成せざるをえなかっただろうことと、Shōtaとのあいだに強力な同一化関係を築き上げ、Shōtaの幼稚園での扱われ方によって「自分も同様にひどい扱われ方をされている」と感じたゆえの混乱であろう、とセラピストは理解した。

またMakiには「自分のてんかんや内臓疾患の状態が、情緒的なものと相関している」という観察力があり、それをセラピストに伝える言語化能力も認められた。そのためセラピストはMakiを「適応レベルの比較的よい境界性パーソナリティ障害を、身体疾患に併発している」と見立て、週1回、50分、対面法での精神分析的心理療法を保険診療費内で契約した。

境界性パーソナリティ障害

夫は、病いを抱えるMakiに対して非常に献身的だった。彼は仕事のかたわら家事全般をこなし、言いたいことがあっても、Makiが「責められた」と取ってしまい自ら命を絶ったり病気が悪化してしまうことを怖れて、何も言わずにいるような人であった。Makiはそんな夫に対して「子どもに適切に接しない父親」と、不満ばかり言っていた。

当時幼稚園児だったShōtaについて、「このごろ、突然、他児を押したり叩いたりするようになり、叱られたことを素直に受けとめられない、自分が困ったことを訴えてこない」と、担当保健師から担当医に連絡があった。

── 出てこない声

第1期　疾病を抱える自己：子どもとの同一化 [#1-#32]

　Makiには面接開始の前から、手指振戦や複視、平衡障害といった神経症状が出現していた。また、内臓疾患が増悪し、「子どもが幼稚園でよく怒られる」ことや「自分の状態が非常に悪い」ことを止めどなく訴えたセラピストとの初回面接の直後に、Makiは内科に入院した。

　食事が摂れず体重は減少し、車いすに乗って点滴棒を押しながら面接室に現れた彼女は、『看護師が噂しているのが聞こえる』『親と会うと血液検査の数値も悪くなる』と言い、退院後は『死んでしまったほうがいいんじゃないか』と、自宅でカミソリを用いて自分を傷つけた。『「病気になるのは甘えているせいだ」と親に言われる』と、疾病を抱える自分を受け入れてくれない親について語った。*

● p62
窮状を訴えるなかに、どこか〜こころを見る目をもっている気がした。

　Makiは面接場面でも不安定で、遅刻やキャンセルを繰り返し、終了間際に話し続けては時間を超過した。やせ細った身体で現れ、「起き上がるときは乗物に乗っているように揺れ、立ち上がると物にぶつかる」自分について語った。特に、子どものことを悪く言われると深く傷つき、泣いて面接時間外に訴えに来た。

　小柄で多弁なMakiとの面接は、身体疾患の容態が非常に不安定なことと相まって、「彼女とのあいだで本当に心理療法を進めていけるのか」という不安をセラピストに抱かせた。しかし一方で、話し続けるMakiからは、過酷で不適切な養育環境のなかでなんとか生き抜いてきた彼女と、そのなかに在る切実さや満たされない思いが伝わってきた。隙間なく話し続ける振る舞いに、セラピストは《話し続けてもなお届かない思いがあるのだ

CHAPTER 3 ── 傷つきと「つながり」のほころび　147

ろう》と話した。するとMakiはセラピストをじっと見つめながら、まるで哺乳瓶からミルクを飲むかのようにペットボトルのお茶を飲んだ。

　それからも『手足が震える。ピクンピクンする』『食べられない。吐いてしまう』『空気を飲んでしまって液体を飲めない』と、彼女の身体の不調は続いていた。

　面接中にアイスクリームを食べ、また開始時間まで待たされたときには、階段の踊り場で寝転がってお茶を飲んでいた。『自分はもう大人なのに、まだまだ甘えたいところがあって、Shōtaとどっちが大人かわからなくなってしまう』と、よく泣いた。このMakiの内的な混乱は、セラピストのこころに強く残った。まだまだ子どものように甘えたい一方で、大人の親としてShōtaの世話をするべきなのにそうはできないMakiの困惑を、セラピストは語った。

　Makiはセラピストに『どこも薬の調節をきちんとしてくれない』『医師が人として診てくれない』と言った。『電車とホームの隙間に落ちるんじゃないかと怖くなる。でも、自分は死んだほうがいいのではないか。いない方がよい人間なのではないか』とも訴えた。『両親はてんかんのことを、ぜんぜんわかってくれない』という話の後に、Shōtaが自分と夫に怒りをぶつけた話を続ける彼女に、セラピストには「Makiがセラピストに、同じようにてんかんのことをわかってもらえない悲しみと怒りがありそうだ」という考えが生じた。

　Makiは、セラピストとの面接が休日でないときには寂しさを感じているようだった。歯科でShōtaが乳歯がとれて「もう生えてこない」と思ったことや、『さみしい』とShōtaがよく言う、と話した。セラピストはこのとき「面接と面接のあいだに会えないことが、ちょうど歯と歯の隙間が出来ることや、電車とホームの隙間のように感じられるだ」と考えて、そのようにMakiに伝えた。

　するとMakiはShōtaが自分に見えること、きょうだいがひきつけを起こしているのに、そばには子どもの自分しかいなかったこと、Shōtaにはちゃんと親らしいことをしてあげたい気持

● p65
私は不思議な感覚に包まれた。

● p67
彼女がわかって欲しいと望んでいる気持ちは一体〜

あること、を語った。Makiは、Shōtaが幼稚園でいかに適切に扱われていないかを繰り返し語った。それから突然Shōtaの発言の話に切り替えて『夫に怒られたShōtaが「死んで欲しいから怒るんでしょ」と言う』と話した。また、『子どもが二、三歳のときに「おじいちゃん、ママを泣かしたでしょ。僕、クジラのように真っ暗のなか、泳いでいるのに出てこれなくてママのお腹のなかで聞いてた」と語った』[*5]話は、まるでMaki自身の傷ついた自己がShōtaに投影され同一化されて語られているように、セラピストには聞こえた。

まるで赤ん坊のような仕草でこころの満たされなさをあらわし、Shōtaに同一化して語るMakiに、セラピストは圧倒されながらも、「彼女を適切に理解しきれていない」という考えがこころに生まれ、そのことを考え続けていた。

同一化

● p68『もの想うこころ』〜私はこの時に至っても、わかっていなかったのだ。

第2期　疾病をもつ自己：相互の関わり [#33-#85]

Makiの体調は少しずつ改善した。てんかん発作も薬剤でよくコントロールされるようになっていた。それとともに、セラピストとの面接にも自転車に乗って通い、定刻に現れ、定刻に終えることができるようになった。

幼い頃『散歩に行ったときに、母親は土手で花を摘んでくれた』といった良い母親の記憶もかすかにあるようだったが、たいていは『「そんな病気持の子は自分の子じゃない」「あんたなんかいらん子だ」と言われていた』と語る。てんかんという病いを抱える娘がいることを他人に知られるのを怖れて、入院中のMakiを見舞いにも来ない父親の話や、幼稚園のときに男の子たちから受けた性的いたずらを訴えても『そういう汚れている子は家にはいらない』『その子の母親と気まずくなるのは嫌だから、我慢しなさい』と言った母親の話を、彼女は泣きながら語った。

てんかんがあることでMakiの存在のすべてが両親から否認され、性的いたずらを受けた傷心は、母親には理解されなかった。Makiの傷つきは増していった。そして『「病気なんかになるのは、甘えているせいだ」と怒って、なにかと暴力をふるう両親に、小さい頃からいつも「すみません、ごめんなさい」が口癖

になっている』と、Makiは涙した。

　しかし、その悲惨な内容ほどには、セラピストのこころに彼女の情緒は伝わって来なかった。「目の前にMakiは居て、語ってはいるのだが、病気を抱える彼女や性的いたずらをされ傷ついた彼女は、「いらない子」として、治療状況には来ていないようだ」という印象をセラピストはもった。

　面接開始後1年半が過ぎた頃には、面接のなかでよく泣きながら、小学校に入学したShōtaが虐められ傷ついている話をした。毎日Shōtaを学校に迎えに行かなければならないこと、そうすることは『廊下に立たされている気分だ』と言った。昔、母方で飼っていた犬が皆、癌で死んでしまった話や、母方祖父母が、Makiときょうだいが見ていたカタツムリを踏みつぶしてしまった話を続けた。その話の痛ましさや残酷さは、奇妙なことに、Makiからは伝わって来ず、セラピストのなかの別のところで感じられていた。

　MakiはShōtaの学校に、彼女自身の内科通院が必要であることは伝えたが、てんかん治療のことは言わなかったと言う。『てんかんのことは、どう思われるかわからないから。幼稚園にも伝えないほうがよかった。親でもちゃんと受け取らないことを、他人がどう受け取るかわからない』『病気のことを、看護師でも知らない』と言った。

　セラピストのこころのなかの違和感は増していた。彼女が現在の登場人物にさまざまな自己と対象を投影し、しかも短時間に投影したものを入れ替えるために独特のわかりにくさが生じていることは、わかってきた。しかし一方で、セラピストに伝えられていないMakiがいるようだった。

　それは、昔、父親に階段から突き落とされたことを語った後の、ちょうど面接が祝日で休みのときにMakiが手を放してしまって階段から転げ落ちたShōtaの話と、面接の休みという、「手を離してしまったセラピストと転げ落ちたMaki自身」とを絡めて転移解釈したときの彼女の反応に、顕著にあらわれていた。Makiはまったくその解釈が腑に落ちない様子だった。セラピストが述べたことについてMakiは涙をこぼしたものの、こころにはそれほど響いていないようだった。痛々しさと、とんでもな

● p70『もの想うこころ』
彼女の傷つきは増していった。

投影

いことをしてしまったという思いは、セラピストのこころのなかだけにあった。

第3期 「つながり」の綻び：疾病をもつ自己の現れ [#86-#189]

さらに面接を重ね、Makiの身体状態はもう少し改善した。

そして『これで本当にお母さんなのかな、と思う』と、彼女が寝てしまった後に食事の洗い物をしたり、貯金箱にお小遣いを貯めては『いるときに使ってね』とか『早く大きくなって大学院に行くよ』と言って健気にMakiの世話をするShōtaと、母親であるMakiの立場が逆転していることを語った。

届け物をするためにShōtaの学校に行ったとき、『ママに心配させてしんどくなられたら困るから、こらえて言えないことが一杯あるんだ』と教師に言っているShōtaを目撃したことや、『ママ、死んじゃだめだよ』とたびたび彼女に言うShōtaのことを、泣きながらMakiはセラピストに語った。一生、病院とは縁が切れない身を嘆き、『普通なのに「普通じゃない」と言われて、本当に悲しかった』『Shōtaを虐めてしまったんじゃないか』『Shōtaが自分と同じ道を歩んでいる気がして』と泣いた。

そうして『ちょっと自分の調子が良くなったら、Shōtaが熱を出したり主人がダメになったりで、自分を見る余裕がない』と訴えた。さらに、自分の疾病が人にうつるのではないか、悪いモノがShōtaや主人やセラピストにうつるのではないか、という恐怖がMakiのこころのなかで強まっていた。面接開始後2年半が過ぎた頃のことである。

セラピストの都合で数回、面接が予告なしに休みになった。その後の面接でMakiは、慕っていた知人が死んでしまった話や、迷子の話をし、『発作がよく起こる』と、Shōtaを伴って何度か来室した。『家族が崩れそう』『食べられない』と彼女は言った。「Makiのてんかんを完全に否認する両親との関係が関わっていそうだ」という考えがセラピストのこころに浮かんだ。そして「セラピストの突然の休みは、発作を起こしているMakiを放置した母親と重なるようだ」とも思った。

セラピストは《セラピストに放っておかれたMakiが、訳のわからなさのなかにいた》ことに言及した。すると彼女はこれま

綻び

● p72
自分と家族の状況を少し客観的に見ることができるようになったのだろうか。

でになく直接的に、自分が感じた「寂しさ」や「怖さ」、「こころ細さ」や「不安」を語った。そして、その日の面接が終わったあとにMakiは、血色の良い顔をして再び現れ、『先生に会って話すだけなのに、落ち着いて、うどんをおなかいっぱい食べれました。おいしかった』という手紙を持参した。

しかし次がまた祝日で、面接できなかった。その次の面接でMakiは、てんかんのために何年も家のなかに閉じ込められていた女性の話をし、Makiの母親も『本当だったらあんたも閉じ込めておかないといけない』と昔、言っていた話をした。

その直後にMakiは、面接終了間際に突然、右手が挙がり硬直し応答できなくなってしまう、複雑部分発作を起こした。面接中に起きた初めての発作であった。 複雑部分発作

驚きと、なぜか、殴られるかもしれないという恐怖、訳のわからなさ、見てはいけないものを見てしまったような居たたまれない感覚のなかに、セラピストはいた。それまでは遠い現実だった彼女のてんかんという病気が、まさに目の前に立ち現れたのだった。

医師や看護師を呼んだほうがよいのだろうか、この発作はどうなっていくのだろうか、発作を止める薬が必要なのだろうか、このままここに二人でいてよいのだろうか、という不安からセラピストは「今にも立ち上がって助けを求めたい」気持に駆られていた。 ● p75『もの想うこころ』逃げ出したかった。

セラピストは面接室の外に出ることのできるドアを見た。徐々に「自分は本当にこの人のことを、その苦しみを、理解していたのだろうか」という愕然とした想いが、セラピストの脳裏に浮かんだ。発作で動けないMakiの瞳に映る自分自身を、セラピストは見た。悲しみが伝わってきた。こういったことが、瞬時に駆け巡り、しかし何とか留まって、Makiの固まってしまった拳をほぐしながら、セラピストは、自身の想い、そして彼女の防衛されていないありのままの姿を、こころのなかに抱き留めた。

それからの面接でMakiは「病気がうつる」話を頻繁にし、「イ

ンフルエンザかもしれない」なか来室し、両親に「ばい菌扱い」されてきた話をした。「病気がうつる」という表現のなかに、彼女独特の、てんかんを抱えるがゆえに不適切に扱われた苦悩と心痛と、疾病を移してしまう恐怖が、表現されているようにセラピストには思えた。特に、子どもであるShōtaに疾病をうつしてしまうのではないか、という恐怖は彼女を捉えて放さなかった。Makiに会うセラピストのなかにも「インフルエンザがうつるとイヤだな」との排除の思いが湧いてきた。同時にそれは、セラピストにこころの痛みの中核を伝えてしまったことへのMakiの戸惑いでもあると思われた。

　彼女は『親なら子どもがどんなときでも世話すると思う』と言った。その言葉はセラピストに腑に落ちるものだった。てんかんがあっても、インフルエンザに罹っても、どんな病気があっても、病気がうつる可能性があっても、親は子どもの世話をする。そのままで愛され世話されることを子どもは望んでいる。疾病をもつ子どもに「代わってやりたい」とさえ親は思う。そんな当たり前のことがMakiには、ごく幼いときから無かったのだと理解できたのだった。そして、彼女のその悲しみとこころの痛みはセラピストのなかに直に伝わって来た。その理解を伝え、面接室のなかでセラピストは彼女と共に居続けたのだった。

　それ以降Makiの話はまとまりを見せ始め、頻発する発作のために彼女の日常生活や思考がどれほど妨げられた状態になるのかが、セラピストによく理解できるようになった。

　熱い味噌汁を運ぶときに発作が起きShōtaに火傷を負わせることへの恐怖や、踏切を渡るときに発作で身体が動かなくなることの恐怖、あるいは風呂へ入っているときに発作が起き溺れ死んでしまうことの恐怖などを、実感を伴って理解できるようになった。《発作と、つらい記憶と、そのときの気持が重なりあって、訳がわからなくなってしまうことや、発作のとき、記憶を失ったままどこかにいってしまいたかったMaki自身がいるようだ》ということも、セラピストは伝えた。するとMakiは安堵したように肯いた。また『セラピストに会うことで自分のこころのなかに少しずつ変化が起き、「親にしてもらえなかったこと

をしてもらってうれしい」と思っている』こと、『健康になりたい』という願いも話すようになった。

　面接のない日にも、こころのなかでセラピストとの対話は続いているようであり、その情景は彼女の夢に現れ、セラピストのことを「自分を支えてくれる対象」として体験しているようだった。

　面接開始後3年半が経過した頃の正月休み明けの面接では、再び終了間際に同様の発作を起こしたが、その後の面接で自ら発作のことに触れ、『右手が挙がるこの発作は困る』と、知らない人には怖く思われるであろうこともユーモラスに語り、発作に込められたこころの痛みは二人のあいだでやりとりしうるものになった。

　Makiの内臓疾患は投薬が減るまでに回復し、てんかんも、発作はあるものの回数は減った。家事もこなせるようになり、小さい頃に習っていた武道をShōtaと一緒に習い始め、地域活動やPTA活動にも参加するようになった。Maki自身の状態が回復するにつれ、徐々にShōtaに対する親らしい感情が育まれてきた。つらいながらも彼女は親としてShōtaの発達をとても心配し「Shōtaにも援助が必要なのだ」と確信し始め、Shōtaのための相談機関に足を運ぶようになった。そして、夫に対しても時折、感謝の言葉を口にするようになった。むごい仕打ちをしてきた母親に対しても、病気をもった我が子である自分に複雑な思いがあるのではないか、と話すようになり、なんとか両親との適切な距離を模索した。

　一生、抱え持たなければならないてんかんや内臓疾患については、自ら他者に打ち明け、理解を得ようと努力するようになった。

　記憶の断絶が起こることや、記憶を保持することが困難なこと、疲れやすいときがあること、言いたいことが適切な言葉にならないときがあること、複雑部分発作が起こることなど、人とは異なる状態になることがあることを、他者に打ち明けるようになった。

そうして『先生と話してきて、何かを見つけた気分なんです』と、なにか内側に良いものが育ってきている感覚をMakiはセラピストに語るようになった。セラピストのこころにも、発作を起こしているMakiの側に、かつて母親も誰もいなかったときの寂しさと心細さ、訳のわからなさや底知れぬ恐怖が、『わたしは寂しかったんです』という彼女の言葉と共に、感知され、留まるようになっていた。

── 母親のナルシシズム

　筆者が出会ったときMakiは、人生早期からの疾病をもつ女性患者であると同時に、Shōtaという子どもの養育者でもあった。ここでは、これまでに浮上した「母親のナルシシズム narcissism」の問題、すなわち子どもの疾病によって母親は深く傷つきナルシシズムが作動すること、そして、そのナルシシズムは子どもとの《関係の相互性》に影響し、疾病をもつ子どものこころの形成に深く影響することについて、考察を深めたい。病気の子どもをもつことで生じた母親のナルシシズムは、子どものこころ（自己の形成）にどのように影響するのであろうか〔Ogden, 1974〕。

> 子どものこころにどのように影響するのであろうか

① 母親のナルシシズムと「相互的な関係」
　乳児期には、我が子に熱性けいれんが起っていても家で放置したMakiの母親、幼児期には、てんかんがあると告げられても否認してまったく治療を受けさせなかった母親、について考える。
　『病気がうつるから、お母さんと同じものを食べてはダメ』と孫のShōtaに言うなど、Makiの両親は完全に、病気をもつMakiを否認し続けていた。特に母親は、てんかんや内臓疾患をもつMakiを『そんな病気持ちの子は自分の子ではない』『あんたなんか、いらん子だ』と、激しく否認した。

　本書前半【三つの視点】CHAPTER 2で紹介した脳性麻痺患者

との心理療法において、オグデン〔Ogden, 1974〕は、R氏の母親の妊娠期からの自己愛の傷つきが、患者の自己表象 self-representation や身体表象 body-representation の形成に強い影響を与えたことを記述している。R氏の愛されることのない、悪く、醜く、破壊的な身体とその攻撃性を含む自己は、良い、攻撃的でない自己にとって、まったく手に負えないものと感じられていた。その手に負えない「悪い」自己部分は、依存対象である母親の評価をめぐって生じる恥の病理〔西園, 1996〕と理解することも可能である。また岡野〔1998〕が「親から植えつけられた恥」や「プリ・エディパルな恥」と理解したものでもある。

　患者自身のこころのなかにありながら排除され続け、それゆえに生きづらさが生じる、これらの「悪い」自己部分がどのようにして形成されるのかについて考えることは、他の器質的疾患をもつ患者たちにとっても重要なものである。

　妊娠以前から思い描いていた出産状況や赤ん坊とは異なる体験をしたときに、多くの母親は、すぐには回復できないほどの衝撃をそのこころに受ける。自分の赤ん坊に重篤な疾病があると知ったとき、「自我の中心点」〔Klein, 1946〕や「自我の核」あるいは「軸」となるもの〔Garland, 1998/2007〕に損傷が生じる。そのこころに衝撃と傷つき、喪失と落胆や失望、そして罪悪感や憎しみ、健康な赤ん坊をもつ他者への羨望を感じる。

　そのようななか母親は、自分を掻き乱すような、失望させる対象との関係を、なんとかして理想的な、以前の状態に戻したいと思う。「本当はこうなるはずだった」「これが現実であるはずはない」「こんなはずはない」と思う。そうして、こころを掻き乱すような現実を突きつける対象の存在（ここでは疾病をもつ赤ん坊）を母親のこころは否認し、理想的で万能な赤ん坊を手放すまいとする。

　そのような世界をこころのなかに作り上げ、外界に投影することで、理想的な愛されるべき「空想の赤ん坊」との関係は、母親のこころのなかで維持される。そうした理想的な世界で生きるため、その世界にそぐわない対象は「自分のものではない」と、こころから排除される。現実の対象のありのままの姿はこ

［傍注］
自己表象
身体表象
恥
患者自身のこころのなかにありながら排除され続け、それゆえに生きづらさが生じる
羨望
空想の赤ん坊

ころに受け入れられず、"住み家"を与えられず、攻撃される。その結果、母親は「自らの投影的な側面から作りあげた世界で生きることになる」〔Bell, 2001, p.159〕。その世界で生き続けるため、自己愛的世界を脅かすものは、即座に攻撃され排除され続ける。

> 自己愛的世界

Makiの母親も、そのような母親の一人だったと考えられる。『そんな病気をもつ子どもは、うちの子ではない』『自分の子ではない』という言葉は、母親の〈自己愛〉的世界をあらわしている。「疾病をもたない人間」のみが家族であるという〈自己愛〉的世界を構築し、理想的な赤ん坊であるMakiのきょうだいだけが、そこに住まうことを許されていた。

> そんな病気をもつ子どもは、うちの子ではない

Shōtaが生まれたときも『病気の子だったら抱かない』とMakiに告げていた。Makiの母親は、自分が病気に罹る可能性や、もしかすると罹っているかもしれない可能性でさえ、否認していた。それは、Makiが内臓疾患の由来を知ろうとして母親に検査を求めた際の、母親の反応に顕著にあらわれている。母親は『わたしがそんな病気に罹っているはずはない』と、検査を受けることすら拒否した。

母親の愛情を受け取るべき対象は、理想的で健康な「良い赤ん坊」として、おそらくMakiのきょうだいに投影されていた。一方、母親のこころを掻き乱す「耐えがたい対象」としてのMakiは、母親のこころから排泄され、除去され、否認された。

このような母親の〈自己愛 narcissism〉の影響を受けた負の《関係の相互性》のなかで、Makiは自身の自己を形成した。依存対象としての母親が、早期からてんかんを抱えるMakiを否認し脱価値化してきたことは、今度はMakiのこころのなかに取り入れられ、その存在自体が「恥ずべきもの」「生きている価値のないもの」「悪いもの」「ばい菌のように人に悪いものをうつすもの」という自己を形成することになった。

疾病をもつ自己部分は、Makiの内的世界においても、愛されることのない悪いもの、生きる価値のないものとして、その"住み家"を与えられなかった。『本当だったら、あんたも閉じ込めておかないといけない』との母親の言葉どおり、こころのどこかに閉じ込められていた。そうして、疾病を悪化させる病理構造を形成するようになった。

> 病理構造

シナソン〔Sinason, 1992/2010〕はそのような「疾病を抱える人が病状を悪化させるに至る、こころのなかの病理構造」を〈二次障害〉という概念で理解した。それは、障害を負わない人びととは"異なる"という心的外傷、つまり、こころの痛みに対する自己防衛的誇張〔木部, 2003〕である。それは、知的障害者における潜在的知能を抑制する情緒的要因や知能の限界に対応する方法に着目し、一次障害としての知的障害が〈二次障害〉によっていかに悪化させられているかを示したものだった〔Sinason, 1992/2010; Galton, 2002; Simpson & Miller, 2004〕。

「障害を熟視するということは、障害を持たない人びとと自らの違いを熟視するということであり、そうすることはとても辛く苦しいことである」〔村井, 2011〕。実際にその違いが好ましいものではないとき、その一次障害に対して〈二次障害〉が作動する。

例えば知的障害者のなかには、外界との軋轢を避けるために一次障害を悪化させる人びとがいる。依存対象に不快感を与えることを怖れるあまり、いつもニコニコとしていて持てる能力を表に出そうとはしない人もいる。あるいは、障害にまつわる内的なかく乱から、深刻な人格発達の偏りを形成する人びとがいる。また、虐待や心的外傷の影響を防衛するために、一次障害そのものを誇張し悪化させたり、自傷行為や攻撃行動を示す人びともいる。

これらの〈二次障害〉の現れ方は、心的外傷に対する防衛や、疾病や障害をもつ人が、疾病や障害をもたない人びとと出会うときに表出される、患者の内的世界であると理解することができる。すなわち、そこには"病気の自己"がどのように過去の《関係の相互性》のなかで扱われてきたかがあらわされており、現在の《関係の相互性》のなかに患者が過去の内的対象ともつ経験として表出されている、との理解が可能である。

Makiにはもともと養育環境の不備がみられた。

熱性けいれんを起こした後に明らかなてんかんがあると告げられたことは、その環境の綻びを悪化させ、身体的・心理的虐

二次障害

自己防衛的誇張
知的障害者

障害を熟視するということは〜とても辛く苦しい

病気の自己

待はより激しくなった。疾病を抱える彼女は両親によって否認され、長い期間、治療すら受けさせてもらえず放置された。『すみません。ごめんなさい』というMakiの口癖は、常に謝ることで外界との軋轢（特に両親との軋轢）を避ける手だてであった。自然な自分の自立的なありようを隠して生きることを、高校時代まで緘黙に過ごすことで選択していた。てんかんのある自己は、閉じ込められていた。加えて、頻発するてんかん発作は、さらに彼女のこころを混乱させた。

> 外界との軋轢

Makiの疾病は、発達促進的な対象との《関係の相互性》を頓挫させた。特に母親のナルシシズムは非常に強固に形成され、両親の疾病に対する偏見や否認は増幅した。そして、乳児であったMakiとの《関係の相互性》に影響を及ぼし、彼女自身の無意識に浸透し、取り入れられ、彼女の自己を形成するに至った。

② 疾病にまつわる「相互的な関係」の実演

養育環境における《関係の相互性》の綻びは、面接のなかで再び生じ、Makiとセラピストのあいだの《関係の相互性》において表出された。第3期のセラピストの突然の休みとそれに続く祝日が、それにあたる。

> 養育環境における〜綻びは、面接のなかで再び生じ〜

そもそもセラピストは、第1期にMakiが語った「電車とホームの隙間に落ちるんじゃないかと怖くなる」という言葉の奥に隠された真の意味を、理解し損ねていた。そのときセラピストは「電車とホームの隙間」と面接と面接のあいだとをつなげてMakiに語った。その解釈は、面接と面接の隙間があるということ、すなわち面接の次の6日間のことを示していた。「その期間Makiはセラピストを見失ってしまって怖さを感じるのだ」と理解していた。《連続性が失われ、Makiのこころに恒常的に対象がいるのではなく、ときどき見失われてしまう怖さなのだ》とセラピストは伝えていた。

> 解釈

しかしMakiの振る舞いとセラピスト自身の反応から考えれば、このときのセラピストの理解は、まさに綻びていた。それは、Makiが「常時支えられていない」「安心感がない」「いつ落ちるかわからない」という恐怖をあらわしていた。そこには、Makiのこころの内側に、適切かつ安全に、安定的に蓄積された「良

い対象」との経験がない、ということがあらわされていた。あると思っていると隙間があって落ちてしまう、ということを意味していた。ごく早期の母親との関係で、その母親は、Makiがてんかんをもつことで綻びてしまったのである。これは、母親のナルシシズムに由来する。

そのセラピストの理解の綻びは、セラピストの突然の休みと祝日に実演 *actualization* された。

面接室のなかで複雑部分発作が起きたとき、セラピストは、自分が理解し損ねていたことをはっきりと悟ったのだった。綻びた《関係の相互性》のなかに落ちそうなのは、Makiの「てんかんをもつ自己」であった。届かない思いは「てんかんをもつわたしを受けとめて欲しい」という思いであった。セラピストは解釈という言葉を失いながらも、咄嗟に、彼女の振り上げられた拳に触れ、そこに込められた"痛み"に触れていた。Makiの瞳に映るセラピスト自身を見て、そこに相互に流れている思いを感じた。「発作のときに、側にいて世話されることが、Makiには必要だったのだ」と、彼女の内的世界の表出から理解できたのだった。

そして後には、発作とそこにこめられた"こころの痛み"について言葉で話し合えるようになった。Makiの「難治の病いをもつ自分を知っていく」痛み、「病いを抱えながら存在しなければならない」という痛み、「そんな自分は消えてなくなりたい」という想い、「誰にも受け入れてもらえないかもしれない」という不安に、触れることができるようになった。

③ 養育者の病いと子どもとの「相互的な関係」

養育者であるMakiが難治のふたつの病い(てんかんと内臓疾患)を抱えていることは、Shōtaにとって深刻な事態であった。Makiとの心理療法過程を改めて俯瞰してみると、気づくことが幾つかある。

てんかんや内臓疾患という疾病を抱えること自体、治療のために頻回に通院しなければならず、入退院も頻回であった。目の前のMakiがてんかん発作を起こしている現場にShōtaが居合

実演

自分が理解し損ねていたことをはっきりと悟った

こころの痛み

わせることも何度もあった。Shōtaには、発作で意識を失ったMakiは「死んでしまった」と感じられたかもしれない。その恐怖はどれほどのものだったろう。発作前と発作後のMakiの様子があきらかに異なるのも、Shōtaにはとても怖く感じられたに違いない。

面接中に彼女が語っていた、味噌汁を運ぶ途中での発作は、ShōtaにもMakiにも危険なことであった。包丁で野菜を刻んでいるときの発作も、危険きわまりないものになる。入浴中の発作も、死を招きかねない。踏切を渡りきらないあいだに起こる発作も、命の危険を伴う。毎日のそういった種々の危機的状況が、Shōtaの目の前で繰り広げられていたことに思いを馳せると、『僕のお母さんは大変なんだ』とShōtaが看護師に語っていた痛々しさに、胸を打たれる。Shōtaの発達に必要な心身への世話をMakiが綻びなく為すことの困難が、ここにあると理解できる。

> 僕のお母さんは大変なんだ

Makiの疾病にまつわる自己もまた、Shōtaのこころに計り知れない影響を与えている。実際Makiは「Shōtaに病気をうつしてしまう」「悪い影響を与えているのではないか」という恐怖を、無意識に抱えていた。『Shōtaが自分と同じ道を歩んでいる気がして』と泣いた第3期はまさに、その恐怖をセラピストに伝えている。

てんかんという疾病は、母親のナルシシズムを生み出し、Makiの母親との《関係の相互性》に大きく影響した。その伝播は、Maki自身だけでなく、Shōtaや夫にも影響を及ぼしている。夫は彼女の病状の悪化と自傷行為を怖れて、言いたいことも言えない状況にあった。そしてとりわけ子どもであるShōtaは、Makiと強固な同一化関係を結びやすく、病理の伝達を被りやすい。疾病は、Makiを取り巻く対象との《関係の相互性》に重大な影響を及ぼしているのである。

> 伝播

ここにも、疾病を抱える人とその家族に対するケアの必要性を、筆者は感じる。疾病を抱えるその人と対象との《関係の相互性》までをも考慮した介入と、継続的な支援が必要だと考える所以である。

> 疾病を抱える人とその家族に対するケア

Makiの"病気"が「Shōtaに移ってしまうのではないか」と

いう恐怖は、ある意味、Shōtaを思う親としてのMakiの正常な懸念である。負の《関係の相互性》から生じた"病気"は実際、Shōtaの学校での適応困難を生じさせていた。

　彼女がもつてんかんという疾病は、もちろん、乳幼児期から彼女と両親や他者とのあいだの《関係の相互性》に負の影響を及ぼし、養育環境の綻びを悪化させ続けていたが、それだけでは収まらず、彼女と自身の子どもShōtaとの《関係の相互性》という「次世代」にも深く影響を及ぼしていたと考えられる。

負の影響

次世代

　ここで提示した治療経過を振り返ると、早期に子どもに疾病があるとわかったときに形成される「母親のナルシシズム *narcissism*」は、子どもとの《関係の相互性》に影響し、子どもの自己形成に影響することがわかる。さらに、子どものこころに取り入れられた〈自己愛〉的世界は、こころの発達を阻み、世代を超えて伝播し、患者自身の子どものこころにまで影響することが理解できた。

　この治療では、患者の子どもの内的世界にまで踏み込んで、その真の影響を吟味することは叶わなかった。そこで次節では、疾病をもつ母親に育てられた青年期女性との心理療法過程を提示する。「母親のナルシシズム」が、《関係の相互性》のなかで子どものこころに及ぼす影響、すなわち「ナルシシズムの深刻な病理をもつ母親から取り入れられた自己」という観点から、その影響を検討する。

＊1：てんかん：「発作を繰り返す慢性の脳疾患である。発作は、短時間の意識消失や筋肉のけいれんから、激しく長時間にわたる発作までさまざまである。けいれん *seizure* は、突然に、大抵は短時間の大脳ニューロンの過剰な放電によって起こる。大抵の場合、てんかんは抗てんかん薬によって治療可能である」〔WHO, 2017a〕。

日本人の有病数・率については、本書p.81を参照のこと。世界では約5,000万人もの人々が罹患している〔WHO, 2017b〕。「てんかんをもつ女性の妊娠率は一般女性の70-85%とされている」〔日本てんかん学会, 2016〕。

＊2：熱性けいれん：近年の研究では、熱性けいれんの既往のある小児におけるてんかんの発症率（2.0-7.5%程度）は、一般人口における発症率（0.5-1.0%）よりも高いとされている〔日本小児神経学会, 2015〕。

＊3：内臓疾患：Makiが患っていた内臓疾患は、血液・体液を介してウイルス感染する。出産時、Shōtaには感染予防処置がとられた。

＊4：ここでMakiは「自分のてんかんという病気のせいで子どもが怒られ、そのために幼稚園の先生たちが自分の子どものことを"精神病だ"と言いふらしている」と訴えている。つまり、自分が抱え持つてんかんという病気のせいで子どもが理不尽に扱われ怒られていると訴えていること、またてんかんがあるが故に不当に扱われてきた自分の傷つきを幼稚園で怒られている子どもに投影同一化しているために混乱が起きていること、あるいは子どもが正常に発達していないのではないか、それは自分が親として機能していないためではないかという不安を増強してしまう体験となったことなどが引き金となって受診したと筆者は理解している。ここには彼女の疾病にまつわる三世代の「関係の相互性」の問題が現れている。

＊5：ここではMakiは、自分の傷ついた自己を子どもに投影し、傷つけられ泣いている自分のために、子どもが祖父に抗議しているかのように語っている。

＊6：Makiが訴えている状態は、医学的にはてんかんのある人に起こる、記憶、言語、注意、遂行機能などのさまざまな認知機能の障害（高次脳機能障害）であると考えられるが、現状では医療においてこれら認知機能の評価と日常生活における困難の査定は、十分に実施されていない〔日本てんかん学会, 2016〕。さらに言えば、これらの認知機能の障害によって起こりえる発達的・情緒的問題は、ケアされないままである。

CHAPTER 4

病いと「つながり」の解体

ここでは「母親のナルシシズム narcissism」が子どものこころの形成に与える影響について、さらに検討する。母親の疾病が《関係の相互性》に及ぼす影響を検討するために、身体的な疾病を患者自身が患っている症例ではなく、精神病を患う母親に育てられた重症パーソナリティ障害の女性との精神分析的心理療法過程を提示する。

　そして、養育者の精神疾患が胎児期からの子どもとの《関係の相互性》に影響し、いかに次世代の子どもの発達やその後の子どもの人生が苦痛に満ちたものになってしまう危険性を秘めているか、ということを提示する。

取り入れられた精神病世界

　Rica は初診時20代の未婚女性であった。同胞二人の末子として生まれ、早産かつ低出生体重児であった。何らかの理由で母乳は生後1ヵ月時に中止された。セラピストは、外見のまとまりのよさとは裏腹に、彼女が「今にも内から崩れ落ちそう」という強い印象を受けた。

　彼女の父親と母親は常に喧嘩し、離婚話がたびたび出る状態で、実際に離婚・同居・別居・復縁などを繰り返した。母親は Rica がごく幼い頃から精神病に罹患し、入退院を繰り返し、姉と Rica に暴力をふるった。

　Rica には中学時代から、過食やリストカット、自殺念慮などの、さまざまな問題行動があった。その頃から「自分という感覚」がわからず、自分と他人の区別がつかず、人と会うと混じり合うので肥り、「自分という感覚がシミのように広がる」感覚があった、と彼女は語った。高校時代には、母親の薬を大量服薬して自殺未遂を起こした。大学進学とともに一人暮らしを始めたが、その間に、二度の性犯罪の被害に遭った。

　その後の散発的な精神科治療は、彼女の苦しみの軽減にどれ

精神病

も功を奏しなかったようだった。現主治医を受診する約1年前、電話中に急に奇妙な早口で話し続けたために、精神科を受診した。その後もリストカットを繰り返し、壁に頭をぶつけ、大声で叫び、処方された薬を投げ捨て、海に飛び込んだ。混乱は収まらず、現主治医を受診した。

<small>自我障害</small>

　セラピストはこのような経緯から、Ricaが体験している病理は、顕在性の幻覚妄想ではないものの、自我障害と呼ばれる症状に近似していると考えた。
　精神分析的には、精神病性のパーソナリティの機制によって人格が解体し投影同一化されて自他が変容する事態を、非精神病パーソナリティの部分が認識し、正気を失う恐怖にさらされ続けてきたと言える。そして、いよいよ正気を保てなくなると、自傷行為、思路（言語）障害様の言動、精神運動興奮状態をもたらしたと思われた。

<small>コンテイニング機能不全</small>

<small>母親からの精神病性の投影同一化にさらされてきた</small>

　また、精神病であった母親のコンテイニング*containing*機能不全、さらには母親からの精神病性の投影同一化にさらされてきたであろうことが、Ricaの精神病性のありように大きく関与しただろうと感じた。
　加えて、これまでの治療関係においてRicaは、言語能力の高さも手伝って、抑うつ水準とみなされて、精神病性の病理は理解されず、コンテイナー*container*を求め続けたであろうRicaは繰り返しコンテイニング*containing*機能不全にさらされることになった、とセラピストは推測した。

　今回、心理療法を求めたのはRica自身だった。主治医からの依頼もあり、セラピストは週一回50分の90度対面法を有料にて設定した。主治医の治療は薬物療法が中心であったが、実際にはRicaは処方薬を服薬していなかった。

── 寄る辺ない声

第1期　解体する「相互的な関係」[#1-#40]

　Ricaはこれまでのさまざまな治療関係者とのあいだで『言葉が通じない』『何気ない一言に傷ついてきた』と訴えた。この訴えはセラピストに「セラピストとは言葉を介して通じ合えるのか」という疑念を抱かせた。

　Ricaは『自分をどうしていっていいか、自分を抱えられないし、自分というものがどういうのかさえわからない』と涙した。初回からセラピストは、激しい頭痛を覚え、疲労感も並大抵ではなかった。面接が終わった後も長時間にわたって、セラピストのこころはざわめいたままだった。

　面接のない日は「必ず誰かに殺される」という迫害不安に終日さらされており、面接日には面接室に辿り着くまでに『音がいっぱい自分のなかに入ってきて、訳がわからなくなる。どうやって自分を保ってやってくればよいのかわからない』と彼女は言った。『ちょうどコラージュみたいに、断片が、いつのことだかわからない断片が、いっぱい貼られているみたい』と、自我が解体する苦悩を語って涙した。そして帰り道には再び「必ず誰かに殺される」不安にさらされた。面接中セラピストは、Ricaのこれらの語りに圧倒され、頭痛は激しさを増した。セラピストはほとんど考える余裕がなく、とにかく毎週、面接空間を維持することで精一杯だった。

　Ricaは体調不良を理由にキャンセルを繰り返した。それは「癌に罹患しているかもしれない」と一時的な心気念慮を生じて身動きもできないためだった。面接に現れてもRicaは『目の前のセラピストと以前のセラピストたちがゴチャゴチャになる』と訴えた。

　実際、キャンセルを繰り返すRicaはセラピストにも「断片を貼り付けたコラージュ」のように感じられ、面接中のセラピストのどの言葉やどの態度に反応して次の回がキャンセルとなるのかが、まったく理解できなかった。面接室で会ったあとにこ

●p100『もの想うこころ』引き受けることができるのだろうか。〜私はひとり考え込んだ。

●p87 断れない……、こころの何処かでそう感じていた。

断片

ころに長いあいだ残存する激しい揺れとも相まって、会っていなくても会っているような、会っていても会っていないような奇妙な感覚であった。

　ある意味『居場所がない。転々として乞食みたい』と自分を描写するRicaの言葉は、彼女のこころのありようとしてセラピストにとても腑に落ちるものだった。セラピストのこころにも未だRicaという人は定まらず、彼女のための定まった"住み家"はなかった。

　しかし「Ricaにとって面接を維持することが肝要である」とセラピストはかろうじて考えていた。セラピストは《わたしと会っていないときの不安を理解してほしい。一方で、わたしを本当に頼りにして良いのかという不安が、あなたのなかにあるのでしょう》と伝えた。すると彼女は、怒りを含んだ口調で『セラピストに頼りなさを感じている』と言った。『自分には「揺るぎない壁」のような、完璧に理解してくれる他者の存在が必要なのに、得られず、恐怖と苦しみが混じり合ったなかをどうにか過ごしてきたのだ』と泣き叫んだ。自分と他人の区別も、現実と現実でないものの区別も、わからない苦しさを訴えた。そして『生きるためには死ぬしかなかった』と、過去の自殺未遂の意図を語って、医師や心理士でさえ言葉に敏感ではなく、彼や彼女らが発した言葉にどれほど傷ついたか、を話した。

　それから面接を2週間に一回にしてくれないかと問うた。セラピストは「完璧に自分の言葉を理解しない」と感じられる〈転移〉対象、すなわち、彼女の症状の重要性を理解せず傷つける治療者になっていた。セラピストは治療構造の変更はしなかったが、Ricaは結局、その後の面接を9回も連続してキャンセルした。『前のセラピストたちと先生は違う人なのだ。だから一から関係を作っていかないといけないんだ、と初めてわかった』と言った彼女のなかから、セラピストはまた見失われることになり、セラピストには無力感だけが澱のように残った。

　Ricaとの面接にセラピストのこころは激しく揺さぶられた。面接中も面接後も、彼女の"苦悩"がセラピストを捉えて放さなかった。それは一貫性のあるものではなく、こころがただ何かに圧倒され揺さぶられている感覚であった。

● p89
一貫したつながりが感じられなかった。

● p90
私は〜わからなかった。どう考えても理解できない。

治療構造

無力感

久しぶりに現れたRicaの両腕には生々しいリストカットの痕跡が無頓着に露わになっていた。『面接に通えるのは普通のときで、本当に苦しい状態のときは通えない』と言い、その傷にあらわれている"こころの痛み"に触れようとしたセラピストに『これくらいで回せているのだから、いいじゃないか』と、吐き捨てた。
　この頃、彼女は夢について語った。『以前は死体がゴロゴロ転がっている夢をみて眠れなかったが、最近は家族の現実的な夢に変わって少し眠れるようになった』というものだった。そうして彼女は、彼女独特の感覚を具体的に語り出した。それは「自分には自他の区別がつかない」という話だった。
　人と会っているときRicaは人と混じり合っている感覚になって、混じり合うと肥る。実際に肥るわけではないが、相手の分量だけ肥った感覚になる。体積が増えると言うのであった。そして、それはとてもイヤなことだとも語った。
　その話は、セラピストにとって非常に奇妙な感じがするものだった。言葉は理解できても、その意味をセラピストのこころで感知することはできなかった。具体物としての身体がそのようにやりとりされ、変化する彼女の感覚というものは、セラピストには残念ながらわからなかった。それが今、彼女とセラピストとのあいだで起こっていることも実感できなかった。しかし、そのことを語ることで「セラピストに自分独特の苦しみをわかって欲しい」という彼女の願いだけは、汲み取ることができた。

● p92『もの想うこころ』圧倒されていた。

　Ricaは『このところ少しずつ記憶がはっきりしてきて、思い出してきている』と、現実的な感覚に基づいた以下のような話を続けた。
　『「普通のこと」をしてくれなかった過去の両親とのことは、とても苦しく、どれだけの苦しい状態を一人で過ごしているか……。その苦しみの最中の自分は両親にはわかってもらえず「置き去り」にされてきた』『普通にそばにいて「どういうことが楽しいということなのか」「どういうことが苦しいということなのか」

「どういうことが悲しいということなのか」「自分という感覚はどういうものなのか」、ちゃんとして欲しかった』と言う。『高校時代に自殺未遂をしたときも、両親は何もしてくれなかった』と、泣きながら語った。

　その真っ直ぐな苦悩には、セラピストの胸に迫るものがあった。セラピストは《置き去りにされてきた「傷ついたこころを何とかしたい」とずっと思ってきたけれど、両親にも誰にも受け入れてもらえず、わたしもまた受け入れてくれない人かもしれないと不安に思っている》ことを伝えた。《話しても、週一回の面接時間が終われば一人になってしまう不安についても、理解して欲しい》との願いについても話した。するとRicaは『食費を削ってでも、毎週来ることにする』と語ったが、その後もときどき面接を休んでいた。

●p93
痛々しかった。

　姿を見せたRicaは、面接に来るときに駅のプラットホームで「概念が消えて」しまい、右や左といった言葉がどういうことなのかわからなくなって、その場にうずくまるしかなかったこと、メールの返事を打とうとしても「頭のなかがサーっと消えて」しまい、意味が理解できないこと、集団やバスのなかで「自分の考えが漏れ出ている」といった自我障害様の体験を、セラピストに語った。これらの体験を「自分は混乱している」と客観視できることがあった。

自我障害

　Ricaの語る恐怖や混乱を、セラピストは理解しきれなかった。それを「ちょうど彼女が訴える状態と同じようだ」とセラピストは感じていた。「彼女の語る文章は聞こえ頭には入ってくるが、その実態はまったく体験として理解できない。こころで感知しきれないでいる」とセラピストは考えていた。

●p95
私の想像できる範囲を超えていた。

　以前の治療歴についてRicaは『混乱した自分をわかってもらおうとしたが、わかってもらえなかった』と、涙ながらに語った。それはセラピスト自身にも当てはまることだった。《少しはわたしとのあいだでつながりを感じて、この苦しい、あまりにもつらい話をわたしにしておられるけれども、前のセラピストと同じで、わたしにもちゃんとわかってもらえていないようだと感じておられるのでしょう》とセラピストは伝えた。

セラピストはこうしたやりとりを続けながら、いつしか、頭痛には苛まれなくなっていた。と同時に、Ricaの苦しさを、圧倒されるだけではなく、少し実感できるようになっていた。

　次第に「Ricaの心痛を理解されない傷つきの源は、母親とのあいだで起こっていたことにある」と理解されてきた。ご飯を作ってくれない母親、腐った味噌汁を出す母親、母親を気遣って買ってきたものを見てRicaをあざ笑った母親、のことが思い出された。初潮が来たときも祝ってもらうこともなく、Ricaは同級生が話していることに聞き耳を立て自分一人で形だけの真似事をし、わからなさや怖さのなかで対処してきたのだった。『そのときの怖さは今も続いている』とRicaは言った。いつも争っていた両親のあいだで頭がずっと真っ白だったこと、家のなかの悪いこと、家の不幸はすべてRicaが原因だと母親に言われてきたことも、わかってきた。

　そうして母親に言われたように『「自分が悪い」と思ってしまうと、何も考えなくてすむ。感じなくてすむ』ということにRicaは気づくようになった。また自分のなかにも自身を責める考えがいつも浮かんで、自分自身を苦しめていることにも気づくようになった。

　以前のように頭のなかが真っ白ではなく、少しずつはっきりしてきたRicaのなかに、傷つき途方に暮れるRica自身を自覚して感じられるようになった。その大変さや苦悩は他者とは違う質のものである、とわかってきた。『どうも言っている意味が違うようだ』と彼女は言った。そして、自分の苦しみを語った次の回にも、セラピストに苦しみを伝えたことをずっと考えているようだった。

　Ricaは『ずっと頭が真白で、怖かった。誰もわかってくれず、一人でなんとかするしかなかった。がんばっても誰も褒めてくれない。自分の状態がわかってきて、これからどうなっていくのか。怖い』と訴え続けた。セラピストのこころには「Ricaは本当に小さな小さな女の子なのだ」という考えが湧いてきた。そうして、セラピストとのあいだでこのようなRicaのことは「迷子」という名称で共有されるようになった。そうして誰の目に

心痛

● p96『もの想うこころ』
そのとおりだと私も思った。

も留まらなかった「迷子」は、迷子でなくなった。

第2期 「相互的な関係」の芽生え [#41-51]

　面接開始から11ヵ月が経過した頃、Ricaは次のような夢を語った──〈自分の乗った貨物列車がどこかへ向かって進んでいる。貨物列車の一つひとつが住居みたいになっていて、その貨物と貨物のあいだを繋ぐ10mくらいの通路がある。自分はその通路から外を眺めている。それから、いつも夢に出てくる男の人がまた現れ、いつもはうまく会えないが、この日はその人と会話できて、握手できた〉というものであった。

　その2ヵ月前に見た夢も報告した──〈階段を下りた地下の部屋に案内してくれた人が『これはすべてあなたが描いた絵です』と言った。その何百何千という絵は、自分ではそれらを描いた記憶がない。一枚取り出してみると、とても深い青で描かれた木の絵だった〉。

　セラピストは、これらの夢は「セラピストとRicaのあいだに少し「つながり」が出来て、Ricaのなかに文字どおりコンテイナー container（＝貨物列車や地下の部屋）とコンテインド contained（＝Rica自身や貨物や絵）が出来てきて、こころの整理をするために無意識にあるその中味をセラピストと一緒に一つひとつ吟味しようとし始めている」ことのあらわれと理解した。セラピストは、そのような夢を見ることができるようになった彼女に驚くとともに、それをまたセラピストに語ることができる彼女にも驚いた。そして、上述のセラピストの理解を彼女に伝えた。

　そうして面接開始から1年が過ぎた頃、Ricaは『自分の思考がそのまま他者に伝わるわけではない』『自分と他者は縦に分かれてつながっているわけではなく、自分と他者のあいだに壁があるのだとわかった』『すると、自分以外のものと自分が混じり合っている不快感がなくなり、揺れ動いていた地面が治まり、勝手に入ってきていた音が静まり、「過去と現在と未来の自分がつながっているのだ」と実感できた』と言った。『以前は、机とセラピストとわたしの区別がついていなかった』とも語った。

　驚きが、セラピストのなかに広がった。今までそのような世

コンテイナー
／コンテインド

● p98
自分というものの "住み家" が出来はじめようとしている。

界にRicaがいたということに驚いた。人のこころがつながるということ、良いつながりをもつということ、こころとこころが交流するということ、温かみのある情緒がお互いを行き来するということは、本当に彼女には理解できないことだったのだと思い知ったのである。それほど断片的でかつ恐ろしい世界にRicaが住んでいたことを、このときセラピストはやっと理解できたのである。

『どの瞬間も「わたし」は「わたし」で、過去にいろいろあったわたしも、今のわたしも、明日のわたしも、同じわたしなのだと思える』一方で、『今のここにいるわたしは「これからも独りぼっちのわたしがいる」と思うと、とてつもなく不安だ』と語った。《自他の区別がなかなかつかなかった頃も、とても苦しかったでしょうけど、区別がついて現実が見えてくると、それはそれでまた別の苦しさを感じていらっしゃるのでしょう》《わたしとのあいだでも同じように感じておられるのでしょう。わたしとあなたが別の存在だと知ることは、あなたにとってとても心細いことなのでしょう》とセラピストは伝えた。

Ricaは肯き、「自分がどこに向かっているのかわからない」という怖さを語った。本当に、自他の区別がつくということは、「自分と他者のあいだに壁がある」ことであり、こころの繋がりが感じられなければ、良い対象との交流がこころになければ、自分と他者がポツンポツンとただいるだけなのだと、そのときセラピストは実感を伴って理解できたのである。

Ricaはそうして、悲惨な家庭での出来事をようやくはっきりと語り始めるようになった。『父親のいる競争の世界に到達しないと自分が崩壊し、まさに崩壊していると感じていた母親のようになってしまう』恐怖を語り、『過去に何度か、このままいくと母親と同じになってしまうところを踏みとどまった』と語った。

● p101「もの想うこころ」温かな情緒交流は、両親のどちらからも得られなかった。

第3期 最早期の「相互的な関係」の実演 [#52-#70]

このように、Ricaの「健康な自己」が少し機能し始め、セラピストの存在がRicaに感じられつつあったと考えられた、面接開始から1年2ヵ月の頃のことであった。セラピストの妊娠が

● p101
私は心底、悩んだ。〜

判明した。約5ヵ月後にはセラピストとの面接が中断し、セラピストも治療場所も治療時間も変わることになると知ったRicaは『初めて頼った人がいなくなるというのはショックだ』と泣いた。

　それまでほぼ半分の回数しか面接に来なかったのと打って変わって、中断・引き継ぎの日までRicaは遅刻も休みもせず面接に通って来た。日常では過食がひどくなった。
　『自分の感情が悪夢でしか感じられない』と言い、Ricaは次のような夢を語った —— 〈大きな総合病院の診察室にわたしがいて、女の子もいる。女の子はわたし自身だとわかっている。その子は不治の病で歩けない。学校を休んだその子を両親がボコボコにしている。頭がこんなに飛んでいくほど、ボコボコに殴られている〉〈ひったくりにあった夢。お金に困って友達から借りた8万円を自転車のカゴの底に入れておいたら、盗られてしまった〉〈苦しむ彼女に、さらに追い打ちをかける出来事が起き、誰も助けてくれない夢〉 —— それはまさにセラピストとの関係で彼女に起きていることであった。セラピストもそのとき、まさにRicaの不幸に追い打ちをかける人物だった。セラピストはその理解をそのまま彼女に伝えた。『味方が誰もいない感じ』とRicaは言った。

　Ricaではない子どもと繋がったセラピストは、外傷を負わせ精神病世界に追いやる人物に布置された。そして『中断なんて……裏切られた』『子どもなんて……母親を連想させるものは吐きそうになる』『気持がわるい。母親には「わたしを中絶してくれ」って思う。今も先生とこの場で二人きりじゃない』『お腹の赤ちゃんを殺してしまうのじゃないか』と激しい怒りを向けられ、彼女は実際にセラピストの目の前で、吐く音を立てた。それは、彼女の母親が精神病を患っていたことをセラピストに思い出させた。「赤ん坊に乗っ取られる不安、殺される不安、バラバラに壊れる不安など、さまざまな感情が母親と彼女のあいだにあったようだ」という考えが、かろうじてセラピストに湧いた。

● p104
それは、彼女を愛しみ、育む気持ちではなかったようだ。

CHAPTER 4 —— 病いと「つながり」の解体 | 175

子どもがいる人は「宇宙人に見える」と言い、セラピストが変わっていくことへの憎悪を語った。母親が自分を中絶しようとしていたことを祖母からずっと聞かされ続け、こころが激しく痛んでいたことを語り、『なぜわたしの母親はこんな苦しい生き方しかできない自分を産んだのか』と問うた。*2『なぜ先生は子どもを中絶しないのか』とも問うた。万能的なイメージを向けていたセラピストへの幻滅を語り、面接室のなかでセラピストは子どもと繋がっていて、Ricaがいつも一人でいるしかない絶望を、何度も語った。かつての彼女の母親と同じく、彼女をないがしろにする人間として彼女の前に居続けることに、セラピストは非常な罪悪感と無力感を感じていた。

　面接室のなかに留まり、彼女の混乱と絶望と、彼女を置き去りにしようとしているセラピストへの憎しみを受けとめ続けることは、どれほど難しいことだったか……。にもかかわらず、逃げ出したいという気持は、不思議とセラピストには起きなかった。期間限定でしか彼女のセラピストとしてはいられないことに微かなあきらめを感じつつ、極度の疲労に見舞われながらも、中断の最後の日まで会い続けたいという気持は変わらなかった。そして、セラピストのなかに子どもが存在しているのと同様にRicaが存在し続けていることや、Ricaのこころのなかにセラピストが小さくても存在するようになってきたことを伝えると、Ricaは肯定し『よく、「先生ならこう考えるかな」と思う』と応えた。

　Ricaはセラピストを妊娠前から連続している援助者としても認識し続けることができていたようだった。Ricaはそれまで家族の誰もしてこなかった母親の障害年金申請の手続きをこの頃にし始め、母親の病いの歴史と重ねて自分の生い立ちを辿ることを始めた。過去を知っていくことの苦しみと、過去を変えることのできないつらさ、ちゃんと育ててくれなかった両親や家族への猛烈な憤怒、取り替えることのできない人生への絶望、そしてセラピストを含め「必要なときにそばにおらず、適切に理解しないセラピストたち」への怒りを、セラピストにぶつけ続けた。

　「人はRicaが思っていたようにまったく一人では生きているわ

他者との温かなつながり

けではなく、どこかに他者との温かなつながりがあるのだ」と気づいたことも、そういったつながりを持ち得なかったRica自身の現実をつきつけ、こころに痛みをもたらした。Ricaは『なにか「いっぱい詰まった」感じがあったり、「まったく何もない」感じがある。今まで自分が野菜だと思って食べていたものは実は自分の栄養にはなっていなくて、なにか違うものが必要なのではないかと思う』と言った。そこには、食べ物の摂取と他者との交流が関連していることが言い表されており、セラピストとの関係においてもそのことが共有された。

● p107
私の妊娠と治療の中断という外傷〜

この5ヵ月間は『まるで強化合宿のようだ』とDは言った。
セラピストからの外傷体験で、Ricaは精神病世界に追いやられることにはならず、相応の怒りをもセラピストから包容され、彼女のなかに「時間の感覚」をもたらし、存在の連続性の獲得に寄与することになった。

そのことは、かつてのように勝手に声が聞こえてきたときやぶたれていたときと違って、彼女が本当に一人ぽっちであることを知らしめることになった。「人に頼ることが、自分の主体性の場所を明け渡すことではない」との感覚をもたらした。そして、セラピストに対してのみだけでなく、セラピストのなかの子どもにも、セラピストから愛しまれるRica自身を重ねて、「応援したい心境になった」と感謝の想いを残し、ふたりの面接は終了した。

── 母親のまなざしに宿る病い

実演

この治療経過を振り返ると、セラピストの妊娠が判明し、妊娠を継続しながら面接した第3期が、この面接のいちばんの危機的状況であると同時に〈早期外傷〉場面が実演 *actualize* されたときであった。

早期外傷場面
投影同一化

第3期において顕在化された〈早期外傷〉場面を考察する前に、まずは、母親からの精神病性の投影同一化にさらされたRica

が、母親との《関係の相互性》のなかでその病理をこころに取り入れた事態について考察する。

① 母親のナルシシズムの取り入れ同一化

クライン〔Klein, 1930a, 1930b, 1946〕は、生後時から存在する〈部分対象関係〉において生じる迫害不安と投影同一化によって、乳児のこころが断片化し枯渇していく様を描写した。そして、その脆弱化し貧困化していくこころのありようは、後に起こる精神病と酷似しているとして、その理解を統合失調症の転移の起源、すなわち〈精神病転移〉として概念化した。さらには、それまで不可能であると考えられていた統合失調症の治療可能性について論じた。彼女の〈精神病転移〉の概念は、その現象的理解と、転移を向けられることによって即座に引き起こされるセラピストの逆転移、そしてそのなかから醸成されて生じるセラピストのこころの機能と治療への有効性について、後にさまざまに研究されることになった。なかでも、本書前半【三つの視点】CHAPTER 1で概観した〈投影同一化〉は、後のクライン派とポスト・クライン派によって大きく発展した概念である。

一方〈取り入れ同一化〉もまた、投影同一化と対を為し、最早期の対象関係に最も重要な影響を及ぼすとクラインが考えていた概念である。内的な良い対象の取り入れは「自我の中心点」としてはたらき、自我の形成を助けると彼女は述べた〔Klein, 1946〕。にもかかわらず、「取り入れの問題」（たとえば強制された取り入れ）は、あまり表だって研究されてこなかった〔Hinshelwood, 1989/1991, p.227〕。

一般に主体の側から考えると、〈投影同一化〉は自己の一部を外的対象のなかに見出し、〈取り入れ同一化〉は外的対象を自己のなかに見出すと理解できる。しかし、主体の自己のなかに取り入れられた対象が、自己に端を発し投影同一化によって変容されたものなのか、そもそも外部にあった対象が主体への投影同一化によって強制的に、押しつけた結果によるものなのかの、判別は難しい。とりわけ、治療関係のなかで現れる転移が精神病水準である場合はそうである。自己の病理性であれ、外部から取り入れられた病理性であれ、精神病性の病理を抱える人と

※傍注:
迫害不安
精神病転移
セラピストのこころの機能と治療への有効性
自我の中心点

の面接は、セラピスト自身のこころが危機に陥るほど、激しく揺さぶられるなかで経過する〔松木, 2000; 松木・東中園, 2008〕からである。しかしながら、人のこころが、投影同一化と取り入れ同一化の絶え間ない循環過程（つまり対象との関係の相互性）によって発達・成熟していくことを考えると、何を取り入れ、その取り入れた対象がどのようにその人のこころを圧倒しているのか、あるいは育んでいるのか、という問題は重要である。

> 人のこころが〜循環過程〜によって発達・成熟していく

このように考えると、Ricaが、そのいのちが母親の子宮に宿ったときから「死の恐怖」にさらされていたということは、非常に憂慮すべき事態である。母親はRicaを何度も中絶しようとしていたし、祖母もその残酷な事実をRicaに告げた。

ローゼンフェルド〔Rosenfeld, H.〕は「胎児は母親のある種の不安な精神過程に敏感な可能性があり、それは心身症状態の根底にある過程と何かしら同じような方法で胎児に伝達される」〔1987, p.180〕と述べている。またラファエル-レフ〔Raphael-Leff, J.〕は、150人の母親からの聴取に基づく研究から、母親になる人と胎児とのあいだのやりとりが、母親が乳児と出会うときの原型となることを見出し、以下のように記述した。

> 母性の原型

> 胎盤システム

私は母性の原型は妊娠によって形成されると示唆したい。つまり、母親は子宮のなかに胎児を物理的にコンテインするという行為を、出産後に赤ん坊を抱くという形で繰り返しており、双方向性のある胎盤システムが出産後の双方向の対話の原型になっている。ここで私が強調したいのは、栄養物と老廃物を交換するという子宮内で起こるプロセスは出産直後に変様した相互作用の無意識的パラダイムと見なすことができるということである。そこで触媒となる母親は乳児の現実の有害な側面や不必要な側面を取り除き、その代わりに栄養価が高く、成長を促す経験を与える準備をしている。妊娠期間中、胎児の心臓が鼓動する度に母親は酸素を含んだ血液と滋養物を胎盤に送り込み、肺を通して二酸化炭素を吐き出して取り除き、腎臓の働きで窒素化合物を母親の尿に排出し排泄しているが、胎児はそのことにずっと気づかない。しかしながら、母親は既に子宮のなかで、愛しい／憎らしい寄生物のためにコンテイナーや変圧器、そして老廃物処理機としての機能を果たしている。つまり、その寄生物は母親の組織を食いつぶし、母親の血液を自分の組織内に取り込み、老廃物を母親のなかに排泄している。妊娠期間中、母親は役に立つ栄養物や悪い老廃物を体内で処理し変換している。後に母親はこれと同じ方法で、隠喩としてのコンテイナーや変圧器となって、自分の赤ん坊の複雑な経験や感情を取り扱う。ビオン〔Bion, 1962b〕が指摘し

ているように、母親が「代謝」した赤ん坊の激しい投影や感情は「解毒され」、加工された形で戻され、すると乳児はそれを安全に再び内在化することができる。〔2002/2008, p.68-69〕

そして「母親は、自分の子宮のなかに宿る異物である胎児が向ける要求を全面的に受け入れ、内的空間や内的資源を明け渡して滋養物を供給し、侵入者でもある胎児を拒絶したいという誘惑や衝動に打ち勝たなければならない」と述べている。

> 侵入者でもある胎児を拒絶したいという誘惑や衝動

母親はRicaを中絶しようとしていた。彼女の母親は、胎盤の機能を(すなわちコンテナーcontainerとしての養育的機能を)自ら中断し、Ricaのいのちを断とうとした。Ricaの生命と発育のために母親が自分の子宮を開放し、コンテイナーとなって胎盤(物質の交流や循環過程と、有害なものの防壁として機能する)を維持することに耐えられない母親がいた。すなわち母親は、子宮のなかでRicaの生命の維持に必要な豊かな栄養物を、あるときは途絶えさせ/あるいは過剰に供給し、老廃物を沈殿させ/あるいは供給し、一貫性なく、途切れ途切れで、バラバラに断片化させていた。生後1ヵ月で母乳が途絶えてしまったことも、Ricaの胎児期の《関係の相互性》の再演enactと考えられる。命綱をときに断ち切ろうとする動きがあり、ここにRicaが取り入れざるを得なかった「解体する関係の相互性」のありようがあらわれている。

> 再演

「ここで私が強調したいのは、栄養物と老廃物を交換するという子宮内で起こるプロセスは出産直後に変様した相互作用の無意識的パラダイムと見なすことができるということである」とラファエル‐レフは前出の論文〔p.68-69〕で強調している。

このような「解体する関係の相互性」は、生後も継続されたと思われる。Ricaの正常な投影同一化は、精神病を患う母親のコンテイニング機能不全によって拒否されたばかりではなく、投影されたものは歪められて受け取られ、またRicaのこころは母親自身の精神病性の投影の排泄先となって、その発達を萎縮させられた。精神病性の内的対象を取り入れることをRicaは強制され〔Hinshelwood, 1989/1991, p.227〕、その対象は彼女の健康な自己を圧倒し、「混乱状態 confusional states」〔Hinshelwood, 1989/1991; Rosenfeld, 1950〕

> 混乱状態

を引き起こした。

　実際Ricaはセラピストとのあいだでも「自分が内から壊れてしまうかもしれない」不安に圧倒されていた。自分と他人の区別も、現実と現実でないものの区別もわからない苦しさを訴え、以前の治療者たちと現在のセラピストの区別や、机とセラピストの区別さえついていなかった。Ricaとセラピストは混じり合い、音は侵入し、考えは漏れ出ていた。

> セラピスト自身のこころを保つことがとても困難であった．

　その面接は、セラピストに激しい頭痛を引き起こし、セラピスト自身のこころを保つことがとても困難であった。Ricaからの〈精神病性の投影同一化〉に圧倒され、考えることが困難であった。そうしたセラピストの状態は、おそらく生後、あるいは生前からの母親の〈精神病性の投影同一化〉にさらされた彼女自身の体験であった。セラピストは、存在価値を認められず激しく攻撃され無力であった。面接は、キャンセルが頻発した。Ricaにとっても、セラピストにとっても相手は不在であり、そこには苦痛や不快しかなく、「排泄としての投影同一化」が続いていた。

> 排泄としての投影同一化

　つまり、セラピストの妊娠が判明する以前の経過において、面接のなかでも、面接の外でも、Ricaからの投影同一化にセラピストのこころは圧倒されていた。その侵入を拒否せずにこころを揺さぶられ続けるのは、とても難しいことであった。セラピストは強烈な投影同一化のなかにいて、彼女と、いや彼女に取り入れられた内的対象と、常に「融合」〔Rosenfeld, 1950〕しているような体験をしていたのだろう。そこには、何も生み出せない、考えることのできない、胎児と母親の、赤ん坊と母親の、そしてRicaとセラピストの「今にも解体しそうな関係の相互性」が存在していた。このような「母親のナルシシズム narcissism」は、Ricaとセラピストの転移関係のなかにあった〔松木, 2008〕。

> 融合

② 早期外傷場面の実演：「相互的な関係」の起源

　以上のように、「母親のナルシシズム narcissism」に圧倒され強制的に取り入れられた対象と自己との関係は、Ricaとセラピストの関係において、最初から実演 actualize された。

> 実演

　セラピストに向けられた〈精神病転移〉は、面接を重ねるな

か少し和らぎつつあったが、セラピストの妊娠という、治療に重大な影響を及ぼす出来事が起こった。それは治療の中断という、まさに母親がRicaを中絶しようとしていたことの実演であった。Ricaが内的対象とも持つ経験は、セラピストと関係する際に表出された。妊娠したセラピストは、子どもと見えないところでつながり、Ricaだけが精神病世界に一人追いやられた。セラピストはRicaにとって気味悪い存在となり、吐き出され、変化していく体型から宇宙人と疎まれた。

　クライン〔1946〕は、内的な良い対象の取り入れは「自我の中心点」として働き、自我の形成を助けると述べたが、その投影同一化と取り入れ同一化の持続する相互作用において、さまざまな障害が起こり得る可能性を示唆した。その障害は「自我の極端な脆弱化を意味し、内的世界と外的世界との関係に決定的な影響を与え、あるタイプの精神分裂病の源泉になるようにみえる」〔p.16〕ものである。

　Ricaと母親との《関係の相互性》は、母親の〈精神病性の投影〉の往還となり、Ricaにとっては、こころに必要な栄養価を相当に削がれ、成長を促す体験を阻害し、感情を取り扱うことがなされないばかりか、Ricaのこころは迫害的対象に満ち、「殺される」恐怖に怯えることになった。

　後にローゼンフェルド〔1971〕は「精神病患者との治療関係において、患者が投影同一化を使う動機」について探究し、ふたつの重要な型を区別した。すなわち、自分の耐え難い衝動や不安な体験を分析家のこころのなかで受けとめてもらうために「コミュニケーション」として用いられる投影同一化と、自己の不要な部分を取り除くために「排泄」として用いられる投影同一化である。治療状況における精神病的な患者の言語や行動は、常にセラピストとの関係についてあらわしているものである、とローゼンフェルド〔1987〕は理解した。そして、「精神病の患者に対して、患者の投影をコンテイン*contain*するもの」としてセラピストは存在し、セラピストのこころの状態、すなわち「自分自身に正直で、患者のありようを全面的に受容するよう開かれているとき」〔Rosenfeld, 1987, p.36〕が治療の要因であるとした。そ

コミュニケーションとしての投影同一化

排泄としての投影同一化

して、セラピストのコンテインする機能には「受け身性以上のものが非常に多く必要とされる」と強調している〔Rosenfeld, 1987, p.182〕。

> 受け身性以上のものが非常に多く必要とされる

　一方、ビオン〔Bion, 1957, 1959, 1962a〕は投影同一化を、その度合によって正常なものと異常なものに分類できることを示した。「排泄」と「伝達」という目的の異なる投影同一化を示したうえで、ビオンは、その病理性を特徴づけるのは、この機制が用いられる頻度のみならず、万能性への確信の過剰さにあるとした〔Hinshelwood, 1989/1991〕。また、正常な投影同一化を妨げる起源として、乳児の生来的なものと環境／母親の問題をはっきりと区別した〔Bion, 1959〕。すなわち、乳児の正常なこころの発達に欠かせない「正常な投影同一化」の使用は、乳児の側の投影の激しさから母親に受け入れられず、妨げられる場合もあれば、環境つまり母親の機能不全や欠陥による拒否によって妨げられる場合もある。いずれにしても、乳児の投影を母親がそのこころに受け入れられない状況が起こった結果、乳児の発達は破局的なものとなる〔Bell, 2001〕。このようにビオンは投影同一化と取り入れ同一化の循環過程に着目し、母親の「取り入れる機能」と、その「取り入れたものを、乳児が受け入れやすいものに変えたうえで戻す能力」の決定的な重要性、すなわち母親と乳児の相互作用が乳児のこころの発達に及ぼす影響を描き出した。

> 受け入れやすいものに変えたうえで戻す能力
> 母親と乳児の相互作用

　このように、先人たちの考えに基づいてRicaの場合を考えると、治療状況におけるRicaとセラピストの《関係の相互性》は、Ricaの最早期の母親との《関係の相互性》を実演 *actualize* し、かつ修復する試みである。レイ〔Rey, J.H〕は外的対象の内的空間に投影された内的対象とその存続について、次のように論じている。すなわち、患者は、内的対象に影響された自身の日常がどれほど苦難に満ちていようとも、その非常に病的で傷ついた内的対象を死なせず、辛うじて生き永えさせる。それは、自身では為し得なかった内的対象の修復を手助けしてくれる誰かにいつかは出会えることを願っているからであると〔1988, 1994〕。

> 手助けしてくれる誰かにいつかは出会えることを願っている

　セラピストはRicaからの〈精神病性の投影同一化〉に揺さぶられ圧倒されながら、同時に、恐怖から泣き叫んでいるRicaの

声を聞き、その痛ましさを目の当たりした。セラピスト自身のこころは、むき出しで傷つきやすく、今にも壊れそうな感覚になりながら、Ricaの苦しさを思った。

　母親の子宮にいるときから生きる道筋を与えられず、必要な世話もされず、誰にも苦しみを理解されずに傷つき途方に暮れるRicaに、セラピストは面接室の内外で常に影響を受け、思いを馳せていた。それはおそらく原初的母子関係に似て、常に我が子のことがこころのどこかにあり"想う"母親のこころに似た体験であった。ビオン〔Bion, 1962b〕はそのようなセラピストのこころを〈もの想い *reverie*〉と呼んだ。それは、精神病性の投影同一化に圧倒されていたRicaの自己の「正常な投影同一化」を育むためには不可欠な情緒であり、健康な母子関係には必ず含まれる要素である。

> もの想い

③ セラピストのこころという住み家

　セラピストが現実に妊娠したことと、予定された治療の中断は、Ricaという患者（＝子ども）を名実ともにセラピストの内側に抱えていくことについて、そしてRicaという患者（＝子ども）がセラピスト（＝母親）の外側に生まれ出ることについて、共に考えることにつながった。それは、「強制された取り入れ」〔Hinshelwood, 1989/1991, p.227〕同一化による〈精神病性の対象〉に圧倒され脆弱化し取り籠まれ続けた自己を、健康な早期母子関係によって育む過程と捉えられることである。

　自分のなかに自分のものではない命を育むということ、栄養を与えるということ、与えられること。どのような栄養を誰がどのように与えていくのか。そのいのちの存続はある意味、全面的に自分に委ねられているという一方で、手の及ぼしようのない内側で育っていくということは、畏怖の念を抱かせる体験である。

　セラピスト自身が不自由になっていくということや、束縛されることにも、さまざまな情緒が湧く。ちゃんと育っていくのだろうかという不安も生じる。Ricaとの今ここでの関係において、そういったセラピストのさまざまな感情を抱え吟味しつつ共に時を重ねる根底を、"愛しむ"という情緒は支えていたよう

> さまざまな感情を抱え吟味しつつ共に時を重ねる

> 愛しむ

四つの出会い――病むこととは？ 生きることとは？

に思う。ゆっくりと母親の病歴を追い、自らの生い立ちを辿ることで、Ricaは取り入れ同一化からなる〈病的対象〉をいくらか手放していった。

> 病的対象

　新たな《関係の相互性》がRicaとセラピストとのあいだで芽生えてきたのだった。

　セラピストのみではなく宿した子どもにも激しい転移を向けられることは、セラピストは内心「ふたりのやりとりを聞いているであろう、我が子」へも罪悪感を抱くことになった。どのような影響が我が子に及ぶのかと、恐ろしく思う気持もあった。あまりの転移の激しさにRicaへの怒りが湧き起こることもあった。無力感に打ちひしがれることもあった。だが、ふたりとも大事であるがゆえに、ふたりそれぞれへの罪悪感をコンテインcontainし続けることが、中断前の5ヵ月には必要だった。

> 罪悪感

　Ricaにとっては、妊婦としてのセラピストに起こる外見上の変化は、途方もなく恐ろしいものと想像されていたし、母親を連想させるセラピストは気持のわるい存在として体験されていたが、面接室の内側と外側で、セラピストからその転移を理解される体験を通して、彼女は「他者から"愛しまれ"ること」を、わずかながらも体験できたのだと思う。結果としてRicaの自己が回復し始め、それは夢が具象水準から象徴水準へと育まれることにもあらわれ、「母親の障害年金申請の手続き」をすることで、取り入れ同一化による精神病を本来の母親の帰属であると認識するようになった。Rica自身では為し得なかった、ひどく傷ついた内的対象 damaged object を修復するため〔Rey, 1988; 1994〕の一歩となる体験だった。そしてRicaは、セラピストという新たな対象に対して感じる種類の愛を「乳児が最初の食べ物を与えられる経験」〔Klein, 1946; 1952, p.119〕として《関係の相互性》のなかで体験したのではないかと考えている。

> 象徴水準

> 傷ついた内的対象

> 乳児が最初の食べ物を与えられる経験

新たな同一化の発達

　セラピストとの精神分析的心理療法の経過において、彼女が抱える「強制された取り入れ」による〈精神病性の同一化〉の問題は、そのままセラピストに投影同一化されていた。そして

並行して、セラピストへの新たな同一化のゆっくりとした発達が看て取れた。新たな同一化の形成は、精神病性の内的対象との同一化をいくばくか手放すことにつながり、患者の自己をある程度回復することに寄与した。

それは、セラピストの妊娠による中断に至るまでの1年7ヵ月という比較的短期間で起こった、患者の変化のプロセスから理解できた。以上のことは、最早期の母親との《関係の相互性》がセラピストとの《関係の相互性》に表出され、セラピストとの《関係の相互性》のなかで、その理解を共有することによって起きた変化である。

ビオン〔Bion, 1962b〕はセラピストの機能を〈もの想い *reverie*〉という母親のこころのはたらきに見出した。すなわち「愛する対象である乳児が向けるどんなに耐え難い、激しい情動も、自らのこころのなかに受け入れ、理解し、最後には乳児が耐えることの出来る、和らいだ形に変容させて返す」という母親のこころの機能である。そのような母親の乳児に対するこころのはたらきは、まさに、精神病性の病理を抱える患者のセラピストに求められるものである。

この母親と乳児の《関係の相互性》は、本書前半 **CHAPTER 1** で示したように、コンテイナー *container* ／コンテインド *contained* という形で概念化され、治療状況におけるセラピスト（母親）―患者（乳児）関係を理解するために用いられる〔Riesenberg-Malcolm, 2001〕。

一方、〈精神病性の投影同一化〉の起源を、乳児の「スプリッティングや投影同一化の機制の使用を拒否する環境」に見出すのではなく、環境が乳児に過剰な投影同一化を向けることによって起こる、いわゆる「強制された取り入れ」〔Hinshelwood, 1989/1991, p.227〕に見出している文献は少ない。対象すなわち母親の深刻な病理によって乳児がそのこころに蒙る過剰な刺激は、乳児のこころが生き延びるために不可欠な「刺激保護障壁」〔Freud, 1920〕を破綻させ、防衛的に、その対象との同一化を強いるものとなり得る。

精神病を患う親が、内的現実と外的現実のあいだの、あるいは主観的に考えられるものと客観的に知覚されるもののあいだ

もの想い

愛する対象である乳児が向けるどんなに耐え難い、激しい情動も〜

コンテイナー／コンテインド

刺激保護障壁

の境界が脆弱であること、現実感が稀薄であること、他者や物と容易に合体し、他者と分離しているという感じをもつことが難しいことなど、子どもの情緒発達や人格形成に深刻な影響を与える可能性がある、とウィニコット〔Winnicott, 1959/1961〕も述べている。母親のまなざしに宿る病いに、乳児は自分自身を認めるのである〔Winnicott, 1971〕。

　母親の疾病によって影響された《関係の相互性》は、Ricaのこころに深刻な障害と人生の生きづらさをもたらしていた。

∽

　CHAPTER 3, 4では、筆者が関わったふたつの臨床素材から、養育者の疾病が《関係の相互性》に及ぼす影響について、「母親のナルシシズム narcissism」を中心に考察を深めた。母親のナルシシズムは、親子の《関係の相互性》のなかで次世代に伝達され、子どものこころの形成に深刻な影響を与える。

　Makiの子どもであるShōtaは、子どもであるにも関わらずMakiの世話を引き受けざるを得なかった。投影の受け皿として存在し、学校ではいじめられていた。Ricaは重症のパーソナリティ障害を抱えることになり、精神病性の病理に苦しんでいた。精神病の母親に育てられたRicaは、母親からの病的な投影同一化によって、胎児の頃から母親の精神病世界を押しつけられ、良い対象との《関係の相互性》は解体し、自己の正常な発達を阻まれていた。

　疾病による《関係の相互性》への影響がShōtaやRicaの人生に苦難をもたらしていたことは明らかである。良い対象との《関係の相互性》に恵まれなかった子どもたちは、こころの基盤である《関係の相互性》に損傷を受けている。病いを抱えることに、さらなる不幸、すなわち"こころの不幸"を重ねないために私たちは、疾病が起きたその初めから、支援するべきである。《関係の相互性》への着目を怠るべきではない。怠ったために生じる不幸の伝播を重ねて見過ごすわけにはいかないのである。

　本章では、養育者の疾病が子どもとの《関係の相互性》にもたらす影響を、事例を通して詳細に考えてきた。本書後半

病いを抱えることに～こころの不幸を重ねないために～

不幸の伝播

CHAPTER 1,2と併せて、疾病によって影響された《関係の相互性》を複眼的に捉えることを試みた。

* 1 : 精神病：精神病の代表的な疾患として統合失調症が挙げられる。統合失調症は幻覚や妄想という症状が特徴的である。厚生労働省による調査では、統合失調症および類似の診断名で受診中の患者数は77.3万人とされている〔厚生労働省, 2014年患者調査〕。およそ100人に1人弱かかるとされている。

* 2 :「未生怨prenatal rancor」について、西平〔2015〕は「例えば、中絶されそうになった胎児の、一度『殺された』ことに対する『無意識的な』恨み。その恨み（攻撃・破壊衝動）は、自らの存在そのものの否定につながる危険を持つ。また『未生怨』には、出生の由来に対する疑問が含まれる場合もあり、出生にまつわる母親の葛藤に気づいた時の幻滅、理想化された母親への幻滅なども含まれる」〔p.125〕と述べている。

* 3 :「強制された取り入れforced introjection」は、Hinshelwood〔1989/1991〕が投影同一化の項目でわずかにとりあげている〔p.227〕。古くはFerenczi〔1932〕が、同一化の極端な形として「外傷trauma」との関連で論じた。子どものこころに最も破壊的な「強制された取り入れ」の形は、攻撃者との同一化であり、その同一化と否認は世代間で無意識に伝達される。クライン派の文脈では、Rey〔1988, 1994〕が、外的対象の内的空間に投影された内的対象とその存続について論じている。すなわち、患者は、内的対象に影響された自身の日常がどれほど苦難に満ちていようとも、その非常に病的で傷ついた内的対象を死なせず、辛うじて生き存えさせる。それは、自身では為し得なかった内的対象の修復を手助けしてくれる誰かにいつかは出会えることを願っているからである。

ここまでの後半【四つの出会い】における四人 Asuka, Michiru, Maki, Rica との"こころの交感"については（本書の凡例にも記されているように）、きょうだい本『もの想うこころ』〔木立の文庫, 2019年〕に、"生きづらさ"と"共感"をめぐる「物語」として、本書では語り尽くせなかった著者（セラピスト）の感覚や省察を盛り込んでドキュメンタライズされている。

conclusion

身体の傷とこころの臨床

人は人生のいつの時点にか病いを負う。それは、誰の人生にも避けられないものであり、必ず起こり得ることである。そして現代医療においては「身体の治療」を中心に施される。救命や延命、病巣の除去、身体機能の改善、症状や苦痛の軽減・消失が目指される。

　本書で注目したのは、私たちが生きるなかで"病い"がもたらす目に見えない数値化されない影響が忘れ去られていることであった。

病い

目に見えない数値化されない影響

── 身体の病いと子どものこころ

　本書では前半 **CHAPTER 1** と **CHAPTER 2** 前半の他領域も含めた考察から、人が人間らしく生きていくために必要なこころの基盤は、誕生後すぐか誕生以前から始まる外的な対象との《関係の相互性》によって形成されることを提示した。

私たちのこころの基盤

　生後すぐの赤ん坊は、飢えやぬくもりといった身体感覚と重なる、苦しさや恐ろしさや痛み、心地よさや安心や安堵といった情緒を体験しつつ、同時にそれらを他者のこころに受けとめられ、再び自分が受けとめられやすい形にしてこころに戻してもらうことが重要である。そういった外的な〈良い対象〉との体験の積み重ねが、赤ん坊のこころの内側に取り入れられ、その自我と良い対象との《関係の相互性》そのものが「自我の中心点」〔Klein, 1946〕あるいは「軸」〔Garland, 1998/2002〕となって、人のこころの健康な形成を促すのである。

　それはクライン派およびポスト・クライン派精神分析からの理解に基づけば、対象関係がこころの内側に内在化されるということである。人のこころの内側にある対象との関係が、その人がどういう人であるかを形づくる。換言すれば、どのような対象をこころの内側にもち、それらの対象とどのような《関係の相互性》を自我とのあいだで持っているのかによって、その

他者のこころに受けとめられ〜こころに戻してもらう

良い対象

人のこころの内側にある対象との関係が、その人がどういう人であるかを形づくる

人のこころの発達は左右され続ける。そして少し後には、その関係の相互性が、その人の生きざまを大きく左右する。

このような理解を踏まえれば、最早期の疾病を細かく入念に検査し、調べ、知ってゆきながら、個々人の"身体"の損傷や苦痛を治療するのと同様、個人の"こころ"を形成していく《関係の相互性》を、その始まりから疾病とともに緻密に着目し続けるべきではなかろうか。疾病のある生まれたばかりの赤ん坊と対峙した親とのあいだに行き交う関係の相互性と、その行方を、人生の行程までも見据えて吟味する必要がある。

そのように考えると、クライン派やポスト・クライン派が重視した対象関係という言葉は"人のこころの内側"に注目した言葉であり、今回提示した対象との《関係の相互性》という言葉は、その動的部分をより強調し、外的関係から内的対象関係までの疾病の影響を、人生の始点から終点まで包括できる言葉ではなかろうか。

身体の病いからの二重の不幸

周産期・乳幼児医療の現場、特にNICU（新生児集中治療室）は、疾病によって影響を受けた母子の最早期の《関係の相互性》が明らかに存在する場所である。そこには、こころも身体も生まれる準備が出来ていない、母親の心身から離れる準備のできてない状態の赤ん坊と、子どもを産む準備がまだ心身にできていない状態の母親が存在する。種々の疾病によって時期尚早に分離せざるを得ない母子である。

その始まりに疾病によって衝撃を受けた母子の《関係の相互性》の問題は、現実には見失われ放置され、もともとの疾病という不幸に更なる不幸を重ねる根源となって、こころに存在するようになる。

更なる不幸

二重の不幸　　　前半CHAPTER 2での症例は端的にその"二重の不幸"を示している。ウィニコット〔Winnicott, 1970, 1971b〕が治療相談面接をした合指症を持つイーロという少年は、同じ合指症をもつ母親とのあいだで、奇形を「正常」に変えるための頻回の手術という行為のなかに偽りの愛情交流を保持していた。シナソン〔Sinason, 1992/2010〕が精神分析的心理療法をした重度重複障害をもつマウ

リーンは、その障害の重篤さを目の当たりにした両親が、衝撃に持ち堪えられずに後に彼女を捨て去ったという耐え難い自分の人生の事実を抹殺しようと、何度も目を突くという自傷行為に及んでいた。また、オグデン〔Ogden, 1974〕が精神分析的心理療法をした脳性麻痺をもつR氏は、彼を妊娠したことによって捨てられ、その彼が脳性麻痺であるということに傷ついた母親とのあいだで、脳性麻痺であることそのものを否認したありようを内在化し、女性たちとのあいだで反復していた。

　これら三つの症例では、最早期の疾病によって影響を被った《関係の相互性》が、自我からは排除されたものとして"こころの内側"に根を下ろし、もともとの疾病という不幸に、程度の差はあれ、更なる疾病や損傷、症状の悪化、あるいは死を招くまでの破壊的な作用をもつようになっていることが示されている。〈良い対象〉との関係の相互性は攻撃され、その後も疾病をもつ自己は受け入れられることなく、悪循環は存在し続ける。

> もともとの疾病という不幸に〜破壊的な作用をもつようになっている

　そのことは、前半【三つの視点】**CHAPTER 3**で精査した日本小児科学会〔水口, 2016〕によるアンケート調査にも顕著にあらわれていた。小児期から疾病を患い成人した患者の多くに、自身の病気に対する認識ができていない様子や、病気を悪化させないための生活習慣や治療習慣を管理することができていない様子がみられ、親との共依存関係、さらには精神疾患を併発しやすい現状が問題視されていた。

> 共依存関係

　こうしたことから、患者のこころには、また患者の家族のこころにも、疾病が真に理解されるという"住み家"を与えられず、常に排除され忌み嫌われるものとして疾病が扱われ続けていることを、また同時に、その身体の喪失に対する喪の作業 mourning work が為されていない現状を、示していると言える。こころに疼く痛みを抱え続けることができないために、疾病に影響された《関係の相互性》は、患者とその家族の人生に負の影響を及ぼし続けるのである。

> 喪の作業

人生の生きづらさが増幅されて

　ゆえに、このことは、疾病を負う人びとの生きづらさを増大させるのだと理解できる。新たな関係をもとうとする意欲や、良

> 生きづらさ

い関わりをもたらしてくれる人からこころの栄養を享受する機会を逃してしまう。疾病による苦痛を誰もわかってくれるはずがないと、良い《関係の相互性》は排除され、自己愛的世界が構築されていく。

こころの退避場所
防衛的誇張

疾病を「こころの退避場所」〔Steiner, 1993〕にしてしまいそこに安住してしまうか、あるいはシナソン〔Sinason, 1992/2010〕が「防衛的誇張」と呼ぶ二次障害を作動させて、さらに疾病を悪化させ、その奥の可能性ある自己部分は萎縮し、活動できなくなる。そうして、疾病に心的エネルギーが注がれ、構築された自己愛的世界〔Freud, 1914〕は、患者のこころのなかにある"真に理解されたい""ありのままで愛されたい"という根源的な願いでさえ埋没させてしまう。

生きる意欲

こうして形成された疾病にまつわる病理構造は、患者の生きる意欲を削ぐ。闘病することに耐え、疾病を抱えながら、より良く生きるために考えることを放棄させる。あるいは、自らがもつ疾病を否認したまま、負の《関係の相互性》を強化していく。このありようは、本書で提示された後半【四つの出会い】CHAPTER 1,2の二つの症例にも、明らかにあらわれていた。先天性股関節脱臼の長期治療を経た患者Asukaは、まるで固定用ベルトに縛られているかのように自らは動かず、不登校になり「一人にされる」と怯えていた。生後すぐ保育器に入った患者Michiruも、一人恐怖のなかに取り残されることを怖れているにもかかわらず、母親との分断状況が現実に何度も反復され、言葉を失い、登園できていなかった。

世代を超えて伝播する苦しみ

さらに後半CHAPTER 3の例で明らかになったのは、疾病に影響された最早期の《関係の相互性》が世代を超えて伝播するということである。

早期からてんかんのあったMakiは、病いをもっているということを両親から完全に否認されていた。養育環境の綻びは増大し、疾病という不幸の上に更なるこころの不幸が重なることになった。疾病のみならず、疾病を抱えるMakiの存在が忌み嫌われ、「そんな子は家の子ではない」と排除された。Makiの症状

こころの不幸

は悪化し、自傷行為も頻発した。そのことが今度は、Maki自身の子どもShōtaとの《関係の相互性》に良くない影響を与えた。適切に世話されてこなかった自己部分を、子どものShōtaに投影し、そのShōtaを通してMakiは自分の窮状を訴え、必要な世話をShōtaから得ていた。子どものShōtaは、子どもらしく世話されず、逆にMakiを世話する立場に置かれ、自身の子どもとしての発達は停まっていた。

そこで筆者に為し得る仕事は、世代を超えて負の《関係の相互性》が伝播するのを、阻止することであった。最早期のてんかんや、養育者の疾病によって影響された負の《関係の相互性》を、次世代に伝達されることをいくばくかは止め、より健全なものへと変化させる試みであった。

セラピストのこころの機能

医療に携わる際に、こうした最早期の疾病に影響された《関係の相互性》を、放置し、なかったことにし、その人や家族の人生を翻弄させ続けるままにしてよいのだろうか。否である。疾病という不幸を背負わざるをえなかった新生児が未来に希望を見いだすことができるように、そのこころに"情緒発達の礎"を築くべく、私たちこころの臨床家は努力すべきである。

そこで次に、クライン派／ポスト・クライン派精神分析というアプローチからの理解を基に、セラピストが面接のなかで着目し支援すべきと考えられるありかたを、本書のここまでで明らかになった事柄から考察する。

母親のナルシシズム

医療の現場では往々にして、患者や家族がこころに抱える本当の感情は語られない。医師に対しては特にそうである。最早期の疾病に関して、母親の感情は語られない傾向にある。

前半CHAPTER 2で検討してきた報告からも、養育者が疾病をもつ子どもに対峙したときにこころに抱いた感情は、出産状

> 放置し、なかったことに〜ままにしてよいのだろうか
>
> 情緒発達の礎

| 母親のナルシシズム | 況では語られていなかった。そうして形成された〈母親のナルシシズム narcissism〉は見過ごされたままであった。イーロの母親の傷つきと罪悪感と愛の喪失も、マウリーンの両親が抱いた衝撃と嫌悪感も、R氏の母親の絶望と悲嘆とサディスティックな感情も、彼女らのこころに秘められたままであった。

　同じように後半CHAPTER 1,2での、Asukaの母親が感じたであろう「装具をつけた育児の大変さ」も喪失感も、常位胎盤早期剥離が起きたMichiruの母親の罪悪感や不安や「放置された」という感情も、疾病が生じたとき以降、誰にも語られることなく時間が経過していた。これらの症例について考えると、子どもの最早期に、養育者のこころに生じた情緒が他者に受けとめられ理解されることは極稀であることが浮上してきたのである。

　極低出生体重児を産んだある母親のように、パートナーである夫にさえ『もしあのときわたしがトイレで力まなかったら……』といった「早産したことの罪悪感」を何年も後になってからしか語らないことが、ほとんどなのである。そうした秘められた母親の自己愛の傷つきは母親と子どものあいだで共有され〔Ogden, 1974〕、ケアされず後々まで子どもと家族の《関係の相互性》やその後の人生そのものに影響を及ぼすことが、今回、明らかになった。

疾病を負う子どもにばかり目を向ける傾向がある

　私たち医療従事者がややもすると疾病を負う子どもにばかり目を向ける傾向がある、ということにも留意すべきだろう。

　前半CHAPTER 3では、周産期・乳幼児医療の現場で働く医師・助産師・臨床心理士それぞれの専門家による支援も、このような〈母親のナルシシズム〉については、ほとんど着目していなかった。早期から疾病をもつ子どもと家族の関係性に留意した心理臨床をした報告もほとんどなく、患者が自分の疾病についてどのように考えているのかの報告も見当たらなかった。

　さらには、どのように専門家として関わることが、最早期の疾病をもつ子どもを養育者が真に受け入れることになるのか、温かで慈愛に満ち応答性のある親としての機能を回復することにつながるのか、そして将来は子ども自身が自分の疾病を受け入れていくことにつながるのか、が判然としない現状が見えてき

た。すなわち、どのような支援が、負の《関係の相互性》の形成を阻止し、親子の発達促進的な《関係の相互性》につながるのか、までは言及されていないことが判明したのである。

ゆえにここで重ねて、〈母親のナルシシズム〉と瞬時の愛情の喪失から子どものこころの内側に生じる、破滅不安や、恐怖に、まず私たち医療従事者が着目することを促したい。換言すれば、私たちが、危機的状況の養育者の立場に身を置いたときに、こころに湧き起こる感情、そして生まれた赤ん坊に対して抱く感情を、しっかりと捉えたい。それは、養育者である母親のこころに生じた感情と、ほとんど同じであるに違いない。そうして、『想像していた状況とは違って、とてもショックを受けられたでしょう』などと言葉にして、その理解を母親に届けたい。

> 養育者の立場に身を置いたときに、こころに湧き起こる感情

母親のこころには、語られない、さまざまな感情が渦巻いている。そこに一つひとつ触れていく必要がある。そうでなければ、放置された感情は、負の《関係の相互性》となって、提示した事例のように、子どもの無意識に蓄積され、疾病による困難だけでなく、こころの不幸も増幅させる危険性を孕むものとして、そのこころに存在するようになるからである。

> こころの不幸も増幅させる危険性を孕むもの

後半CHAPTER 3,4で、障害を熟視するということは、障害を持たない人びとと自らの違いを熟視するということであり、そうすることはとても辛く苦しいことである、と述べた。その辛く苦しいことに触れようとする勇気を、私たちは母親よりも少し先に持たなければならない、と考えている。

受動性のなかの能動性

このように支援するためには、疾病が対象との《関係の相互性》に及ぼす影響を感知する方法について、改めて考えてみる必要がある。

前半CHAPTER 1で概観したように、〈コスモロジー〉(固有世界)、〈シンボリズム〉(事物の多義性)、〈パフォーマンス〉(身体性をそなえた行為)の三つを合わせて体現した"臨床の知"という方法が適切である、という中村〔1992〕の提言がある。

> 臨床の知

それらを具体的に顕在化させる方法として、精神分析的アプローチによる〈転移・逆転移〉の概念を導入するならば、目に

> 精神分析的アプローチ

見えない《関係の相互性》のありようを感知する術をより明確に提供できる、と筆者は考えた。すなわち〈転移・逆転移〉の理解を医療現場に導入することで、《関係の相互性》の諸相を、つまりは患者や養育者はじめ家族の「意識水準から無意識水準に至るコミュニケーション」をセラピストのこころに受け留める術を与えてくれるのである。

実際、疾病が及ぼす《関係の相互性》への影響を精神分析的に理解するためには、いくつかの段階があるように思う。

前半CHAPTER 3で見てきたように、松木〔2015a〕は、私たちが"こころの臨床家"として耳を傾けるのは患者の「こころに出会う」ためであると述べ、「何かを聴き取ろうとする聴き方は、表面的には受動的に見えても、そこに聴き手の意図が確実に働いている、能動的なもの」〔p.27〕であるとしている。そして、その能動的な"耳の傾け方"、すなわち理解されることを切実に求めている「こころに出会う」ための一つの方法として、次のように提示した〔松木, 2015a, 2016a〕。

> こころに出会う

> 理解されることを
> 切実に求めている
> こころ

ステップ①：「相手の在り方に没入すること」。つまり患者の立場と思いになってみること、その人の世界に能動的に身を置くこと。
ステップ②：彼／彼女の立場になったところで「……と、この人は思っている」という離れたところから客観的にその人を見る視点を併せ持つこと、そして、この①と②のバランスを確立すること。
ステップ③：味わっているその彼／彼女の体験を自分自身の体験として味わうこと。こころの痛みや苦しさを体験的に知ること。
ステップ④：同じ感覚にあるずれを細部に感じ取ること。
ステップ⑤：①から④を背景に退けて、漂うように受け身的に聴くこと。
ステップ⑥：ここまでの理解のしかたを、とりあえず忘れたやり方、つまり「もの思い *reverie* のこころ」で患者との時間を過ごすこと。

これらはすべて、疾病をもつ患者や家族のこころと《関係の相互性》のありようを把握するために用いることができる、重要なステップである。

特に、最早期の《関係の相互性》を感知するためには、ステップ①とステップ④、そしてセラピストの逆転移のモニタリングとステップ⑥が同時にセラピストのこころにあるような"耳の傾け方"が重要である。なぜなら、最早期の疾病が明らかに

conclusion ……… 身体の傷とこころの臨床

なったときには、特に母親自身の背景は詳細にはわからず、そして疾病という現実の出来事の前に、こころは外傷を被った状況であるからである。トラウマを受けてすぐの母親や家族には、その外傷体験を中心に据えて"耳を傾ける"必要がある。母親の自我の核には深刻な損傷が起きている〔Garland, 1998/2007〕。

　このような"耳の傾け方"においては、私たちが独自に考える指示や提案や、私たちの思いや願いを、患者たちに伝えることは控えられる。慰めや気休めも必要ない。私たちの言葉は、これらのステップからセラピストに感知された彼／彼女のこころの状態の理解を患者に伝えるためだけに使われる。

＞感知された〜こころの状態の理解を〜伝えるためだけ

　このような"耳の傾け方"や言葉の使用法は、前半CHAPTER 3で概観した現行の心理臨床の在り方とは明らかに異なる。患者や養育者の側から発せられる事象を捉えるだけではなく、無意識裡に秘められた、しかし理解されることを願っている、母親の深刻な思いを受けとめることにつながる方法である。

　思えば、NICUという特殊な医療の現場に一歩足を踏み入れたときに感じる緊張感や恐怖、疎外感や孤独感や無能感は、日々そこに従事している医療従事者には感知されにくい。その場に入った母親の「自分はこの小さな赤ん坊のために何もできない」という無力感や絶望は、先に述べた〈母親のナルシシズム〉に即、影響する。

　急に母親から分離され疾病の治療を受ける新生児の立場に、あるいは赤ん坊を引き離され、思い描いていた出産を迎えることが叶わなかった母親や養育者の立場に、身を置いてみることで、あるいは、妊娠中から胎児を受け入れられない思いを抱いたまま早産に至ってしまった母親の立場に、身を置いてみることで、彼／彼女らの主観的世界に出会うことが可能になる。

＞身を置いてみることで〜主観的世界に出会う

　それは、セラピスト自身のこころに相手の主観的世界を受け取り抱え持つ、という「三次元的支援」のことである。そのようにして、患者や養育者のことを客観的に見る視点を持ちながら、同時に、セラピストの理解を届ける言葉を探すことになるのである。これらこそが、患者とセラピストの《関係の相互性》を通して成し遂げられることである。

＞三次元的支援

＞理解を届ける言葉を探す

こうしたことを成し遂げるには、誕生の瞬間か、それ以前から、母親のベッドサイドか新生児のクベースの傍らで、共に時間を過ごすことが必要だろう。毎日の微細な変化を一定時間のなかで観察し、耳を傾け、"もの想い *reverie*"のこころで患者や養育者と過ごすことが求められる。

> もの想い

早期外傷場面の実演を生きる
　転移のなかで患者はそのこころの世界をセラピストに伝達しているのであり、転移を理解し解釈することによって、セラピストは、患者の"現在における過去"（現在体験されているセラピストとの情緒的関係と、そのなかに息づいている患者の過去）の葛藤を同時に取り扱っている〔Riesenberg-Malcolm, 1986〕。

> 転移のなかで～こころの世界をセラピストに伝達している
>
> 現在における過去

　転移状況において「四次元」的に患者のこころを理解しようとするこの示唆は、最早期の疾病に影響された《関係の相互性》にアプローチするうえで、特に重要である。
　例えば前半CHAPTER 2での患者マウリーンは、治療者シナソンと初めて出会ったまさにその瞬間に、「マウリーンの疾病の重篤さに衝撃を受け彼女を追い払う人」と「追い払われるマウリーン」という《関係の相互性》が実演された。直後にシナソンは面接室でマウリーンに語りかけた『エレベーターから出たとき、彼女が目を覆ったこと。それはたぶん、彼女に新しく会う人が、どれだけの障害を彼女が負っているかにショックを受けるかを知っているからなのだ』〔p.229〕という解釈は、マウリーンに「真に理解された」という感覚をもたらした。それは、現在のマウリーンとシナソンのことでもあるが、過去の彼女が生まれた直後に交わされた《関係の相互性》を包含している。
　後半CHAPTER 2のMichiruとセラピストのあいだには、あたかも保育器の透明なケースがあるかのようで、Michiruと母親とのあいだには面接室の壁が立ちはだかった。そこには、保育器のなかにいたMichiruと外にいた母親との《関係の相互性》が実演されていた。Michiruは『お母さんがいるか、見ていい?』『見えなくなったら、死んでしまったの?』と何度もセラピストに問いかけた。「お互い会いたいと思っても、触れたいと思っても、その気持は壁があって届かないようだ」というセラピスト

の解釈は、今、ここで起きていることでもあったが、それは、過去の、生後すぐのMichiruに起きたことでもあった。

　ここで特に重要なのは、個々の患者のこころの世界が実演 *actualize* されるときに、そして、その実演をセラピストが患者と面接室のなかで共に生きるときに、患者の過去の心象がセラピストのこころのなかに結晶として浮かんでいることである。"情景 *sight*" としてこころに蘇っていることである。そこにおいて初めて「過去とつなぐ」〔Riesenberg-Malcolm, 1986, p.114〕転移解釈が可能となる。過去はセラピストの解釈に直接は表現されないが、表現のなかに包含される。同じように、現在のなかに過去が包含されるのである。治療の転機と進展はその瞬間に起こる、と筆者は考えている。

　患者とセラピストが面接場面で体験している現在の《関係の相互性》のなかに同時に最早期の患者の過去が息づいている〔Riesenberg-Malcolm, 1986〕。それは、その人の人生そのものである。そして、そこで成し遂げられた二人の理解は、文字どおりコンテイナー *container* ／コンテインド *contained* につながる。このことについては、あとでさらに考察する。

負の「つながり」の伝播を阻止する

　これまで、最早期の疾病の《関係の相互性》への影響を、子どもと養育者という二者のあいだで考えてきたが、ここでは、負の関係の相互性の三世代にわたる伝播について、〈反復強迫〉という精神分析概念を用いてさらに考察を深めたい。

　一般に反復強迫というのは「苦痛にみちた体験や人間関係を強迫的に反復することを意味する」〔中久喜, 2002〕。人は、過去の体験に根ざしたこれらの反復が、自分自身の内側から引き起こされていることに気づいていない。一方、「未熟性、新生児や母体の疾病、先天異常あるいは家族のストレスのために、母と子の対面が遅れたり正常におこなわれなかったりすると、子どもの発育や母親の育児能力を損なうことがある」と『ネルソン小児科学』〔Kliegman,et al, 2015, p.632〕に記載されていることは前半 **CHAPTER 3** で述べた。

　本書を通して明らかになったのは、さまざまな問題の本質は

実演

心象

結晶

情景

過去とつなぐ
転移解釈

コンテイナー
／コンテインド

反復強迫

「病いに罹ることそのもの」にあるのではなく、疾病によって生じた対象との《関係の相互性》のありようにあり、その内在化と反復強迫にある、ということである。「母と子の対面が遅れたり正常におこなわれなかったりする」ときに生じる関係の相互性の障害が、内在化され反復されるということであった。

　実際、後半CHAPTER 3では、母体の疾病が子どもとの《関係の相互性》に及ぼす影響について述べた。ローゼンフェルド〔Rosenfeld, 1987〕は、出生前後の母親からの投影が胎児に与える影響について真剣に考えることを促した。母親の疾病がいかに子どもの心身の発育や母親の育児能力に危機的な状況を生み出すか、ということは本書の事例の経過からも明らかである。

　例えばMakiは、発作がいつ出現するかわからない恐怖にさらされながら妊娠期を過ごした。後にはShōtaを育てる日常を送ることに加えて、世話を必要としているMaki自身をShōtaに投影していた。その様子からは、子どものShōtaに親しい養育を綻びなく途切れずに提供することは不可能であった。

　そこには、疾病に影響された負の《関係の相互性》は反復され世代を超えて伝播される、ということが示されている。Makiの経過には、そのことが明らかにあらわれている。乳幼児期に生じたてんかんを抱えるMakiを、父母は完全に否認していた。Makiと父母とのあいだにあった負の関係の相互性は、今度はMakiの子どもShōtaとのあいだにも伝播され、「自らの疾病ゆえにShōtaが不利益を被っているのではないか」「Shōtaに病気がうつるのではないか」「Shōtaもまた病気ゆえに適切に扱われないのではないか」という恐怖になって、Makiのこころが疼くことになった。その疾病を軸とした負の関係の相互性は決して過去のことではなく、Makiの父母とMakiのあいだと、MakiとShōtaのあいだに現在起きていることであり、そして、Makiとセラピストとのあいだに実演 *actualize* されたものである。

　このように、過去の負の《関係の相互性》は、コンテイニング *containing* 機能不全や、病的な投影同一化を包含したまま、世代を超えて伝播されるものであることが明らかとなった。

※傍注: 関係の相互性の障害が、内在化され反復される

このように考えると、負の《関係の相互性》には早期から介入されるべきである、という結論にたどり着く。

　後半CHAPTER 3,4のMakiやRicaの場合も、CHAPTER 1,2で考えてきたAsukaやMichiruの場合も、セラピストとの精神分析的心理療法によって為し得たのは、過去からつながる彼女たちの今現在の困難や生きづらさの軽減へのいくばくかの貢献ばかりではない。疾病に影響された負の《関係の相互性》のありようを、次世代に伝えない（あるいは、その影響を軽減する）という貢献も含まれていた。次世代に伝播させないという努力、すなわち次世代の子どもたちのこころの健康を見据えて心理臨床をするという努力を、私たちは惜しむべきではないと考えている。

　母親と何らかの慢性疾患を抱える彼女の幼子の行く末を心配する、誰かの存在が必要である。その後の苦難に満ちた人生に思いを馳せる、誰かのこころが必要である。

　Makiの子どもShōtaも、精神病の母親をもつRicaも、養育者の疾病がこころの発達に影響していた。AsukaやMichiruが母親になるとき、その子どもに伝播される《関係の相互性》を誰かが懸念する必要がある。できることならば、養育者である母親が疾病の治療に訪れたときに、あるいは妊娠したとわかったときに、介入できることが望まれる。疾病を抱えるという不幸に「こころの不幸が子どもに重なる」ということに、私たちはもっと敏感になるべきである。

　筆者は「過去とつなぐ」という言葉〔Riesenberg-Malcolm, 1986〕に、「未来とつなぐ」という言葉を付け加えたい。患者の「過去をつなぐ」軸に「未来とつなぐ」軸を継ぎたい。私たちが必要としているのは、そのような四次元の理解と思考である。

> 次世代の子どもたちのこころの健康を見据えて

> 未来とつなぐ

── もの想いのなかの"こころの住み家"

　最後に、疾病を抱える患者がセラピストとの《関係の相互性》を面接場面で新たに体験することについて、考察したい。そこには、コンテインメント *containment* 体験を可能にするセラピスト

のこころのありようについての考察も含まれる。

　人が疾病を負うのは避けられない。特に我が国の近年の傾向として、疾病のなかでも慢性疾患の占める割合が大きくなっていることは、前半CHAPTER 3で述べた。年齢を問わず、病いを抱えながら生きる人びとの割合が増している。にもかかわらず、疾病が及ぼす《関係の相互性》への影響について省みられていないことは、明白となった。

　特に、最早期に生じた疾病の影響によって、親と子、そして家族の人生は、長期間に渡り困難と苦痛に満ちたものになる。世代をまたいで内在化されたこころの不幸が伝播される危険性もある。その苦難や生きづらさを少しでも軽減するために、そして不幸の伝播を可能な限り阻止するために、医療従事者や臨床心理士など"こころの臨床家"〔松木, 2015〕は、現場でその役割を遂行する必要があるだろう。そしてそのためには、専門家として、いくつかのこころのありようが求められる。

> 専門家として、いくつかのこころのありようが求められる

痛みに触れる勇気

　まず私たちは、疾病という不幸を背負った人びとのこころの痛みに触れる勇気をもつことが必要だろう。

> 痛みに触れる勇気

　「現実に直面することは、いかなる場合にも決して元に戻らない損傷を認識することを意味している」〔Steiner, 1993, p.100〕。その認識することの痛みをセラピストもまた抱え続けることが求められる。それは、疾病を抱える患者自身や家族に必要なことだが、まずは専門家である私たちに求められることだろう。患者が抱える疾病による「損傷」に直面するセラピストの覚悟は、その疾病を抱える自らの存在を真に認識していく勇気を、患者やその家族に与える。

　逆に、見て見ぬ振りや、気休めを差し出すことや、真に対峙するのを避けることは、「疾病による損傷が、誰にも触れられない程ひどい状態にある」というメッセージを送ることになる。そうして患者や家族の絶望は増す。医療従事者の前では気丈に振る舞う患者とその家族は、こころの真相を明かさないまま手の施しようがないと、その「損傷」を悪化させていく。あるいは、取り繕った様子で、その「損傷」を隠そうとする。

> ひどい状態にあるというメッセージ

中村〔1992〕はいみじくも次のように述べた。

医者・患者関係も人間どうしの関係であるかぎり、パトス性を帯びた者どうしの相互関係なのである。ところが、現代の医療では、そのような事実に目をつぶり、現実に背を向けるかのように、パトスを軽視し、とくに〈痛み〉の抹殺をおこなっている。これが今日の医療のもう一つの大きな落とし穴である。〔p.168〕

身体の痛みと同様、こころの痛み[*1]にも同様のことが言える。"心痛"に向き合うことを避け、"痛みが訴えること"に耳を傾けるのを避け、ただ表面的に取り除き、取り繕い、その痛みが無かったかのようにする。それらは、患者やその家族の真の支援にはならない。

「患者の心は分析家のコンテインする機能を求めている」〔Elmhirst, 1978; Hinshelwood, 1989/1991〕。対象との《関係の相互性》が最早期に破綻してしまった患者のこころは、セラピストのこころにコンテイン *contain* されることを求めている。

> 痛みが訴えることに耳を傾ける

触れ続けて　愛しむ

それでは、MakiやRicaが示すような激しい投影同一化をコンテイン *contain* する機能を維持するため、セラピストには、どのようなこころの状態が必要なのだろう。ローゼンフェルド〔Rosenfeld, 1987〕が示唆した「受け身性以上のもの」、また、スィーガル〔Segal, 1975〕やビオン〔Bion, 1957, 1962b〕が示唆した、セラピストに必要な「母親のこころの機能」には、どのようなものが含まれるのだろうか。

ここでは"原始的な心痛に触れ続ける"こと"愛しむ"ことの二つを筆者は主張したい。

治療の内と外で"原始的な心痛に触れ続ける"ことは、親と子の双方に対して為されるべきである。

一般的に医療従事者は、どんな状態にある子どもの現実も養育者に受け入れてほしいと望む。子どもの味方をしがちである。しかしそのような医療従事者の態度は、「そうあらねばならない」とは知的には理解していても無理があると感じている親にとっては、非常に酷な態度である。親は「わかってもらえない」

> 原始的な心痛に触れ続ける

との感情を強め、語られない情緒が増してしまう。思い描いていた理想とはかけ離れた現実を受けとめていくことの苦しさにこそ、その心痛にこそ、触れていく必要がある。

子どもと親のどちらもの原始的な心痛にバランスを保って"もの想うreverie"こころをもつことが、セラピストには求められる。

コンテインcontainすることを可能にするセラピストのこころの機能、その二つ目は"愛しむ"ことである。

それは治療過程全体に流れる情緒である。"愛しむ"ことは、セラピストの個人的な逆転移ではないし、「我が子転移」でもなく、良い関係を保とうとする陽性の逆転移でもない。倫理に基づく感情でもない。"存在そのものへの愛"とでも言えるだろうか。それはおそらくバリント〔Balint, 1935〕が対象関係においてなによりもまず重要なものとして記述したものである。「『やさしさZärtlichkeit』（愛love）への願い」に応える「良質のやさしさ（愛）の籠もるわかりあい」〔p.53〕である。赤ん坊が生きるために養育者に希求し、自身のみでは満たし得ない機能である。

すなわちビオン〔Bion, 1957〕が記述した、赤ん坊の感覚体験を"もの想いreverie"する母親の機能を成り立たせるものである。それは、"もの想い"という「赤ん坊への愛情、さらに赤ん坊の父親への愛情に基づく母親の機能」としてビオンが記述〔筆者加筆〕する機能〔Riesenberg-Malcolm, 2001, p.194〕を成り立たせる。

こころを開き、患者の投影を引き受け、それによって自分のこころを揺さぶられている状況のなか、それでも「なぜその事態が起きているのか」を理解しようとするこころの底に流れる微かな情緒は、"愛しみ"である。それは、健康な母子の《関係の相互性》において必要不可欠なこころの状態である。

クライン〔Klein, 1946〕は「正常なこころの発達においては、投影同一化と取り入れ同一化の最適な均衡が達成される」と述べた。そのときどきに、セラピストとしての無力感や、役に立たない焦燥感や嫌悪感、患者や家族に対する怒りや憎しみ、逃げ出したい衝動などがあったとしても、その場に留まって理解しようとする根底に流れる微かな情緒は"愛しみ"と表現できる。

痛みの住み家として

　疾病を抱える患者のあまりの痛ましさに目を背けたくもなる状況であっても、あるいは、気休めや慰めを差し出したくなる状況であっても、その個人的な行動化を押し留め、そこにある現実を見つめることが、セラピストには必要である。

　セラピストが目の当たりにした衝撃をこころに受け入れ、こころに感じたことを抱きつつ、疾病を抱える子どもの主観的世界に身を置いてみることである。養育者の主観的世界に想いを馳せてみることである。そうして、子どもとその親に対峙したときに自分のなかに生じる情緒に触れていなければならない。

　このようなこころのありようを秘めたセラピストは、病棟で、あるいは外来で、患者とその家族に精神分析的理解をもって会う。セラピストとのあいだに育まれる新たな《関係の相互性》は、"理解"というコンテインメント*containment*体験を提供することにつながる。「決して元には戻らない損傷」〔Steiner, 1993〕を抱えた患者とその家族が、治療者のこころという"住み家"を得たときに初めて、患者とその家族が真に「疾病をもって生きる」ということが始まる。

　それが、現在を基点として、過去とつながり、未来につながるコンテインメント体験となり、患者のこころに自我の中心点を、すなわち疾病に影響された《関係の相互性》の modify された軸を、構築することにつながると筆者は考えている。苦痛な自らの存在を携えて生きていく軸となるものを、患者はセラピストとの新たな関係の相互性のなかで再形成することができるのではないだろうか。

　中村〔1992〕が「現代社会において見失われている」と語った《関係の相互性》とは、どのようなものを指していたのだろうか。

　そこに"痛み"が変わらずあることや修復しがたい損傷があることに、あるいは外側の表皮が修復されたとしても"内に疼くものがある"ことに、目を背けずに対峙することが必要だと考えていたのではなかろうか。不治や難治の病いを抱えた苦痛な存在から目を背けずこころを響かせて関わり続けようとする、そういった対象との「つながり」が見失われていると、中村は

気休めや慰めを差し出したくなる行動化を押し留め〜現実

理解というコンテインメント

患者とその家族が疾病をもって生きる

目を背けず、こころを響かせて関わり続けようとする

訴えていたのではないだろうか。人が人として生きていくうえで、最も大切なものとはそのような《関係の相互性》を生きることなのだと、筆者は本書を通じて明らかにしたかった。

"愛"とは「会意。旡と心とを組み合わせた形。後ろを顧みてたたずむ人の形である旡の胸のあたりに、心臓の形である心を加えた形。立ち去ろうとして後ろに心がひかれる人の姿であり、その心情を愛といい、『いつくしむ』の意味となる。国語では『かなし』とよみ、後ろの人に心を残す、心にかかることをいう。それより愛情の意味となった」と白川〔2008, p.4〕は記述している。

また若松〔2014〕は「悲しみの経験は、痛みの奥に光を宿している。悲しみの扉を開けることでしか差し込んでこない光が、人生にはある。その光によってしか見えてこないものがある」と書いている。

悲しみと苦しみに満ちたこころの扉を開けること

こころの痛み

悲しみと苦しみに満ちたこころの扉を開けること ──「疾病によって養育者と赤ん坊の《関係の相互性》が損傷を被った」という現実に触れるときに生じる"こころの痛み"を抱え続けることによって、セラピストは患者とその家族の人生に"理解"という光を少しばかり差し出すことができるのではないか、と筆者は考える。患者と家族の無意識のコミュニケーションをコンテイン*contain*することとは、そのような秘めた能動性をこころに要するものである、との結論に本書を通じて至った。

∞

木部〔2011〕は、育児困難が展開される悪循環を図式化したものを紹介している〔抜粋〕。その図を参考にしたうえで、本書を踏まえて筆者が考案した図を提示したい。

conclusion ── 身体の傷とこころの臨床

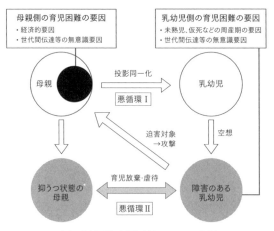

図1 育児困難の展開（木部，2011より抜粋）

　木部が提示するのは次のような悪循環である。
　すなわち、育児困難の原因となるものとして、経済的な問題、夫婦関係、嫁姑問題などの現実的問題から、世代間伝達として総括されている家族の文化、母親自身が受けた虐待などの養育体験が挙げられ、これら母親がもつ現実のストレスや空想を母親がこころのなかに保持できない場合には、子どもが健康な場合でも育児困難が生じる。それは、母親が自身の投影同一化によって歪んだ子ども像を形成し、過度に被害妄想的に自分の育児を責められたと感じるためである。
　そうして育児困難が起こり、悪循環が形成される［悪循環I］。育児がうまくいかないことは、母親を抑うつ状態に陥らせ、更なる悪循環が生まれる［悪循環II］。実際に、先天性奇形や障害、低出生体重児や仮死など、子どもの側に現実の育て難さがある場合には、それが母親のこころに影響を与え、同じような悪循環に陥るとしている。

　木部がこの図で描写するのは主に「母親のこころの状態が育児に影響する」という視点である。母親側の要因も子ども側の要因も、母親のこころに与える影響として描かれ、そこから悪循環が形成され、育児困難を引き起こすと理解されている。
　確かにこのように育児困難を「母親の子育て困難の精神病理」

〔木部, 2011〕として理解することは可能である。しかしそこには、母親のパーソナリティの問題や、母と子の《関係の相互性》の問題ゆえの悪循環の形成は描写されていないように思う。すなわち、筆者が本書で主張した「母と子それぞれの側に起こり得る疾病が、対象との《関係の相互性》に及ぼす影響」は描かれていない。仮に母親が健康な場合でも、子どもの疾病によって双方のこころの中核に衝撃が走り、《関係の相互性》に深刻な影響を及ぼす危険性がある。

そこで、本書のテーマである最早期の疾病と《関係の相互性》の問題は、次のように図式化される。

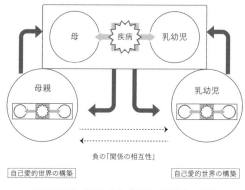

図2 最早期の疾病による「関係の相互性」の障害

この図では、母親と乳幼児のどちらかが疾病を負う場合、影響を受けた二人の《関係の相互性》が、それぞれの内的世界に取り入れられ、自我の核に衝撃をもたらすことが示されている。したがって、母親と子どもは、それぞれに自己愛的世界を構築し、双方のあいだには負の《関係の相互性》が成立する。

おわりに

今後の課題として六つの視点を挙げて、本書を終えようと思う。

① **介入の時期**　最早期の疾病が起こったときの介入の時期についての課題が残されている。

本書で見てきたように《関係の相互性》への影響が甚大であることを踏まえると、疾病が起きた最早期の時点から、あるいはそれ以前からの支援が必要であるが、身体への治療との兼ね合いで、いつどのように始めることがいちばん適切であるのかを、患者各々について検討する必要がある。本書では、支援の開始時期についての比較検討はできなかった。

② **きょうだいのケア**　疾病を抱えない同胞たちへのこころのケアを、充実させることが必要である。

常時医療を必要とする兄弟姉妹をもつ健常な同胞たちは、尋常ではない「寂しさ」と「孤独感」をこころに抱いている。それは誰にも伝えられることがない。彼や彼女らは、健常であるがゆえに時期尚早に「心身の自立」を促されることが多い。そのような疾病を抱えない同胞たちが、深刻な人格形成の問題を抱えてセラピストを訪れることも、稀ではない。そこにもまた、ある人が最早期の疾病を抱えることによって家族の《関係の相互性》の変化が起こり、同胞の人生に影響が波及している。

③ **養育者の病いの影響**　養育者の疾病の影響についても、さらに臨床実践を踏まえた研究が必要である。

闘病中の養育者と子どもの《関係の相互性》は、言うまでもなく大きく影響し、そのなかで子どものこころは形成される。養育者の不在や、闘病の姿を見ること自体が、幼い子どものこころに何らかの影響を与えることは、想像に難くない。母親のみならず、父親の疾病も深刻な事態を招く。

④ **始まりから終わりまで**　人生のあらゆる時点で起こりえるさまざまな疾病について、その《関係の相互性》への影響を考えることである。

人生の始まりから、人生の終わりまで、程度の差はあれ、疾病は必ず私たちに降りかかる。そのとき《関係の相互性》はドラスティックに変化し、それぞれのこころが揺さぶられ危機的状況に陥ることになる。そこにどのような支援が求められるのか、探究する余地がある。

⑤ **長期にわたる支援**　疾病に影響された《関係の相互性》についてい

予後

て精神分析的心理療法を提供した場合の予後について、今後、精査する必要がある。

　どれほどの効果が認められるのか、特に世代を超えた負の《関係の相互性》の伝播を予防できるのか、という意味で「予後」についての研究は必須である。ただし、本書で明らかなように、最早期の疾病が及ぼす《関係の相互性》への影響を吟味しつつ、患者を支援するには、長期にわたる綿密な支援が必要である。一人のセラピストが実施できる支援の数には限界があり、多くの"こころの臨床家"の育成が望まれる。

⑥ 過去とつなぎ　未来に橋渡しする　解釈技法について、さらに探究する必要がある。

　本章で筆者は先達の考え〔Riesenberg-Malcolm, 1986〕をとりあげ、患者とセラピストが面接場面で体験している現在の《関係の相互性》のなかに同時に最早期の患者の「過去」が息づいていることが、解釈のなかに包含されていることを示した。さらに、面接状況において「未来」をもつなぐ思考がセラピストのこころに生じることが重要ではないか、とも論じた。現在の《関係の相互性》を基点として、過去とつなぎ、未来に橋渡しする、そのような解釈を精錬させていくことが、今後、臨床においては必要ではないかと、筆者は考えている。治療状況において生じる二人の理解が、文字どおりコンテイナー*container*／コンテインド*contained*となるためには、そのような解釈の生成を試行錯誤することが必要である。

＊1：心痛 psychic pain は、Hinshelwood〔1989/1991〕が小項目としてとりあげている。妄想分裂ポジションから抑うつポジションに向かう際の、現実の世界に出て行く際の、極度の苦痛として説明した〔p.388〕。また松木〔2011〕は「愛情という、具体的に目に見えないにもかかわらず生きていくのに不可欠なこころの糧が得られないとの絶望的な思いが『内にひりひりと疼く体験』」、「身体という具体物は生き続けるとしても『こころは苦しみ、衰え、死んでいく』と感じられるこころの感覚」〔p.66〕と定義づけている。

文　　献

Abram, J. (1996). The Language of Winnicott: A Dictionary of Winnicott's Use of Words. Karnac Books.　館直彦監訳 (2006)『ウィニコット用語辞典』誠信書房．

Abram, J. (2016). Personal communication.

安藤美華代・安藤晋一郎・竹内俊明 (1995).「糖尿病患者の心理療法」『心理臨床学研究』13(3), 288-299.

APA (2013). Diagnostic and Statistical Manual of Mental Disorders (DSM-5). American Psychiatric Association.　高橋三郎・大野裕監訳 (2014)『DSM-5 精神疾患の診断・統計マニュアル』医学書院．

Balint, M. (1935). Zur Kritik der Lehre von den prägenitalen Libidoorganisationen. Internationale Zeitschrift für Psychoanalyse, 21, 525-544. In Balint, M. (1952). Primary Love and Psycho-Analytic Technique. Tavistock Publications.　森茂起・枡矢和子・中井久夫訳 (1999)『一次愛と精神分析技法』みすず書房．

Balint, M. (1957). The Doctor, His Patient and the Illness. Pitman Medical.　池見酉次郎ほか訳 (1967)『実地医家の心理療法』診断と治療社．

Balint, M. (1968). The Basic Fault: Therapeutic Aspects of Regression. Tavistock Publications.　中井久夫訳 (2017)『新装版 治療論からみた退行 ── 基底欠損の精神分析』金剛出版．

Beck, U. (1986). Risikogesellschaft: Auf dem Weg in eine andere Moderne. Suhrkamp.　東廉・伊藤美登里訳 (1998)『危険社会 ── 新しい近代への道』法政大学出版局．

Bell, D. (2001). 投影同一化. In Bronstein, C. (Ed.) Kleinian Theory: A Contemporary Perspective. Whurr Publishers.　小野泉ほか訳 (2005)「投影同一化」福本修・平井正三監訳『現代クライン派入門 ── 基本概念の臨床的理解』岩崎学術出版社．pp.138-166.

Bion, W.R. (1957). Differentiation of the psychotic from the non-psychotic personalities. In Bion, W.R. (1967). Second Thoughts. Heinemann.　中川慎一郎訳 (2007).「精神病パーソナリティの非精神病パーソナリティからの識別」松木邦裕監訳『再考：精神病の精神分析論』金剛出版．pp.52-72.

Bion, W.R. (1959). Attacks on linking. The International Journal of Psychoanalysis, 40(5-6), 308-315. Republished in Second Thoughts. Heinemann (1967), pp.93-109.　中川慎一郎訳 (2007)「連結することへの攻撃」松木邦裕監訳『再考：精神病の精神分析論』金剛出版．pp.100-115／中川慎一郎訳 (1993)「連結することへの攻撃」松木邦裕監訳『メラニー・クライン トゥデイ① ── 精神病者の分析と投影同一化』岩崎学術出版社．pp.106-123.

Bion, W.R. (1962a). A theory of thinking. The International of Psychoanalysis, 43, 306-310. Republished in Second Thoughts. Heinemann (1967), pp.110-119.　中川慎一郎訳 (2007)「考えることに関する理論」松木邦裕監訳『再考：精神病の精神分析論』金剛出版．pp.116-124／白峰克彦訳 (1993)「思索についての理論」松木邦裕監訳『メラニー・クライン トゥデイ② ── 思索と人格病理』岩崎学術出版社．pp.34-44.

Bion, W.R. (1962b). Learning from Experience. William Heinemann Medical Books. Reprinted in Seven Servants. Jason Aronson (1977).　福本修訳 (1999)「経験から学ぶこと」『精神分析の方法I ── セブン・サーヴァンツ』法政大学出版局．pp.1-116.

Blumer, H.G. (1969). Symbolic Interactionism: Perspective and Method. Prentice-Hall.　後藤将之訳 (1991)『シンボリック相互作用論 ── パースペクティヴと方法』勁草書房．

Breuer, J. & Freud, S. (1895). Studies on hysteria. In Strachey, J. (Ed.) (1955/2001). The Standard Edition of the Complete Psychological Works of Sigmund Freud, Vol.II. Hogarth Press, pp.1-305.　懸田克躬・小此木啓吾訳 (1974)『フロイト著作集7』人文書院．pp.5-229／芝伸太郎訳 (2009)「ヒステリー研究」『フロイト全集2』岩波書店．pp.1-427.

Casement, P. (1985). On Learning from the Patient. Routledge.　松木邦裕訳 (1991)『患者から学ぶ ── ウィニコットとビオンの臨床応用』岩崎学術出版社．

Cox, S.L. & Kernohan, W.G. (1998). They cannot sit properly or move around: Seating and mobility during treatment for developmental dysplasia of the hip in children. Pediatric Rehabilitation, 2(3), 129-134.

Doyle, L.W. (2014). Adult outcomes of extremely preterm or extremely low birthweight infants. 第50回日本

周産期・新生児医学会学術総会 サテライトミーティング特別講演会. ハイリスク児フォローアップ研究会.

Ferenczi, S. (1932). The clinical diary of Sändor Ferenczi. In Dupont, J. (Ed.). Balint, M. & Jackson, N. Z. (Trans.). (1988). Harvard University Press.

Freud, A. (1966). The Writings of Anna Freud, VolumeII: The Ego and the Mechanisms of Defense. International Universities Press.　黒丸正四郎・中野良平訳 (1982)『アンナ・フロイト著作集2 自我と防衛機制』岩崎学術出版社.

Freud, A. (1968). The Writings of Anna Freud, VolumeVII: Problems of Psychoanalytic Training, Diagnosis, and the Technique of Therapy. International Universities Press.　佐藤紀子・岩崎徹也・辻祥子訳 (1982)『アンナ・フロイト著作集10 児童分析の訓練 ── 診断および治療技法』岩崎学術出版社.

Freud, A. (1969a). The Writings of Anna Freud, Volume V: Research at the Hampstead Child-Therapy Clinic and Other Papers. International Universities Press.　牧田清志・阪本良男・児玉憲典訳 (1983)「第1章 ハムステッド児童治療クリニック」『アンナ・フロイト著作集7 ── ハムステッドにおける研究: 上』岩崎学術出版社. pp.1-6.

Freud, A. (1969b). The Writings of Anna Freud, VolumeV: Research at the Hampstead Child-Therapy Clinic and Other Papers. International Universities Press.　牧田清志・阪本良男・児玉憲典訳 (1983)「第23章 小児科医の質問に答えて」『アンナ・フロイト著作集8 ── ハムステッドにおける研究 (下)』岩崎学術出版社. pp.99-124.

Freud, A. (1969c). The Writings of Anna Freud, VolumeV: Research at the Hampstead Child-Therapy Clinic and Other Papers. International Universities Press.　牧田清志・阪本良男・児玉憲典訳 (1983)「第25章 病院の子どもたち」『アンナ・フロイト著作集8 ── ハムステッドにおける研究: 下』岩崎学術出版社. pp.135-148.

Freud, S. (1895). Project for a scientific psychology. In Strachey, J. (Ed.) (1966). The Standard Edition of the Complete Psychological Works of Sigmund Freud, Vol.I. Hogarth Press, pp.281-343.　総田純次訳 (2010)「心理学草案」『フロイト全集3』岩波書店. pp.1-105.

Freud, S. (1905). Fragment of an analysis of a case of hysteria. In Strachey, J. (Ed.) (1953). The Standard Edition of the Complete Psychological Works of Sigmund Freud, Vol. Ⅶ. Hogarth Press, pp.1-122.　渡邉俊之・草野シュワルツ美穂子訳 (2009)「あるヒステリー分析の断片『ドーラ』」『フロイト全集6』岩波書店. pp.1-161.

Freud, S. (1910). The future prospects of psycho-analytic therapy. In Strachey J. (Ed.) (1957). The Standard Edition of the Complete Psychological Works of Sigmund Freud, Vol. Ⅺ. Hogarth Press, pp.139-151.　高田珠樹訳 (2009)「精神分析療法の将来の見通し」『フロイト全集11』岩波書店. pp.191-204.

Freud, S. (1912). The dynamics of transference. In Strachey, J. (Ed.) (1958). The Standard Edition of the Complete Psychological Works of Sigmund Freud, Vol. Ⅻ. Hogarth Press, pp.99-108.　藤山直樹編・監訳 (2014)「転移の力動」『フロイト技法論集』岩崎学術出版社. pp.11-20.

Freud, S. (1914). On narcissism: An introduction. In Strachey, J. (Ed.) (1957). The Standard Edition of the Complete Psychological Works of Sigmund Freud, Vol.XIV. Hogarth Press, pp.67-102.　立木康介訳 (2010)「ナルシシズムの導入にむけて」『フロイト全集13』岩波書店. pp.115-151.

Freud, S. (1917). Mourning and melancholia. In Strachey, J. (Ed.) (1957). The Standard Edition of the Complete Psychological Works of Sigmund Freud, Vol.XIV. Hogarth Press, pp.237-260.　伊藤正博訳 (2010)「喪とメランコリー」『フロイト全集14』岩波書店. pp.273-293.

Freud, S. (1920). Beyond the pleasure principle. In Strachey, J. (Ed.) (1955). The Standard Edition of the Complete Psychological Works of Sigmund Freud, Vol.XVIII. Hogarth Press, pp.1-64.須藤訓任訳 (2006)「快原則の悲願」『フロイト全集17』岩波書店, pp.53-125.

Freud, S. (1926). Inhibitions, symptoms, and anxiety. In Strachey, J. (Ed.) (1957). The Standard Edition of the Complete Psychological Works of Sigmund Freud, Vol.XX. Hogarth Press, pp.75-172.　大宮勘一郎・加藤敏訳 (2010)「制止、症状、不安」『フロイト全集19』岩波書店. pp.9-101.

Freud, S. (1940/1938). An outline of psycho-analysis. In Strachey, J. (Ed.) (1957). The Standard Edition of the Complete Psychological Works of Sigmund Freud, Vol.XXⅢ. Hogarth Press, pp.139-207.　津田均訳 (2007)「精神分析学概説」『フロイト全集22』岩波書店. pp.175-250.

藤山直樹 (2002).「オグデン、トーマス」小此木啓吾編集代表『精神分析事典』岩崎学術出版社. p.509.

藤山直樹 (2002).「間主観(体)性」小此木啓吾編集代表『精神分析事典』岩崎学術出版社. p.72.

船津衛・宝月誠編 (1995).『シンボリック相互作用論の世界』恒星社厚生閣.

船津衛・山田真茂留・浅川達人編著 (2014)『21世紀社会とは何か ―― 「現代社会学」入門』恒星社厚生閣.

Galton, G. (2002). New horizons in disability psychotherapy: The contributions of Valerie Sinason. Free Associations, 9(4), 582-610.

Garland, C. (1998). Understanding Trauma: A Psychoanalytical Approach. Karnac Books. 松木邦裕監訳 (2011)『トラウマを理解する ―― 対象関係論に基づく臨床アプローチ』岩崎学術出版社.

Giddens, A. (1993). New Rules of Sociological Method: A Positive Critique of Interpretative Sociologies. Blackwell Publishers. 松尾精文・藤井達也・小幡正敏訳 (2000)『社会学の新しい方法基準 ―― 理解社会学の共感的批判 第二版』而立書房.

Green, A. (1986). 第13章 デッドマザー・コンプレックス. In Raphael-Leff, J. (Ed.) (2003). Parent-Infant Psychodynamics: Wild Things, Mirrors & Ghosts. Whurr Publishers. 長尾牧子訳 (2011)「第13章 デッドマザー・コンプレックス」木部則雄監訳『母子臨床の精神力動 ―― 精神分析・発達心理学から子育て支援へ』岩崎学術出版社. pp.194-208.

Greenberg, J.R. & Mitchell, S.A. (1983). Object Relations in Psychoanalytic Theory. Harvard University Press. 横井公一監訳 (2001)『精神分析理論の展開 ――〈欲動〉から〈関係〉へ』ミネルヴァ書房.

橋本洋子 (2000).『NICUとこころのケア ―― 家族のこころによりそって』メディカ出版.

橋本洋子 (2005).「NICUのケアにおける臨床心理士の役割と地位」『日本未熟児新生児学会雑誌』17(2), 184-188.

橋本洋子 (2006a).「周産期・新生児医療の場における臨床心理士」『臨床心理学』6(1), 25-30.

橋本洋子 (2006b).「周産期の心理臨床」『臨床心理学』6(6), 732-738.

Heimann, P. (1950). On counter-transference. The International Journal of Psychosnalysis, 31, 81-84. 原田剛志訳 (2003).「逆転移について」松木邦裕編・監訳『対象関係論の基礎 ―― クライニアン・クラシックス』新曜社 pp.179-188.

ヘルスネットメディア (2013). 厚労省研究班調査. http://www.health-station.com/new174.html (2017年8月9日閲覧).

東中園聡 (2000). 私信.

東中園聡 (2008).「統合失調症者との治療的コミュニケーションの試み」松木邦裕・東中園聡編『精神病の精神分析的アプローチ ―― その実際と今日的意義』金剛出版. pp.51-69.

Hinshelwood, R.D. (1989). A Dictionary of Kleinian Thought. Free Association Books. 衣笠隆幸総監訳 (2014)『クライン派用語事典』誠信書房.

Hinshelwood, R.D. (2007). The Kleinian theory of therapeutic action. The Psychoanalytic Quarterly, 76, 1479-1498.

平松清志 (1997).「喘息児の箱庭療法」『心理臨床学研究』14(4), 467-478.

堀内勁 (2006).「周産期・新生児医療の現場に臨床心理士が求められる理由」『臨床心理学』6(6), 779.

飯島みどり (2007).「アトピー性皮膚炎の青年との心理療法過程 ―― 対象関係と言語化についての考察」『心理臨床学研究』25(4), 454-463.

稲森絵美子 (2006).「重症の赤ちゃんと家族の道程に同行して」『臨床心理学』6(6), 745-749.

伊藤正雄・井村裕夫・高久史麿総編集 (2009)『医学書院 医学大事典 第2版』医学書院.

Joseph, B. (1985). Transference: The total situation. The International Journal of Psychoanalysis, 66, 447-454. Reprinted in Spillius, E.B. (Ed.) (1988). Melanie Klein Today, Vol.2. Routledge, pp.61-72. 古賀靖彦訳 (2000)「転移：全体状況」松木邦裕監訳『メラニー・クライン トゥデイ③ ―― 臨床と技法』岩崎学術出版社. pp.79-93.

Joseph, B. (2001). Transference. In Bronstein, C. (Ed.). Kleinian Theory: A Contemporary Perspective. Whurr Publishers. 小野泉ほか訳 (2005)「転移」福本修・平井正三監訳『現代クライン派入門 ―― 基本概念の臨床的理解』岩崎学術出版社. pp.209-223.

金山由美 (1995).「激しい行動化を伴う側頭葉てんかん者との心理療法過程」『心理臨床学研究』13(2), 191-202.

加藤奈保美・互恵子 (2014).「アトピー性皮膚炎に悩む人への動作法の適用と皮膚状態の変化」『心理臨床学研究』32(5), 599-610.

木部則雄 (2003).「『タスティン入門』解題」『タスティン入門 ―― 自閉症の精神分析的探究』岩崎学術出版社. pp.147-176.

木村晶子 (2009).「ハイリスク児の母親とかかわる助産師の体験」『日本助産学会誌』23(1), 72-82.

木下千鶴 (1997).「早産児の母親と看護婦のNICUでの相互作用場面における意味の検討」『日本助産

学会誌』11(1), 33-43.

Klein, M. (1930a). The importance of symbol-formation in the development of the ego. In Money-Kyrle, R. (Ed.) (1975). The Writings of Melanie Klein, Vol.1. Hogarth Press.　藤岡宏 訳 (1983).「自我の発達における象徴形成の重要性」西園昌久・牛島定信責任編訳『メラニー・クライン著作集1 ── 子どもの心的発達』誠信書房．pp.265-281.

Klein, M. (1930b). The psychotherapy of the psychoses. In Money-Kyrle, R. (Ed.) (1975). The Writings of Melanie Klein, Vol.1. Hogarth Press.　増井武士訳 (1983)「精神病の精神療法」西園昌久・牛島定信責任編訳『メラニー・クライン著作集1 ── 子どもの心的発達』誠信書房．pp.283-286.

Klein, M. (1932). The psycho-analysis of children. In Money-Kyrle, R. (Ed.) (1975). The Writings of Melanie Klein, Vol.2. Hogarth Press.　小此木啓吾・岩崎徹也責任編訳／衣笠隆幸訳 (1997)『メラニー・クライン著作集2 ── 児童の精神分析』誠信書房．

Klein, M. (1935). A contribution to the psychogenesis of manic-depressive states. In Money-Kyrle, R. (Ed.) (1975). The Writings of Melanie Klein, Vol.3. Hogarth Press.　安岡誉訳 (1983)「躁うつ状態の心因論に関する寄与」西園昌久・牛島定信責任編訳『メラニー・クライン著作集3 ── 愛、罪そして償い』誠信書房．pp.21-54.

Klein, M. (1936). Weaning. In Money-Kyrle, R. (Ed.) (1975). The Writings of Melanie Klein, Vol.3. Hogarth Press.　三月田洋一訳 (1983)「離乳」西園昌久・牛島定信責任編訳『メラニー・クライン著作集3 ── 愛、罪そして償い』誠信書房．pp.55-74.

Klein, M. (1946). Notes on some schizoid mechanisms. In Money-Kyrle, R. (Ed.) (1975). The Writings of Melanie Klein, Vol.3. Hogarth Press, pp.10-24.　狩野力八郎・渡辺明子・相田信男訳 (1985)「分裂的機制についての覚書」小此木啓吾・岩崎徹也責任編訳『メラニー・クライン著作集4 ── 妄想的・分裂的世界』誠信書房．pp.3-32.

Klein, M. (1952a). The origins of transference. In Money-Kyrle, R. (Ed.) (1975). The Writings of Melanie Klein, Vol.3. Hogarth Press, pp.48-56.　舘哲朗訳 (1985)「転移の起源」小此木啓吾・岩崎徹也責任編訳『メラニー・クライン著作集4 ── 妄想的・分裂的世界』誠信書房．pp.61-72.

Klein, M. (1952b). On observing the behaviour of young infants. In Money-Kyrle, R. (Ed.) (1975). The Writings of Melanie Klein, Vol.3. Hogarth Press.　小此木啓吾訳 (1985)「乳幼児の行動観察について」小此木啓吾・岩崎徹也責任編訳『メラニー・クライン著作集4 ── 妄想的・分裂的世界』誠信書房．pp.117-156.

Klein, M. (1955). The psychoanalytic play technique: Its history and significance. In Money-Kyrle, R. (Ed.) (1975). The Writings of Melanie Klein, Vol.4. Hogarth Press.　渡辺久子訳 (1985)「精神分析的遊戯技法 ── その歴史と意義」小此木啓吾・岩崎徹也責任編訳『メラニー・クライン著作集4 ── 妄想的・分裂的世界』誠信書房．pp.157-181.

Kliegman, R.M. et al. (2015). Nelson Textbook of Pediatrics 19th Edition. Elsevier.　衞藤義勝監修『ネルソン小児科学: 原著第19版』エルゼビア・ジャパン．

国立特別支援教育総合研究所ホームページ (2017). http://www.nise.go.jp (2017年6月22日取得).

厚生労働省 (2010). 周産期医療体制整備指針．http://www.mhlw.go.jp/file/05-Shingikai-10801000-Iseikyoku-Soumuka/0000096051.pdf#search=%27周産期医療体制整備指針%27 (2017年3月2日閲覧).

厚生労働省 (2014). 平成26年患者調査の概況 ──「5 主な傷病の総患者数」．http://www.mhlw.go.jp/toukei/saikin/hw/kanja/14/dl/05.pdf (2017年6月8日取得).

厚生労働省 (2014). 健やか親子21（第2次）参考資料集．http://www.mhlw.go.jp/stf/seisakunitsuite/bunya/0000060348.html (2017年8月9日閲覧).

厚生労働省 (2015). 第1回周産期医療体制のあり方に関する検討会 (資料2 ──「周産期医療体制の現状について」). http://www.mhlw.go.jp/file/05-Shingikai-10801000-Iseikyoku-Soumuka/0000096037.pdf (2017年8月8日閲覧).

厚生労働省 (2017a). 平成28年簡易生命表の概況．http://www.mhlw.go.jp/toukei/saikin/hw/life/life16/dl/life16-14.pdf (2017年8月8日取得).

厚生労働省 (2017b). 平成29年我が国の人口動態．http://www.mhlw.go.jp/toukei/list/dl/81-1a2.pdf (2017年6月14日取得).

厚生労働省 (2017a). 平成27年 (2015) 人口動態統計 (確定数) の概況．https://www.mhlw.go.jp/toukei/saikin/hw/jinkou/kakutei15/ (2017年8月9日閲覧).

厚生労働省 (出版年不明). 低出生体重児への支援に必要な基本的なこと．http://www.mhlw.go.jp/

seisakunitsuite/bunya/kodomo/kodomo_kosodate/boshi-hoken/dl/kenkou-0314c-04.pdf#search=%27低出生体重児が増えている原因＋厚生労働省%27 (2017年8月9日閲覧).

楠田聡 (2014). 新生児臨床研究ネットワークホームページ. http://nponrn.umin.jp (2017年7月12日閲覧).

Laplanche, J. & Pontalis, J. B. (1967). Vocabulaire de la Psychanalyse 5th Ed. Presses Universitaires de France. 村上仁監訳 (1977)『精神分析用語事典』みすず書房.

前田重治 (2014).『新図説 精神分析的面接入門』誠信書房.

前川美行 (1997).「夢に現れる"醜なるもの"のもつ意味 ── アトピー性皮膚炎の女性の心理療法を通して」『心理臨床学研究』15(1), 24-35.

正木英一 (2010). 成育医療の意味. 平成21年度 成育医療研究委託事業 成育医療研究のグランドデザインに関する研究 ──「慢性疾患の子どもたちの自立を目指した支援プログラムの開発に向けて」ワークショップ報告書. 社会福祉法人はばたき福祉事業団.

松木邦裕 (2000).『精神病というこころ──どのようにして起こりいかに対応するか』新曜社.

松木邦裕 (2003).「逆転移について ── 監訳者による覚書」『対象関係論の基礎 ── クライニアン・クラシックス』新曜社. pp.175-178.

松木邦裕 (2008).「第1章 精神病についての理解と精神分析技法」松木邦裕・東中園聡編 (2008)『精神病の精神分析的アプローチ ── その実際と今日的意義』金剛出版. pp.11-47.

松木邦裕 (2011).『不在論 ── 根源的苦痛の精神分析』創元社.

松木邦裕 (2015).『耳の傾け方 ── こころの臨床家を目指す人たちへ』岩崎学術出版社.

松木邦裕 (2016a). 京都大学Post-Graduate精神分析セミナー. (2016年6月26日)

松木邦裕 (2016b).『こころに出会う ── 臨床精神分析 その学びと学び方』創元社.

松木邦裕 (2016c). 京都大学大学院教育学研究科 ケースカンファレンス.

松木邦裕・東中園聡編 (2008).『精神病の精神分析的アプローチ──その実際と今日的意義』金剛出版.

Meltzer, D. (1968). Terror, persecution, dread: A dissection of paranoid anxieties. The International Journal of Psychoanalysis, 49, 396-400. 世良洋訳 (1993)「恐怖、迫害、怖れ ── 妄想性不安の解析」松木邦裕監訳『メラニー・クライン トゥデイ②── 思索と人格病理』岩崎学術出版社. pp.97-106.

水口雅研究代表 (2016).「小児期発症慢性疾患を有する患者の成人期移行に関する調査 ── 各領域の代表的な疾患における現状と今後の方向」日本小児科学会　小児慢性疾病患者の移行支援ワーキンググループ.

南徹弘 (1977).「霊長類における幼体の行動発達と初期母子関係：共同行動の比較行動学的分析」『大阪大学人間科学部紀要』3, 181-205.

宮中文子・宮里和子 (1990).「ハイリスク新生児を出産した母親の自立過程に関する一考察」『日本助産学会誌』4(1), 34-41.

村井雅美 (2011).「てんかんをもつ患者と二次障害」『精神分析研究』55(1), 47-56.

村田玲子・三浦琢磨 (1996).「糖尿病小児への心理療法」『心理臨床学研究』14(1), 57-65.

永田雅子 (2002).「低出生体重児の親子への母子支援 ── 育児困難を呈した超低出生体重児の母親との母子治療過程」『心理臨床学研究』20(3), 240-251.

永田雅子 (2006).「妊娠中からの心理的サポート」『臨床心理学』6(6), 739-744.

中島義明・安藤清志・子安増生ほか編 (1999)『心理学辞典』有斐閣.

中道正之 (1996).「サル類の子育て」『動物心理学研究』45(2), 67-75.

中村敬 (2002). 低出生体重児出生率増加の背景. http://www.aiikunet.jp/exposion/manuscript/11185.html (2017年8月9日閲覧).

中村留貴子 (2000). 大阪精神分析研究会.

中村雄二郎 (1977).『哲学の現在 ── 生きること考えること』岩波新書.

中村雄二郎 (1992).『臨床の知とは何か』岩波新書.

難病情報センター (2017). http://www.nanbyou.or.jp/entry/4768 (2017年7月12日閲覧).

日本助産学会ホームページ (2017). http://www.josanjp (2017年5月1日閲覧).

日本形成外科学会ホームページ (2017). http://www.jsprs.or.jp/general/disease/extremities_malformation/ (2017年6月21日取得).

日本心理臨床学会ホームページ (2017). http://www.ajcp.info (2017年5月1日閲覧).

日本小児整形外科学会 (2017). 先天性股関節脱臼予防と早期発見の手引き ── 赤ちゃんの健やかな成長のために. 平成28年度日本医療研究開発機構研究費成育疾患克服等総合研究事業乳幼児の疾患疫学を踏まえたスクリーニング等の効果の実施に関する研究. http://www.jpoa.org/公開資料/ (2017年3月2日取得).

日本小児神経学会監修 (2015).『熱性けいれん診療ガイドライン2015』診断と治療社.（日本小児神経学会ホームページ http://minds4.jcqhc.or.jp/minds/febrile_seizures/febrile_seizures.pdf#search=%27熱性けいれん＋ガイドライン%27 (2017年5月11日取得)).

日本てんかん学会 (2006). てんかん学用語事典. 日本てんかん学会. http://square.umin.ac.jp/jes/pdf/terndoc.pdf (2017年10月18日取得). p.1.

日本てんかん学会編集 (2016).『てんかん白書 ── てんかん医療・研究のアクションプラン』南江堂.

新平鎮博研究代表 (2016). 共同研究 小児がん患者の医療、教育、福祉の総合的な支援に関する研究. 平成26年度～平成27年度 研究成果報告書. 共同研究 独立行政法人 国立特別支援教育総合研究所 国立研究開発法人 国立成育医療研究センター.

西平直 (2015).『誕生のインファンティア ── 生まれてきた不思議、死んでゆく不思議、生まれてこなかった不思議』みすず書房.

西牧謙吾 (2010). 子どもを育てる～イントロダクションとして～. 平成21年度 成育医療研究委託事業 成育医療研究のグランドデザインに関する研究 ──「慢性疾患の子どもたちの自立を目指した支援プログラムの開発に向けて」ワークショップ報告書. 社会福祉法人はばたき福祉事業団.

西牧謙吾 (2011). 慢性疾患のこどもたちの自立を目指した支援プログラムの開発に向けて ── 特別支援教育からの提言. 平成22年度 成育医療研究委託事業 成育医療研究のグランドデザインに関する研究 ──「患者の視点に立った成育医療のニーズの調査と自立を目指した患者支援プログラムの開発」報告書. 社会福祉法人はばたき福祉事業団.

西村喜文 (2000).「重症心身障害者へのコラージュ療法の試み ── コラージュ療法の意義について」『心理臨床学研究』18 (5), 476-486.

西園昌久 (1996).「日本文化と神経症 ── その時代的変化」北山修編集代表『日本語臨床Ⅰ　恥』星和書店. pp.3-24.

西園昌久 (2002).「フェレンツィ、シャーンドル」小此木啓吾編集代表『精神分析事典』岩崎学術出版社. p.539.

Ogden, T.H. (1974). A psychoanalytic psychotherapy of a patient with cerebral palsy: The relation of aggression to self and body representations. The International Journal of Psychoanalytic Psychotherapy, 3(4), 419-433.

岡野憲一郎 (1998).『恥と自己愛の精神分析 ── 対人恐怖から差別論まで』岩崎学術出版社.

岡野禎治 (2016). 周産期のこころの医療の課題. 厚生労働省「周産期医療体制のあり方に関する検討会」. http://www.mhlw.go.jp/file/05-Shingikai-10801000-Iseikyoku-Soumuka/0000134649.pdf (2017年10月26日閲覧).

小此木啓吾編集代表 (2002).『精神分析事典』岩崎学術出版社.

小此木啓吾・小嶋謙四郎・渡辺久子編 (1994).『乳幼児精神医学の方法論』岩崎学術出版社.

奥寺崇 (1993).「治療経験のもたらすもの ── 長期にわたる身体疾患に悩む女性の心理療法過程から」『心理臨床学研究』11(2), 134-143.

大場実保子 (2012).「重症先天性心疾患を抱えた中学生男児が困難と向き合い適応に向かった過程」『心理臨床学研究』30(2), 140-149.

Parmelee, A.H. (1989). 第7章 子どもの身体的健康と関係性の発達. In Sameroff, A.J. & Emde, R.N. (Eds.). Relationship Disturbances in Early Childhood: A Developmental Approach. Basic Books,．濱田庸子訳 (2003)「第7章 子どもの身体的健康と関係性の発達」小此木啓吾監修『早期関係性障害 ── 乳幼児期の成り立ちとその変遷を探る』岩崎学術出版社. pp.181-202.

Rank, O. (1924). Das Trauma der Geburt. Internationaler Psychoanalytischer Verlag.　細澤仁・安立奈歩・大塚紳一郎共訳 (2013).『出生外傷』みすず書房.

Raphael-Leff, J. (2003). Where the wild things are. In Raphael-Leff, J. (Ed.). Parent-Infant Psychodynamics: Wild Things, Mirrors & Ghosts. Whurr Publishers.　木部則雄監訳 (2011)「かいじゅうたちのいるところ」『母子臨床の精神力動 ── 精神分析・発達心理学から子育て支援へ』岩崎学術出版社. pp.63-82.

Rey, J.H. (1988). That which patients bring to analysis. The International Journal of Psychoanalysis, 69(4), 457-470.

Rey, J.H. (1994). Further thoughts on 'that which patients bring to analysis'. The British Journal of Psychotherapy, 11(2), 185-197.

Riesenberg-Malcolm, R. (1986). Interpretation: The past in the present. The International Review of Psycho-Analysis, 13, 433-443. Reprinted in Spillius, E.B. (Ed.) (1988). Melanie Klein Today, Vol.2. Routledge

東中園聡訳 (2000)「解釈：現在における過去」松木邦裕監訳『メラニー・クライン トゥデイ③ —— 臨床と技法』岩崎学術出版社．pp.94-115.

Riesenberg-Malcolm, R. (2001). 第11章 ビオンの包容理論. In Bronstein, C. (Ed.) Kleinian Theory: A Contemporary Perspective. Whurr Publishers.　小野泉ほか訳 (2005)「第11章 ビオンの包容理論」福本修・平井正三監訳『現代クライン派入門 —— 基本概念の臨床的理解』岩崎学術出版社．pp.189-208.

Rocco, M. (1992). Difficulties in letting go: A mother-child problem. Bulletin of the Anna Freud Centre, 151), 75-85.

Rosenfeld, H. (1950). Note of the psychopathology of confusional states in chronic schizophrenias. The International Journal of Psychoanalysis, 31, 132-137. Republished in Rosenfeld, H. (1965). Psychotic States. Hogarth Press, pp.32-62.

Rosenfeld, H. (1971). Contribution to the psychopathology of psychotic states: The importance of projective identification in the ego structure and the object relations of the psychotic patient. In Spillius, E.B. (Ed.) (1988). Melanie Klein Today, Vol.1. Routledge, pp.117-137.　東中園聡訳 (1993)「精神病状態の精神病理への寄与」松木邦裕監訳『メラニー・クライン トゥデイ① —— 精神病者の分析と投影同一化』岩崎学術出版社．pp.142-166.

Rosenfeld, H. (1987). Impasse and Interpretation: Therapeutic and Anti-Therapeutic Factors in the Psychoanalytic Treatment of Psychotic, Borderline and Neurotic Patients. The Institute of Psycho-Analysis.　神田橋條治監訳 (2001)『治療の行き詰まりと解釈 —— 精神分析療法における治療的／反治療的要因』誠信書房．

Samaraweera, S. et al. (1983). Earliest Intervention in Neonatal Intensive Care Units: A Team Approach. In Call, J.D., Galenson, E. & Tyson, R.L. (Eds.) (1983). Frontiers of Infant Psychiatry. Basic Books,　武井茂樹訳 (1988) 小此木啓吾監訳『乳幼児精神医学』岩崎学術出版社．pp.270-285.

Segal, H. (1957). Notes on symbol formation. The International Journal of Psychoanalysis, 37, 339-343. Also in The Work of Hanna Segal: A Kleinian Approach to Clinical Practice. Jason Aronson (1981), pp.49-65.　松木邦裕訳 (1993)「象徴形成について」松木邦裕監訳『メラニー・クライン トゥデイ② —— 思索と人格病理』岩崎学術出版社．pp.12-33.

渋谷えみ (2012).「出生前診断で胎児異常の診断を受けた母親に関わった助産師の体験 —— 倫理的ジレンマの構造」『日本助産学会誌』26, 16-27.

新村出編 (2008).『広辞苑 第六版』岩波書店．

Simpson, D. & Miller, L. (Eds.) (2004). Unexpected Gains: Psychotherapy with People with Learning Disabilities. Karnac Books.

Sinason, V. (1986). Secondary mental handicap and its relationship to trauma. Psychoanalytic Psychotherapy, 2(2), 131-154.

Sinason, V. (1992). Mental Handicap and the Human Condition: New Approaches from the Tavistock. Free Association Books.

側島久典 (2005).「NICUのケアにおける臨床心理士の役割と地位 —— 新生児医療に心の視点を」『日本未熟児新生児学会雑誌』17(2), 21-25.

Sophocles (紀元前427年頃). Part I: Oedipus Tyrannus.　藤沢令夫訳 (1967).『オイディプス王』岩波文庫．

Steiner, J. (1993). Psychic Retreats: Pathological Organizations in Psychotic, Neurotic and Borderline Patients. Routledge.　衣笠隆幸監訳 (1997)『こころの退避 —— 精神病・神経症・境界例患者の病理的組織化』岩崎学術出版社．

鈴木俊治 (2012). 出産直後に行う「カンガルーケア」について. 第50回記者懇談会. http://www.jaog.or.jp/sep2012/know/kisyakon/50_120118_1.pdf#search=%27カンガルーケア+定義%27 (2017年9月11日閲覧).

田村正徳 (2015). NICUの整備及びNICU勤務医師の充足に関する報告. 厚生労働省HP: 第3回周産期医療体制のあり方に関する検討会 (案) http://www.mhlw.go.jp/file/05-Shingikai-10801000-Iseikyoku-Soumuka/0000105602.pdf (2017年6月14日取得).

田中利枝・永見桂子 (2012).「早産児を出産した母親が母乳育児を通して親役割獲得に向かう過程」『日本助産学会誌』26(2), 242-255.

田中義久編 (1996).『関係の社会学』弘文堂．

常田美和 (2009).「早産児の父親としての1年間から1年半の経験」『日本助産学会誌』23(2), 217-229.

上原貴夫 (2006).「人間の『生きる』基本としての人間関係に関する研究 —— 比較行動学の視点からみた人間関係」『人間関係学研究』13(1), 41-49.

氏原寛他編 (2004).『心理臨床大事典 改訂版』培風館．

WHO (2017a). Health topics Epilepsy. http://www.who.int/topics/epilepsy/en/ (2017年6月7日取得).
WHO (2017b). Fact Sheet Epilepsy. http://www.who.int/News-room/fact-sheets/detail/epilepsy(2017年6月7日取得).
Winnicott, D.W. (1949). Birth memories, birth trauma and anxiety. In Collected Papers: Through Paediatrics to Psycho-Analysis. Tavistock Publications (1958). 　渡辺智英夫訳 (2005)「出生記憶、出生外傷、そして不安」北山修監訳『小児医学から精神分析へ ── ウィニコット臨床論文集』岩崎学術出版社. pp.202-227.
Winnicott, D.W. (1950). Some thoughts on the meaning of the word "democracy". In The Family and Individual Development. Tavistock Publications (1965. 　松木邦裕訳 (1984)「民主主義という言葉のもつ意味 ── ある考え方」牛島定信監訳『子どもと家庭 ── その発達と病理』誠信書房. pp.214-232.
Winnicott, D.W. (1952). Anxiety associated with insecurity. In Collected Papers: Through Paediatrics to Psycho-Analysis. Tavistock Publications (1958). 　妙木浩之訳 (2005)「安全でないことに関連した不安」北山修監訳『小児医学から精神分析へ ── ウィニコット臨床論文集』岩崎学術出版社. pp.94-99.
Winnicott, D.W. (1959). The effect of psychotic parents on the emotional development of the child. The British Journal of Psychiatric Social Work, 6(1), 13-20. 　野中幸保訳 (1984)「精神病の親は子どもの情緒発達にどんな影響を及ぼすか」牛島定信 監訳『子どもと家庭 ── その発達と病理』誠信書房. pp.94-108.
Winnicott, D.W. (1960). The theory of the parent-infant relationship. The International Journal of Psychoanalysis, 41, 585-595. In The Maturational Processes and the Facilitating Environment: Studies in the Theory of Emotional Development. Hogarth Press & the Institute of Psycho-Analysis (1965), pp.37-55. 　牛島定信訳 (1977)「親と幼児の関係に関する理論」『情緒発達の精神分析理論 ── 自我の芽ばえと母なるもの』岩崎学術出版社. pp.32-56.
Winnicott, D.W. (1968). Communication between infant and mother, and mother and infant, compared and contrasted. In Winnicott, C., Shepherd, R. & Davis, M. (Eds.) (1987). Babies and Their Mothers. Free Association Books. 　成田善弘・根本真弓訳 (1993).『赤ん坊と母親』岩崎学術出版社. pp.97-111.
Winnicott, D.W. (1970). On the basis for self in body. In Winnicott, C., Shepherd, R. & Davis, M. (Eds.) (1989). Psycho-Analytic Explorations. Karnac Books. 　倉ひろ子訳 (1998).「第3章 身体における自己の基盤について」牛島定信監訳『精神分析的探究3 ── 子どもと青年期の治療相談』岩崎学術出版社. pp.22-51.
Winnicott, D.W. (1971a). Mirror-rôle of mother and family in child development. In Playing and Reality. Tavistock Publications, pp.111-118. 　橋本雅雄・大矢泰士訳 (2015)「子どもの発達における母親と家族の鏡 ─ 役割」『改訳 遊ぶことと現実』岩崎学術出版社.
Winnicott, D.W. (1971b). Donald W. Winnicott: Therapeutic Consultations in Child Psychiatry. The Hogarth Press. 　橋本雅雄・大矢泰士監訳 (2011)『新版 子どもの治療相談面接』岩崎学術出版社.
Winnicott, D.W. (1971c). Case I: 'Iiro' aet 9 years 9 months. In Therapeutic Consultations in Child Psychiatry. Hogarth Press. Reprinted by Karnac Books. 　橋本雅雄・大矢泰士訳 (2011)「症例I イーロ 9歳9カ月」『新版 子どもの治療相談面接』岩崎学術出版社. pp.12-26.
Winnicott, D.W. (1988). Human Nature. The Winnicott Trust. 　牛島定信監訳／舘直彦訳 (2004)『人間の本性 ── ウィニコットの講義録』誠信書房.
山極寿一 (2009).「日本の霊長類学：歴史と展望」『霊長類研究』24, 183-186.
山口昴一・村井雅美・割田秀平 (2015).「『子どもの治療相談面接』を読む」『京都大学大学院教育学研究科附属臨床教育実践研究センター紀要』19, 50-61.
横尾京子 (1988).「NICUにおける両親への援助 ── 退院後の養育行動の予測に関する試み」『日本助産学会誌』2(1), 65-69.
横尾京子・村上真理・中込さと子・藤本紗央里 (2004).「ハイリスク新生児の母乳育児支援：新生児系および助産系看護者の電動式搾乳器の使用に関する認識」『日本助産学会誌』18(2), 71-77.
吉田穂波・加藤則子・横山徹爾 (2014).「人口動態統計からみた長期的な出生時体重の変化と要因について」『保険医療科学』63(1), 2-16.

雪 - 寄草

—— 幸福の追求、あるいは不幸 ——

松木邦裕

(精神分析家：日本精神分析協会正会員／京都大学名誉教授)

幸福　　現代社会では、どのような過去にも増して"幸福"の追求に余念がないように見える。その姿勢は、ほとんど「貪欲」と表現できるかもしれないような、切迫した勢いを持っている。

「こうしたら、もっといいものが手に入ります。きっと幸せになるでしょう。」
「これを手に入れたら、生活はもっと快適になります。」
「これこれで、あなたの人生は確実に豊かに幸せになります。」
「格段のハッピーライフを過ごされませんか。」
「ご家族の幸せを願ってこれこれをお勧めします。」
「数段楽しい毎日は、これこれから始まります。」

　あらゆる情報媒体を通して、私たちは刺激され続けている。
　それらのメッセージを、"幸福"を体現しているような、笑顔の男女がにこやかに説くのである。また、「幸福指数」や「幸福度」を調べる調査・企画も多く、「幸福になるには何が不足しているか」を事細かく指摘するし、私たちに較べて遥かに幸福度が高いこれこれの国や都市や地域が現に存在していると指摘する。
　かようなまでに、"幸福"にかかわる情報が溢れんばかりに世に満ちているだけでなく、"幸福"情報が津波のように押し寄せてくる状況は、現代の人々がいかに幸福でないかを伝えているようである。そして、私たちはまるで、幸福になるか、あるいは幸福な人たちを羨望するか、しかないところに追い詰められるかのようである。

少なくとも私たちは、何百年前と同じように「青い鳥」を遠くで探し出すことに勤しんでいるのかもしれない。人びとは、内心では「とてつもなく悲惨な不幸」（Freud & Breuer, 1895）を怖れ、怯えているように見える。
　"幸福"というものは、「青い鳥」のように、遠くにあって、手に入れてもすぐに逃げ出すもののように見ているのだろうか。不幸をもたらしそうなものには目を閉じて、みずからの視野に幸福だけしか入れないなら、そうなってしまうのかもしれない。
　医療も"幸福"追求の一形態である。生命を保護し、身体やこころの苦痛を取り除き、快を回復させることを目指す。それを達成できれば、医療関係者も患者も幸福になる、とされているのだろう。しかし果たして、そうであるとき、超低体重児として新生児医療で生命を保護されたその子は、その後、幸福な人生を送るのだろうか？　誰がその子に「薔薇の花園」を約束するのだろうか？

不幸

　幸福の対側にあるのは"不幸"である。
　"不幸"とは不思議な事態である。そこから逃れようと忌み嫌い、逆らってあがくほどに、その人にまとわりつくものに見える。それが往々にして、不幸に不幸を重ねて、さらに複雑にからみ、解きようがないような不幸を生じさせる。
　また一方で、"不幸"は私たちになかなか無視をさせてくれないものにも思える。不幸は視界に入りやすいのである。だからこそ人びとは、不幸をできる限り無視して、幸福を探求することに余念がなくなるのだろう。
　そして、あたかも"不幸"は周りの人たちにいとも容易く伝染するかのように怖れられる。できるだけ遠ざけておかないと、いつ感染するかわからないもののように警戒される。それでも、その空隙をぬって侵入してくるかもしれない不吉なものとも見られている。

　幸福か不幸かは、そもそも、その人が決めていることだろう。

著者の村井さんが本書 *introduction* で描いている学生や統合失調症者の姿は、それを端的に描き出している。ただ、そうは言っても、"不幸"をもたらしうるものが人生のほとんど最早期にその人の意図とはまったく無関係に付随する、そうした人生があることに、村井さんが目を見開いて注目しないわけにはいかなかった。

フロイトは「断念の方法を覚えれば、人生は生きやすくなる」と言っている。しかし、あらかじめ失われているとしたら、それはどう断念できるのであろうか。

幸福と不幸の間

ところで、"幸福"と"不幸"の間はそんなに狭いのだろうか？幸福と不幸の間には何かがあるのだろうか？　私は、これらの問いこそが、村井さんが本書で追究を試みていることと思う。

人生は、生きていることから始まる。そこには快と苦痛がある。ほどほどの快とほどほどの苦痛はあるのだろうか。ほどほどの幸福にいるには、ほどほどの難しさがあるのだろう。

障害者スポーツに勤しんでいる人たちは、人生のある時点で、何らかの不幸であったことに始まっている。しかし、生き生きとした彼や彼女は、不幸を生き抜いて、「人生の道行を支えるもの」〔東中園、2008〕を得て、幸福を手に入れる人生の物語りを私たちに提示しているのだろうか。そうではないだろう。それは周囲の人たちの物語りであって、彼や彼女は、その人だけの物語りに幸福や不幸を収めているのだろう。

人生の道行

強迫状態にあった女性をかつて診ていた。初診に来たとき、彼女には赤子の女の子がいた。彼女は私の診察でも、強迫観念に縛られているときには、暗い無表情で微動だにせず、数十分黙っていた。その子がどんなに泣きわめいて母親にしがみついても、じっと動かなかった。それは、苦痛と不幸の体現以外の何ものでもなかった。

ほんのときどき、強迫による制縛から解放され、普通に動き語れるときがあった。そんなあるとき彼女は、その動けないことについて話してくれた。

『こんなことを言うと変だと思われるのはわかっていますが……』と、苦笑いを交えながら真顔で彼女は語った──『頭の中に「ねじ」があるんです。その「ねじ」を動かすと、自由に動けるようになっていくんです。それで頭の中で「ねじ」を動かしていくんですが、でも「ねじ」をちょっとでも動かしすぎると、元に戻ってしまってまったく動けなくなります』。
　数年間、彼女は三時間近くかけて私のところに通ってきていた。そして、突然よくなった。屈託のない笑顔で彼女は言った──『もう大丈夫です。すっかりよくなりました』。過去の不幸は完全に払拭した、今は一点の曇りもない幸福にある、と明るく朗らかだった。どうしてよくなったかについては、彼女は語らなかった。

　しかし、一緒に来ている彼女の娘が、彼女の笑顔とは対照的に、表情なくうつむいているのが気になった。
　だから私は、それまでの治療で私にわかっていたこと、「妊娠がこの病態を引き起こしていた」との私には確かと思えた仮説を伝えた──《あなたは二人目の子どもは持たないようにしなさい。再発しないためには、それはたいへん重要なことです》。彼女は『わかりました、そうします』と答えて、私たちは終診を終えた。
　それから三年ほど経って、私宛に彼女の故郷の親族から電話が入った。それは彼女のことを伝えるものだった。彼女は妊娠していた。間近な出産のため、離島の実家に帰っていた。先日、子どもを無事産んだ。しかし、その直後から産科病棟でひどい強迫状態にあるのでどうしたらいいか、という強い困惑を伝えるものだった。私はできるだけ早く彼女を受診させるようにと伝えた。
　その受診予定の数日前に、その親族から再び電話が入った。前夜、彼女は娘を連れて産科病棟から抜け出し、そばの海に入り、娘とともに亡くなったとの知らせだった。

　終わってしまった。
　彼女は死んでしまった。その娘も。
　私の中には、見えるはずもない、彼女が泣いている娘の手を引いて暗闇の海岸から暗く光る波間へ歩みを進め、身を沈めていく、その姿が映像として浮かんだ。

私はその女の子を、悲しく、哀しく思った。あの子に幸福なときはあったのだろうか、と。生まれてからずっと不幸だった胎児、子どもに、私は出会っていたのだろうか、と。それから、生まれたばかりの次の子はどうなるのだろう、と。
　これは、私の感傷であるに違いない。しかし、そのような想いこそが、人としての私たちの本態なのだと私は思う。

相互性　　本書で村井さんは「本書の目的は、人生の最早期に起きる疾病がクライエント（＝患者）と対象との《関係の相互性》に及ぼす影響について考察することにある」と明記し、私たちが見失っているものに光を当てている。それは、生まれてきたときから、あるいはそれ以前から発生している「身体の傷」と複数の「こころ」の相互性である。
　　述べている。

医療に救われたいのちは、表に現れた治癒率や生命予後の改善といった数の変化だけに終わるものではない。そこには、病いを抱える患者当人はもちろんのこと、家族や医療従事者さえも気づかない、しかし非常に重要なものが見過ごされている。それは疾病が、身体だけでなく患者や家族のこころに及ぼす影響の大きさである。疾病が患者のこころの核心部分とも言えるところに衝撃をもたらしているにも関わらず、そのことは見過ごされたまま、放置されている。そして、その核心部分とは、患者と良い対象との《関係の相互性》である。そこに疾病は、大きな「損傷」を与え、変容を生じさせ、人生における不幸を増大させている。クライエントが幼ければ幼い程、その影響は甚大となる。

　そして、「母親の『自分はこの小さな赤ん坊のために何もできない』という無力感や絶望」から母親は「ナルシシズム」からの痛みを増大させるしかなくなり、無援ななかに孤立するのである。
　村井さんが見るには、内的・外的な困難は《関係の相互性》が不可避に関与する。
　「それは次の二つの方向性に集約される。第一の方向性は、主に乳幼児に疾病が与える《関係の相互性》への衝撃と影響」であり、「そして第二の方向性は、養育者の疾病が与える《関係の相互性》への衝撃と影響」である。そこにある「問題の本質は、「病いに罹

ることそのもの」にあるのではなく、疾患によって生じた対象との《関係の相互性》のありようにより、その内在化と反復強迫にある」。

　そして、村井さんは問いを発する。

手当されなければ、疾病に影響された対象との《関係の相互性》によって、身体の不幸に、さらにこころの不幸を重ねることになる。それならば、身体への医学的治療と同時に、疾病を抱えることで生じる《関係の相互性》への影響を、早期に吟味し、介入することが必要である。疾病をもつ人が二重の不幸を負い、生きづらさを増幅した人生を送らないために、…〔略〕…「こころの臨床家」はどのように人々を支援することができるのか。

　それから、仮の答えを提示する。
　「自我の排除されたものとして、"こころの内側"に根を下ろし」ているものに「喪の作業」の機会をもたらすことこそが支援である、と。それによって、「喪の作業」という、私たちのこころが本来的に備えている不幸を変形する能力を浮上させている。

　村井さんが提出するこころの臨床家の役割／機能は、「原始的痛みに触れ続けること」「愛しむこと」である。
　それだけである。しかし、それを果たすことがいかに難しいことか、それが果たされ続けるときに、そこに何が達成されるか、それは、こころの臨床家なら身に染みて知るところである。そしてそれは、そもそも私たちが、乳幼児期に私たち自身の母親から学んできたことなのである。

　若松英輔は『生きる哲学』のなかで次のことを述べている、と村井さんは取り上げている――「悲しみの経験は、痛みの奥に光を宿している。悲しみの扉を開けることでしか差し込んでこない光が、人生にはある。その光によってしか見えてこないものがある」。

不幸

愛しむ

悲しみ

私たちは、重層的に生きているのである。そう、私たちは今も、それぞれに関わる他者とともに、胎児の自分、新生児の自分、乳児の自分、幼児の自分、児童の自分、青年の自分……と、何重層にも生きている。それを村井さんは、「人のこころは、全人生を通して、対象との《関係の相互性》に依拠している」と述べている。
　そこから村井さんは、こころの臨床家として私たちが何をなしているのかを述べた。

　私流にまとめてみる。

　……疾病によって仮に最早期に《関係の相互性》が損なわれても、苦しむその人のこころの痛み、とりわけ原始的な痛みにこころの臨床家が触れ続けているなら、臨床家との《関係の相互性》のなかに最早期の不幸な関係と苦しみが姿を現してくる。
　そのひどく苦痛な関係と状況を、どちらもがなんとか生き抜いていくなら、その人は"愛しまれること"を臨床家との間で体験するだろう。それから、「決して元には戻らない損傷を認識すること」からくる"こころの痛み"が理解され、悲しみと哀しみを共にする体験によって、結果として、疾病による"苦痛な自身の存在"をその人自身がこころに受け入れ生きていく素地を、改めて生み出すことになる。

　私たちは生きているのである。だから、哀しく愛しい。

あとがき

　本書の冒頭で、今もなお私のこころに残る、目の見えない二人の女子大学生について述べた。
　ウィニコットは、子どもが自己を形成する際の、母親の顔やまなざしの果たす鏡役割を強調したが、視覚の障害を持つ赤ん坊もまた健全に育つことを思えば、彼女たちも「顔」や「まなざし」以外の母親の機能を通して同じように自分自身を映し出すことが可能となるのだろう。
　本書を書きながら私が新たに学んだのは、彼女たちが生まれたときに、母親の顔やまなざし以外の母親の機能、すなわち母親との《関係の相互性》のありようについてである。
　目の見えない子どもから発せられるコミュニケーションをわかろうと、こころを動かし、響かせる、その母親のこころの能動性が、おそらくその後の彼女たちそれぞれの疾病を抱える生き方に影響するのだろう。同じことが、他の身体疾患や障害を抱える場合にも言えるのではないだろうか。パラリンピックで活躍する人びとは、良い対象との《関係の相互性》を内在化した子どもたちの成長した姿である。

　中村雄二郎が『臨床の知とは何か』で、対象との《関係の相互性》の緊急の必要性を提言してから、四半世紀が経った。
　本書では、疾病によって対象との《関係の相互性》に何らかの亀裂が入った症例を用い、逆説的に人のこころに最も大切なものとして《関係の相互性》を描き出した。そして、セラピストとの関係の相互性に含まれる"原始的な心痛に触れ続けられる"こと、"愛しまれる"ことを通して、「理解すること／理解されること」という、その人の人生の基盤を支え直す可能性があることを描き出したかった。

自分自身も切迫早産で生まれ、再び切迫早産になりかけ入院する母親を見送る幼い男の子の瞳のなかにある衝撃と悲しみを、双子姉妹の一人が亡くなった後の母親の悲嘆を引き受けた姉の瞳を、「家に障害者は二人もいらない」と言い子どもの疾病を決して認めようとしなかった母親の悲痛を、子どもが重度の障害を負って生きて行かざるを得ないと知った父親の絶望と憎悪を、病院と縁の切れない我が子を見つめる母親の瞳に宿る罪悪感を、忘れまいと思う。

　彼や彼女たちのような小さな魂と、その子どもたちを日々育てる養育者たちが、より発達促進的なこころの交流を取り戻せるように、見過ごされ無意識に留まった《関係の相互性》を見出すための心理臨床実践と研鑽を今後も積み、寄与できればと考えている。

　搬送され助かった小さないのちが、その後、周囲の人びとの温かさに包まれながら幸せに成長することに、また、疾病を抱える人とその家族が、その後、充実した人生を歩むことに、本書の成果が一助となることを願っている。

2019年7月

村井 雅美

謝　辞

　本書の元になる論文「最早期の疾病と《関係の相互性》に関する心理臨床学研究 ── 精神分析的アプローチからの理解」を執筆するにあたって、京都大学大学院教育学研究科の髙橋靖恵先生、皆藤章先生、松下姫歌先生、そして名誉教授の松木邦裕先生に、ご指導ご鞭撻を賜りました。なお、本書の学会発表の一部に、京都大学大学院教育学研究科同窓会（京友会）の助成を受けました。深謝申し上げます。

　髙橋先生は、どれほど多忙でも臨床から丁寧に学び続ける姿勢を示して下さいました。同時に、同じ女性として臨床・研究・教育活動と家庭や育児を両立してこられた大先輩です。特に「読者に丁寧に言葉を尽くすこと」という論文指導からは、先生の臨床姿勢を感じ取ることができました。こころを尽くし言葉を尽くすことは、セラピストとして苦しみを抱える人々に対峙するときになくてはならないものです。そこに先生の真摯な臨床的姿勢を示して下さいました。

　皆藤先生には、オリエンテーションの異なるお立場から、いつも鋭く示唆に富むご指摘とご指導を頂きました。糖尿病を患う方々との臨床に従事しておられる先生のご指摘は、いつも私自身の思考が及ばないところにあり、視野が開かれる体験と自分自身で考え続けることの大切さを実感いたしました。

　松下先生は、論文の本質や構成に関わる問題点を的確にご指摘下さり、綿密に考えることの重要性を示して下さいました。

　松木先生は、既に大学を離れておられるにもかかわらず、私の求めに応じて、論文の草稿に厳しくも大変貴重なコメントを与えて下さいました。先生は、私が精神分析的オリエンテーションをもって心理臨床をすることを志したときから長年にわたり、臨床の現場で困ったときにはいつも快く手を差しのべて下さいました。先生のその変わらない温かさに、いつも救われています。

　また、本書に掲載した事例の理解や考察には、数々の個人スーパーヴィジョンや症例検討会、講義や学会での討論から学んだ事柄が強く反映されています。人としての誠実さ、自分の理解を言葉で届けることの大切さを、これらのコミュニケーションから教えて頂きました。東中園聡先生（照和会 西岡病院）には特別の謝意を表したいと思います。

　臨床実践指導学講座の先輩である若佐美奈子先生には、草稿に丁寧かつ的確なご指摘とご意見を賜りました。そして京都大学大学院で共に学んだ皆様との温かくも刺激的な交流に感謝申し上げます。

私が今日に至るまでには、本当に多くの人びとに支えられてきました。夫や息子をはじめ家族の応援とサポートに感謝いたします。

　そして何よりも、患者の皆様とそのご家族との出会いに深謝いたします。見ず知らずの他者に勇気をもってこころを開くことや、こころを通わせ合いながら対話と時間を重ねることの大切さを、身をもって教えて下さいました。
　これらの患者の皆様やご家族と私との出会いは、前上司である西久保敏也先生〔元: 奈良県立奈良病院（奈良県総合医療センター）新生児科部長、現: 奈良県立医科大学附属病院 総合周産期母子医療センター 新生児集中治療部門 病院教授〕はじめ新生児科・小児科の医師の先生方、助産師、看護師やさまざまな医療スタッフの皆様の熱意と理解があってはじめて実現できたものです。新生児集中治療室や小児科という高度医療のなかにあって、こころを尽くし、患者の皆様とご家族の真のコミュニケーションを理解しようとされる姿勢に、臨床家としての私は育てて頂いたと感じています。

　哲学者の中村雄二郎先生〔1925年10月13日〜2017年8月26日〕は、筆者が本書の元になる論文を執筆中に、その生涯を終えられました。先生の警笛に応えようと日々努力することを誓って、ご冥福を祈りたいと思います。

　最後に、本書を執筆・編集するにあたって、本づくりの楽しさと大変さを一から教えてくださった「木立の文庫」の津田敏之さんに、そして難しい造本全般を達成してくださった鷺草デザイン事務所の中島佳那子さんに、こころより感謝申し上げます。

著者略歴

村井雅美 (むらい まさみ)

1993年、米国ニューハンプシャー大学大学院心理学部博士課程中途退学。
2018年、京都大学大学院 教育学研究科 博士後期課程（臨床実践指導学講座）単位取得退学。博士（教育学）。
臨床心理士。
日本精神分析学会認定心理療法士スーパーバイザー。
医療法人 岡クリニックに勤務。

著書に『もの想うこころ ── 生きづらさと共感 四つの物語』〔木立の文庫, 2019年〕がある。
ほかに『対象の影 ── 対象関係論の最前線』共訳〔館直彦監訳：岩崎学術出版社, 2009年〕、『フロイト ── 視野の暗点』共訳〔後藤基規・弘田洋二監訳：里文出版, 2007年〕、『被虐待児の精神分析的心理療法』共訳〔平井正三・鵜飼奈津子・西村富士子監訳：金剛出版, 2006年〕、『精神分析という経験 ── 事物のミステリー』共訳〔館直彦・横井公一監訳：岩崎学術出版社, 2004年〕、『パニック障害の心理的治療法 ── 理論と実践』共著〔佐藤啓二・高橋徹編著：ブレーン出版, 1996年〕など。

からだの病いとこころの痛み
苦しみをめぐる精神分析的アプローチ

2019年10月25日　初版第1刷発行

著　者　村井雅美
発行者　津田敏之
発行所　株式会社 木立の文庫
〒600-8449　京都市下京区新町通松原下ル富永町107-1
telephone 075-585-5277　faximile 075-320-3664
https://kodachino.co.jp/

造　本　中島佳那子

印刷製本　亜細亜印刷株式会社
ISBN 978-4-909862-06-8　C3011
ⓒ Masami Murai 2019　Printed in Japan

"幸せ"をめぐる四人のドキュメンタリー

もの想うこころ
生きづらさと共感　四つの物語
村井雅美

目の前の人と"今こころが通った"という瞬間がありませんか？
そんな瞬間が訪れる手前には、「自分のこころに相手のこころの
包みが届けられて、その紐をそっと解く」感覚がないでしょうか？

| 四六判変型上製144頁　　本体2,200円
| 2019年10月刊行　　本書とのLiaisoning Book